亚洲经济发展与模式分析

Analysis of Asian Economic Development and Patterns

盛垒 等 / 著

格致出版社　上海人民出版社

目　录

上篇　亚洲经济发展历史与实践总结

下篇　亚洲经济发展模式与理论创新

绪　论

0.1　研究背景

亚洲地区渐居世界经济增长的中心位置。自 21 世纪以来，世界经济在经历 2008 年全球金融危机之后发生了深刻变化，全球新的经济秩序与格局正在形成。亚洲经济的崛起与快速发展是世界经济进入 21 世纪后最重要的变化与趋势，拥有全球近 60％的人口、近 40％的世界经济总量和超过 30％的国际贸易的亚洲，成为世界经济的"压舱石"和"推进器"。2012 年，亚洲 GDP、FDI 和贸易额分别占到全球的 34.15％，39.65％及 37.42％，而 2021 年亚洲 GDP 占全球的比重上升到 47.4％，FDI 规模占全球的 50％以上，贸易额占全球的 40％左右，其在世界经济体系中的地位与作用越来越凸显，世界经济正在形成欧、美、亚"三足鼎立"的格局。

中国成为亚洲和全球经济增长的引擎。随着世界经济重心逐步向亚洲地区转移，作为亚洲第一大经济体和世界第二大经济体的中国，在亚洲乃至世界都发挥着举足轻重的作用。过去 10 年来，中国经济年均增长率超过 6％，对世界经济增长的平均贡献率高达约 35％。2021 年，中国经济总量已突破 18 万亿美元。国际货币基金组织（IMF）的数据显示，1980—2021 年中国经济的平均增速高达 9.2％，同期美国、日本、德国、英国、印度的平均增速分别为 2.6％、1.7％、1.6％、2.0％、6.0％。就亚洲地区而言，中国的经济崛起为整个亚洲地区的经济发展带来了稳定和机遇，中国的经济增长带动了整个亚洲地区的经济发展，中国也成为亚洲地区最大的经济体。中国的巨大市场规模对亚洲各国的出口贸易构成重要的市场需求，中国的投资对亚洲贫困地区的发展也起到至关重要的作用。同时，中国的发展也受益于亚洲经济一体化。作为全球最大的出口国之一，快速发展的中国对亚洲国家的出口需求也越来越大，而亚洲各国也成为中国的重要进口来源。此外，中国还通过积极参与区域贸易协定和自由贸易协定，加强了与亚洲其他国家的经济联系。例如，中国积极推动建立亚太自贸区（FTAAP）、签署区域全面经济伙伴关系协定、推动共建"一带一路"，这些都使得中国与亚洲的经济联系更加紧密。

亚洲区域经济一体化进程持续推进。尽管经济全球化遭遇逆流和挑战，全球经济合作动力稍显不足，但世界对亚洲的贸易依存度保持稳定，亚洲经济体之间的贸易依存度仍保持较高水平。根据博鳌亚洲论坛报告，2021 年世界对亚洲经济体的贸易依存度为 39％，亚洲经济体对亚洲的贸易依存度为 57.4％。在亚洲区域经济一体化进程中，中国和东盟的中心地位保持稳定。博鳌亚洲论坛报告显示，2021 年日本、韩国对中国的依存度均在 20％以上，东盟国家和《全面与进步跨太平洋伙伴关系协定》（CPTPP）成员对中国的依存度也接近 20％；东盟成员国之间的贸易依存度相对最高，达到 21％；中国、日本、韩国和《区域全面经济伙伴关系协定》（RCEP）成员对东盟的依存度则维持在 15％的水平；印度对东盟和中国的贸易依存度仍有很大提升空间，目前大约为 12％。近年来，在中国的积极参与和推动下，亚洲区域经贸关系变得更加紧密。中国海关数据显示，2022 年中国对外货物贸易总额为 42.07 万亿元人民币，创历史新高，中国连续 6 年保持世界第一货物贸易国地位。其中，东盟仍是中国最大贸易伙伴，双方货物贸易额达 6.52 万亿元，较上年增长 15%；韩国、日本、印度等亚洲经济体也都是中国的重要贸易伙伴。当前，中国正加快构建以国内大循环为主体、国内国际双循环相互促进的新发展格局，并将亚洲作为构建新发展格局的重要支撑，不断推动亚洲区域贸易投资、货币金融等领域合作取得新的进展。中国将在亚洲地区务实开展多双边经贸合作，推动高质量实施 RCEP，推进加入 CPTPP 和《数字经济伙伴关系协定》（DEPA）进程，为亚洲地区经济一体化创造更大的制度型开放红利。

共建"一带一路"为亚洲经济注入活力与动力。自"一带一路"倡议实施以来，"一带一路"建设在亚洲取得显著成就，并在应对新冠疫情、助力各国恢复经济方面发挥了重要作用。近年来，中国与亚洲国家围绕互联互通、贸易与产业投资展开合作，取得丰硕成果。在互联互通方面，"一带一路"倡议推动"一带一路"共建国家和地区陆上、海上、天上、网上交通四位一体联通，方便了"一带一路"共建国家和地区的交往与经济合作。中老铁路全线开通运营，中巴经济走廊、雅万铁路、中吉乌铁路持续推进，铁路等基础设施"硬联通"建设成果斐然，为当地稳经济、惠民生作出重要贡献。同时，中国与亚洲"一带一路"共建国家和地区在战略对接、机制平台建设"软联通"及民心相通"心联通"方面也取得很大进展，形成相互促进的局面。在贸易和产业投资方面，亚洲是中国对外贸易的主要地区，中国对亚洲的贸易额占中国对外贸易总额的一半以上，2021 年全年贸易额达 30 607.42 亿美元，同比增长 28.2%。亚洲还是中国境外工业园区集中地区，在"一带一路"共建国家和地区约 50 个中国境外工业园区中，大部分都分布在亚洲。

作为地球上面积最大、人口最多的大陆，尽管近年来亚洲区域经济一体化已获得持续深入发展，但亚洲各个国家的发展禀赋、所处的发展阶段以及发展水平存在很大的差异，在发展模式上亦存在明显的多样化特征，首先，值得从理论上对亚洲内部各不同地区的发展模式进行系统总结和深入分析。其次，作为经济发展十分活跃且实现群体性高增长的区域，亚洲区域发展进程中存在的一个较为显著的特征就在于，亚洲许多国家和地区善于抓住经济全球化的发展机遇，在经济全球化的发展浪潮中不断推进自身的工业化、城市化和市场化，并形成既具一般性规律，也有区域性特色的工业化、城市化、市场化和全球化模式。亚洲区域经济的工业化、城市化、市场化和全球化实践、模式和特色，不仅对世界其他国家和地区实现经济可持续发展具有典型的借鉴意义，同时也进一步丰富和拓展了发展经济学的分析框架和理论内涵，具有重要的理论价值和创新意义。

0.2　研究综述

自工业革命以来，欧美一直是世界经济的创新中心和增长中心，但是自20世纪后半叶起，亚洲经济快速发展，尤其是日本、韩国和中国的经济崛起使得亚洲在世界经济中的地位大幅提升，承担起世界经济增长引擎的重任，对世界经济格局产生了深刻影响。亚洲经济的特征事实与发展实践也成为学术界关注和研究的焦点，现有研究主要围绕七个方面展开。

第一，亚洲经济一体化及亚洲对世界经济格局的影响研究。关税同盟是亚洲区域经济合作与经济一体化的目标之一。Viner（1950）是关税同盟理论的主要奠基者，他分析了关税同盟对国际贸易的影响效应，提出贸易转移效应与贸易创造效应，并认为成员国的生产结构越是竞争性的，关税同盟增进福利的可能性就越大。Meade（1955）分析了关税同盟对进出口商品的替代效应。Krishna 等（1997）研究了在工业化限制条件下关税同盟福利增进的可能性，并分析了两个或两个以上追求非经济目标的国家间建立区域一体化组织的可能性及其福利效果。蓝斌男等（2007）、杨明华等（2010）指出，经济技术合作是加强亚太经合组织凝聚力的重要途径，APEC 成员已成为全球区域贸易协定（RTA）和自由贸易协定（FTA）发展的主导力量。次区域合作是亚洲区域经济合作的重要抓手。Chen（1995）、Wu（1995）指出，有关合作区域在地理上接近、在比较优势和互补性上的紧密结合是跨国次区域合作取得成效的重要条件，政府可通过基础设施建设和开放优惠政策等支持区域经济合作。Kettune（1995）、吴世韶（2011）指出，"新柔廖增长三角"中的新加坡、马来西亚、印度尼西亚三国在比较优势和互补性上结合较好，在资源开发、建立产业联系和市场联系等方面取得实质性进展，次区域经济合作成为东南亚各国的优先选择，其中大湄公河次区域合作的成效非常显著。

李向阳等（2010）认为，由于亚洲经济持续向好，亚洲在世界经济政治体系中的地位更加突出，亚洲成为大国互动频繁、区域合作最为活跃的地区。王信（2010）指出，推进亚洲经济一体化，加强区域金融合作，有助于减少对美国等发达经济体的依赖，对于亚洲经济的繁荣稳定具有重要意义。金泓汎等（2011）认为，从世界经济格局来看，亚洲发展重心能否形成取决于亚洲能否实现发展模式转型与发展机制的创新，经济合作在这个过程中能起到巨大作用。

第二，东亚及东北亚地区的经济合作研究。东亚经济一体化存在明显的利益博弈。吉野文雄（2004）认为日本对资本和劳动力流入所持的消极态度可能会影响亚洲经济一体化，武安（2006）指出东北亚各国在产业、资金、技术、人力资源、自然资源等方面具有各自功能及互补优势，但经济合作水平明显落后于欧盟、北美。刘宏松（2006）认为东亚经济一体化进程受到主权、宗教文化和历史三个非经济约束条件与一体化进程中主导权问题的影响和制约。于海洋（2011）指出敏感而复杂的政治安全形势是东北亚自贸区发展的挑战，中日韩三国需要构建基于相互承认逻辑的新地区发展战略。东海（2002）发现东亚各国对区域一体化组织的观念发生了变化，在亚洲金融危机以后，东亚各国政府开始认识到与相邻国家间的跨界投资、贸易扩张是促进经济增长的有效途径。Kohsaka（2004）认为 1997 年亚洲金融危机为东亚的区域金融合作创造了机会，能强化金融结构，但不会导致货币联盟。敖丽红等（2013）认为，中日韩三国在东北亚区域性贸易发展中起决定性作用，但三国之间贸易互惠制度的缺失制约了贸易发展的潜力，中日韩自由贸易协定的缔结能促进区域内贸易发展。张蕴岭（2010）指出，东亚模式异于欧盟模式，以经济为中心、平等参与以及一致同意应是东亚区域合作遵循的原则，遵循开放的地区主义理念，不能立刻发展一个具有超级区域权力的地区组织，而应鼓励单个成员国或次区域集团发展同外部国家的合作。刘冰玉等（2012）认为从经济周期的协动性角度来看，建立中日韩自贸区的时机尚未成熟，可先尝试建立日韩自贸区。袁晓莉（2013）发现中日韩三国在经济贸易结构上既互补又竞争，中国应重视对敏感行业和弱势行业的保护。

第三，东南亚及中印的经济合作与发展研究。王勤（2007）指出，经济全球化使东南亚经济增长的波动性和同步性增强，通过东盟区域的经济一体化、东盟与区域外国家的自贸区、东盟成员国与区域外国家的双边自由贸易协定，东南亚各国的贸易自由化、金融国际化和生产一体化进程加快，很多国家既经历了经济全球化带来的发展机遇，也遭受了经济全球化所引发的冲击。廖少廉（2008）认为，中国与东盟贸易关系的快速发展伴随着贸易商品构成的变化，初级产品占比下降，高新技术产品贸易快速增长，中国与东南亚国家的合作正在向多元化方向拓展。

中印双边贸易的竞争性与互补性共存。闫成海（2003）、朱前（2005）、王永利（2004）、谭晶荣（2004）、陈晓艳（2006）、蔡春林（2008）、万广华（2008）等发现中印两国在贸易结构上存在较大重合，印度的服装、纺织品和皮革等部门面临来自中国同类产品的严峻竞争，两国总体上呈现竞争性特征。徐菲（2005）、Wu 等（2006）、齐玮（2009）、祝树金等（2009）认为中印双边贸易存在稳定的互补性，印度在初级产品和服务业上具有比较优势，而中国在资本和技术密集型产品及制造业上的优势强于印度。中印两国需要通过加强合作来促进彼此的共同发展。2005 年，国务院总理温家宝在访问印度时将中国的硬件和印度的软件比作"双塔"，他认为中印两国应该利用各自在硬件和软件领域的优势，加强在信息技术产业方面的合作。[①]

第四，中国经济崛起对亚洲区域经济的影响研究。对亚洲区域经济发展来说，中国至关重要。中国现代国际关系研究院课题组（2011）指出，在"后危机时代"，亚洲仍有可能抓住机遇，实现更伟大复兴，其重要前提就是中国和亚洲各国共同发展，这需要中国与亚洲各国牢固形成"亚洲命运共同体"意识。小岛清（1994）把中国看作构筑东亚经济区和平与繁荣的可靠主导者之一。陈廷根（2006）认为，东亚经济一体化已成为一种必然，但它是一个从双边到多边、从次区域到区域合作循序渐进的过程，中国作为核心大国，对东亚经济一体化的进程、目标和发展方向确定有重要作用。李晓等（2009）指出，中国为东亚区域内经济体提供了最大的最终资本品出口市场，而日本是区域内最大的最终消费品市场提供者。魏元薆（2012）认为，在后"雁行"时代，东亚和南亚仍是全球最具经济增长潜力的地区，中国、日本和印度将共同成为带动区域经济增长的重要牵引力。中国应加强自己的亚洲认同，逐步建立互惠共赢、开放包容的地区合作网络。邓显超等（2005）认为中国应在国际事务中反映亚洲利益，加强中国与东盟自贸区建设，重视中亚，主动促成以中日韩为核心的东北亚地区合作，积极参与和主导规则制定与机制构建。沈铭辉（2013）提出，中国与印度、印度尼西亚、越南、韩国已形成紧密的经贸联系，各国之间在经济关系上既互补又竞争，应通过签署实施区域全面经济伙伴关系协定为经济增长提供动力。

中国所强调的包容性发展有利于促进亚洲经济一体化及可持续发展。林毅夫（2003，2004）、林毅夫和苏剑（2007）阐述了包容性发展的思想，并从理论引入公共政策和政府策略的讨论，指出亚洲发展中国家应该遵循比较优势，

① 《解读温家宝印度之行：中印关系正朝良性互动发展》，新浪网，https：//news.sina.com.cn/c/2005-04-11/19386354855.shtml。

利用后发优势，采取包容性发展，以实现向动态发展路径的转型，从而缩小同发达国家之间的差距，其中收入不均等、受教育和卫生医疗服务等方面的不均等已成为影响包容性发展的重要因素。世界银行（2004，2006，2008）也非常强调包容性发展理念中的公平、机会均等、共享增长收益、减贫和可持续增长。杜志雄等（2010）、王亚光和王希（2010）、黄子平（2011）认为机会平等和成果共享是包容性发展的核心内涵，包容性发展就是要在可持续发展中实现经济社会的协调发展，它强调每个人在政治、社会、文化生活等各个方面的参与。有很多学者为实现包容性发展出谋划策。Moreno-Temero 和 Roemer（2006）、Ali 和 Son（2007）、陆岷峰（2010）、罗诗钿（2011）、周文等（2011）、郭洪仙（2011）指出包容性发展应该强调让公共政策致力于帮助弱势群体，保证其能获得较充分的公共品和服务，共享经济增长成果，故需建设多样化、多层次的公共服务保障并改善民生；Chaudhuri 等（2007）、俞宪忠（2010）、方大春（2011）、邱耕田（2011）提出包容性的制度有利于消除恶性不平等；徐锋（2010）指出应提高劳动报酬在初次分配中的占比，改变劳动弱势要素地位；冷淑莲（2011）认为包容性发展强调更充分的就业和更和谐的劳资关系；赵晔（2010）、刘松（2010）、孙华平等（2013）强调应通过优先开发人力资本、真正"以人为本"的战略、协调区域间发展来实现包容性发展。

第五，美国主导的《跨太平洋伙伴关系协定》（TPP）、中日韩自贸区、RCEP 与上海自贸试验区对亚洲经济增长格局影响研究。崔戈（2010）、陆建人（2011）、刘晨阳（2011）认为，TPP 是美国区域贸易协定的新模式，通过其"拔高"的标准为美国谋求更多利益，TPP 不仅对美国加强与亚太地区的经贸关系、实现扩大出口以促进就业和纠正自身经济结构失衡具有重大意义，而且使美国可以牵制东亚经济一体化进程。但魏磊和张汉林（2010）认为应将TPP 视为亚太区域经济整合的契机，在对美国的主导权保持谨慎的同时，可适时参与 TPP 谈判，加快东亚区域经贸合作进程。徐春祥（2009，2014）指出东亚区域合作的核心内容是建立东亚自贸区（EAFTA），中日韩自贸区的启动将推进 EAFTA 建设，中国在中日韩自贸区建设中的推动与引领，彰显了中国作为地区领导者的自信与风范，并昭示亚洲的区域合作转变到由亚洲大国主导的轨道上来。何慧刚（2007）认为，对于东亚货币合作在短期内应建立信息沟通和危机救助机制，中期以建立东亚汇率稳定机制为主，长期则需建立东亚单一货币区。关秀丽（2010）强调中国应以自贸区建设和加强地区能源合作为主轴，注重促进地区金融合作。

对于中国而言，能否妥善处理中美日关系对于中国在亚洲区域经济共同发展中能否发挥巨大影响力至关重要。曹云华等（2005）认为，美国和日本所谓的"中国威胁论"不利于中国在亚洲的区域经济合作。田新文和胡宗山（2007）强调，中国应寻求利益政治和规范政治的契合与统一，既要牢固把握现有的地位，也应创建新的国际关系理念。沈丁立（2009）指出，美国、日本、中国是东北亚的核心作用者，而朝鲜半岛问题与台湾问题则是东北亚的核心矛盾。赵宏伟（2010）认为，中日关系的发展是东亚共同体发展的关键，在1990—1995 年的东亚区域一体化构想阶段，美国为继续掌控日本，强烈反对日本在东亚地区发挥领导作用，最终形成东盟力掌主导权、中国积极支持、韩国姿态积极而日本持消极态度的局面。

上海自贸试验区建设对建立国际经济新秩序意义匪浅。曹广伟（2014）指出，在世界贸易组织（WTO）框架下的多哈回合谈判步履维艰、多边自由贸易陷入困境的形势下，欧美发达经济体大力推进新一轮区域自由贸易谈判，意在主导国际经济秩序的演变进程，中国主动谋划建立更公正、更合理的国际经济新秩序，在国内层面启动了上海自贸试验区建设，意在通过制度创新促进投资和贸易便利化，打造一个具有国际水准的金融开放、投资贸易便利、监管高效便捷、法治环境规范的自贸试验区。

第六，"一带一路"建设的意义与亚洲经济研究。"一带一路"建设是中国在亚洲区域合作中发挥领头羊作用、促进亚洲经济包容性发展的新契机。霍建国（2014）指出，"一带一路"建设有利于巩固中国同中亚和东南亚的合作基础，还可以逐步辐射到南亚和非洲等地区，其意义深远。"一带一路"建设将成为中国经济新的增长点，共建"丝绸之路经济带"将进一步提升中国对世界经济的影响力。张业遂（2014）指出建设"一带一路"是打造中国对外开放升级版的需要，也是推进亚洲区域合作的需要，"一带一路"建设将可能成为亚洲整体振兴的两大翅膀，有助于连接中亚、南亚、东南亚、西亚乃至欧洲的部分区域。韩永辉等（2014）认为"一带一路"建设将为中国与西亚加强贸易合作创造有利契机，中国与西亚产业的强互补性是有利于两地加强贸易合作的经济基础。

第七，亚洲区域经济发展模式比较与发展经济学理论创新。发展经济学早期以农业国的工业化进程为研究对象（张培刚，2007），后来拓展到研究发展中国家经济社会的全面发展，为探索发展中国家经济发展道路和模式提供了重要思路与理论指导。在过去的半个多世纪里，发展经济学家始终围绕经济发展问题，构建了从单一的"增长经济学"到"发展经济学"的理论框架，经历了结构主义、新古典主义、激进主义和新古典政治经济学主义四个发展阶段，最新的一些文献也将新经济地理学的研究成果纳入进来（克鲁格曼，1999），密切关注发展中国家如何摆脱不发达状态而进入发达状态，从而实现工业化、城市化和现代化的经济理论与政策主张，涉及如下十个方面的研究议题：一是资源环境与经济发展的要素条件，包括发展的资源和要素动员与配置等（Auty，1993）；二是经济增长理论和模式，包括各种不同的经济增长道路和路径（Harrod，1939；Chenery，1975）；三是资本积累理论，包括"大推进"理论（Rosenstein-Rodan，1943）；四是技术进步、人力资本与创新理论，包括创新与发展的动力等（舒尔茨，2021）；五是劳动力市场与就业理论，包括人口流动、发展中国家的失业等（托达罗，1988）；六是工业化和城市化道路理论，包括城乡二元结构理论、城市化模式选择（张培刚，1949；罗斯托，2001）；七是经济发展与收入分配理论，包括收入分配变化的规律和趋势等（Leweis，1945；费景汉、拉尼斯，1989）；八是平衡与不平衡发展理论，包括联系效应理论等（赫希曼，1991；金德伯格，1963）；九是外部资源理论，包括两缺口模型等（钱纳里、斯特劳特，1989）；十是制度、政策与发展，包括战略、政策以及计划和市场的关系等（Tinbergen，1952）。

然而在发展经济学的演进过程中，发展中国家的发展问题尤其是亚洲发展中国家的经济发展出现了多个方面的新变化。首先，发展中国家经过二战后半个多世纪的发展，其经济和社会发展已经进入一个新的历史阶段，尤其是经济发展相对落后的亚洲地区，开始在区域合作中逐步崛起，牵引着世界经济发展重心的转移，目前它们所面临的发展环境和条件产生了颠覆性变化。其次，亚洲发展中国家内部也出现了一系列新变化，发展程度各有不同，发展面临的问题也不一样，很难用统一的发展标准和理论加以解释。许多发展中国家经过几十年的发展，各自探索出一些适合于自己发展的道路和模式，发展道路的多样化已经成为普遍现象。与此同时，对发展的理解也逐步从"现代化理论""世界体系论"向"新发展观""文明冲突论"和"包容性发展"等价值形态更迭。最后，一些建立于20世纪四五十年代的经济发展理论和分析工具已经不能够完全或很好地解释并指导发展中国家的实践，目前正在面临创新和发展的需要。基于上述新的变化和发展中国家所面临的新情况及新问题，需要对于某些传统的发展理论进行必要的反思，这有助于推动发展理论的进一步创新。

为此，需要立足更高层面和更广阔的视野对发展经济学进行理论创新，而正在崛起的亚洲经济正好为理论思辨提供了丰富的实践素材。在未来，亚洲经济不再是欧美经济的跟从者，而将以主导者决定世界经济的基本走向。所以从这个意义上讲，通过对亚洲区域经济合作问题的深入研究与实证分析，一方面，可以对中国在亚洲经济崛起中所扮演的新角色产生更加清晰的认识，为中国开放型经济的转型升级提供更加宽广的研究视角；另一方面，也可以通过对发展中国家的"南南合作"，在一定程度上纠正发展经济学过分偏向单个国家实证研究的偏向（Dilip and Debraj，2010），把分散化的发展样本整合起来，通过合作模式创新，实现亚洲经济崛起，这对发展经济学的理论创新（包括新观点和新方法），都具有极其重要的理论意义和实践价值。

总之，亚洲经济的不平衡性与发展模式的多样化构成对发展经济学的冲击与挑战，传统发展经济学建立起来的发展问题的"单一"发展框架，已经不能满足发展中国家发展的需要，并且难以完全有效解释发展的多样化问题。为此，十分有必要在对亚洲发展经济进行归纳提炼的基础之上，进一步针对传统发展经济学的理念与模型进行修正、创新与完善。一是需要从亚洲大国发展模式多样化，以及不同发展模式的比较研究中，总结出亚洲发展中国家的发展规律。二是需要对亚洲大国进行比较发展研究，尤其要关注中国、印度及南亚的合作与发展，这对于发展中大国的经济发展如何引领更多的发展中国家发展这一议题具有深远意义。三是需要从亚洲经济崛起过程中区域内经济体的不同发展模式出发，丰富、创新并完善现代发展经济学，这也是发展中国家特别是亚洲发展中国家对于发展理论和发展框架的创新。

0.3　主要研究内容

本书的研究重点关注亚洲经济发展的特征事实及其区域发展模式的内涵比较分析。在研究内容上，本书力图通过综合运用调研资料、理论文献与跨学科分析方法，全面系统收集和分析发展经济学的最新理论研究成果与亚洲经济合作发展的实践经验，为丰富和深化发展经济学、国际区域经济学，以及新型大国关系提供理论指导。本书的研究指出发展模式的多样化是发展中国家从贫穷走向繁荣的特点与规律，在亚洲国家的工业化、城市化、市场化、全球化道路上，每个国家所走的道路、所选择的战略、所采取的措施等都不一样。亚洲国家并没有选择统一的发展模式，而是根据自己的国情，同时借鉴别国经验，选择适合自己发展要求的战略和措施发展自己。

本书分为上篇"亚洲经济发展历史与实践总结"和下篇"亚洲经济发展模式与理论创新"，突出探讨七个方面的基本内容。

一是亚洲区域经济合作的多样化比较。在亚洲各国的经济合作与区域发展模式中，既有诸如自贸区、区域联盟的机制化合作模式，如中日韩自贸区、RCEP，也有一些非机制化的合作模式及其创新，如中亚和中印经贸合作，还有一些合作是在亚洲开发银行等国际机构的主导下完成的，如地区扶贫计划、反恐项目等。不同合作机制的内容、方式、机制与效果都有所不同，系统分析和深入比较其间的共同点与差异，以及其对亚洲崛起的重要意义，对于进一步在世界经济重心东移的背景下，有效推动亚洲区域经济合作意义深刻。

二是亚洲国家发展模式的多样化与转型方式比较。从世界区域发展的模式来看，战后最成功的模式之一就是东亚奇迹，它创造了整个人类发展史上的成功奇迹；20 世纪 80 年代以来中国经济增长同样创造了世界经济增长史上"持续高速"的奇迹；而"金砖四国""展望五国"和"金钻十一国"同样也向世界展示了各自不同的发展道路和模式；当然，从世界范围内来看，也有发展不成功的案例，如拉美现象，这在一定程度上成为人类发展史上"沦陷"的警示和标志。

三是亚洲经济改革模式的多样化比较。首先是苏联解体后俄罗斯和东欧国家的被称为"休克疗法"的激进式改革道路和战略，这种改革的基本依据就是所谓的"华盛顿共识"；也有中国特色社会主义市场经济改革；还有被称为具有"印度教徒式"特点的印度式改革；等等。这些改革模式不一样，同样在以改革促进发展的战略思路上所产生的效果也不一样。

四是亚洲国家和地区的发展起点和条件比较，主要涉及发展的资源与潜力、条件，包括资源与发展、劳动力比较、教育资源、科学技术与发展等方面的比较研究。

五是亚洲国家和地区的发展过程与结构变迁比较，主要包括：对工业化、城市化、市场化、全球化、发展总量与经济结构，以及工业化、城市化、市场化、全球化发展模式的特点与差异比较；农业经济增长比较、土地所有制比较、农业政策与发展比较；大国经济崛起与制造业发展比较；服务业发展比较以及经济增长方式比较；等等。

六是亚洲国家和地区的发展与制度反思，包括经济改革比较、市场经济比较、其他制度与发展的比较等。

七是亚洲国家和地区发展的宏观经济政策比较，包括分权化与发展、发展中的政府与市场，以及资本流动与国际贸易比较、外部资源、全球化与发展、世界市场与贸易，等等。

0.4 研究特色与创新之处

一是系统深入研究亚洲崛起的模式与特殊规律。亚洲与欧洲、美洲等在各方面都有很大的差异，亚洲是最有可能在未来进一步崛起的大洲，研究亚洲崛起的模式和亚洲经济发展的规律对于中国经济的转型升级具有重要的借鉴意义。亚洲作为世界重要的一极，对亚洲崛起模式和规律的研究也将对世界经济增长与变迁的理论研究产生深远的影响。

二是探索亚洲区域经济合作在全球经济中的制度建构及其作用。当前亚洲经济区域合作水平不高，其根本原因在于缺乏规范、稳定的合作机制。亚洲各国的经济、文化、政治差异较大，亚洲区域合作研究本身也是一项创新研究。而通过研究和探索亚洲区域合作机制，可以为全球经济合作的制度建构提供创新。

三是分析中国经济崛起及其在亚洲经济崛起中的功能、地位和作用。中国经济的崛起目前对世界的影响大于其对亚洲的影响，这种状态不利于中国进一步融入和推动全球化，探索和创新中国在亚洲的区域合作，因而探索中国在推动亚洲经济崛起中应该扮演的角色既是一种理论创新又具有实践意义。

四是尝试以亚洲国家为蓝本推动发展经济学的理论创新。在跨国公司崛起、全球资本流动加剧的背景下，生产要素的国际流动成为经济全球化的本质特征。落后国家寻求发展仍然是发展经济学研究的永恒主题，但是时代特征的变化要求发展经济学理论作出进一步创新。全球化趋势不可逆转，探索在全球化中实现发展是发展经济学必须研究的课题。基于此，本书试图以亚洲国家为蓝本，通过揭示亚洲崛起的模式与规律，创新发展经济学理论。也就是说，本书将借鉴已有研究方法，围绕亚洲国家发展经验，探索发展经济学的创新、演进与深化，重点研究发展模式多样化问题、市场与政府关系的重新认识问题、区域经济内部经济合作与发展问题、亚洲经济从不平衡发展到协调发展问题研究等，从而实现理论创新与突破。

上　篇

亚洲经济发展历史与实践总结

第 1 章
东亚经济发展及其模式

　　"21 世纪将是亚洲世纪"，而亚洲经济主要看东亚。①东亚作为世界上最具经济活力且对世界经济增长贡献最大的地区之一，不仅引领和推动了亚洲经济的崛起与前行，也成为全球经济增长的稳定器和发动机。从 20 世纪 60 年代起，东亚经济群体性、接续式的高速度发展，不仅创造了当代世界经济发展史上的一大奇迹，也使得东亚地区在较短时期获得令世界瞩目的经济成就和地位，同时也逐步形成一直颇受争议的"东亚模式"。而自 20 世纪 90 年代末以来，在经历了 1997 年亚洲金融危机和 2008 年全球金融危机这两次剧烈经济动荡的冲击与洗礼之后，"逆全球化"阴霾笼罩下的东亚经济发展面临诸多新的风险与挑战，传统意义上的"东亚模式"的内涵也在发生相应变革与转型。近年来，中国经济的不断崛起以及"一带一路"建设的深入推进，有助于为东亚

---

　　① 本书对亚洲经济区域的划分参照联合国贸易和发展数据库给出的标准，将亚洲经济区域划分为东亚、东南亚、南亚、中亚和西亚。需要说明的是，考虑到西亚地区领土争端、地缘政治以及数据可得性等因素，本书在对亚洲区域经济发展与模式进行分析时，没有针对西亚进行专门探讨。按照联合国的地区划分标准，这里的东亚包括中国、中国香港、中国澳门、中国台湾、日本、韩国、朝鲜、蒙古国等国家和地区。

经济乃至亚洲经济的持续增长与转型升级提供新引擎与新动力，也有助于进一步深化和提升东亚及亚洲区域经济一体化合作的水平和层次，以东亚经济共同体引领和带动东亚及亚洲进一步走向世界经济增长的重心乃至中心，从而开创亚洲经济更好的未来。

1.1 东亚经济发展概况

1.1.1 东亚成为当今世界最具经济活力的地区之一

自 20 世纪 50 年代末 60 年代初以来，东亚各经济体的经济呈现出群体性、继起式快速发展，并在很长一段时期内都保持持续性高增长，引起世界范围内的广泛关注。虽然经历了 1997 年亚洲金融危机和 2008 年全球金融危机两轮金融危机的冲击和影响，但一直以来，东亚经济增速始终高于全球经济平均增速，已成为世界上经济发展最为活跃的地区板块之一。

第一，东亚经济一直保持快速增长并领先全球。自 20 世纪 80 年代以来，东亚地区经济始终以高于全球平均水平的增长速度快速发展（表 1-1）。从早期的日本，到后来的韩国，都在 2000 年以前经历过经济的高速度增长。中国的台湾、香港、澳门也一直保持相对快速稳健的经济增长。在改革开放后的 40 年里，中国经济年均增长率高达 9.5％，远高于同一时期世界经济 2.9％左右的增长水平。2018 年，东亚地区七个经济体 GDP 平均增速为 5.4％，高于世界经济增速 3.1％的整体水平。受新冠疫情的影响，2020 年世界平均 GDP 增速为负，而东亚地区经济则在全球率先恢复增长，2021 年东亚地区平均 GDP 增速达到 6.1％。

第二，东亚经济占全球经济的比重已超过 1/4。自 1960 年以来，东亚地区

表 1-1　1980—2019 年东亚国家和地区历年 GDP 增速（％）

	1980 年	1985 年	1990 年	1995 年	2000 年	2005 年	2010 年	2015 年	2018 年	2019 年	2020 年	2021 年
中　国	7.8	13.4	3.9	11.0	8.5	11.4	10.6	6.9	6.6	6.1	2.3	8.4
日　本	2.8	5.2	4.9	2.7	2.8	1.7	4.2	1.2	0.8	0.7	-4.5	1.7
韩　国	-1.7	7.8	9.8	9.6	8.9	3.9	6.5	2.8	2.9	2.0	-0.7	4.1
中国台湾	7.3	5.0	5.4	6.4	6.0	4.1	10.8	0.9	2.6	2.7	3.0	6.5
中国香港	10.1	0.8	3.8	2.4	7.7	7.4	6.8	2.4	2.9	-1.3	-6.6	6.3
中国澳门	8.1	0.7	8.0	3.3	5.8	8.1	25.3	-20.0	6.5	-4.7	-54.0	19.0
蒙古国	6.4	5.7	-3.2	6.4	1.2	7.3	6.4	2.4	7.3	5.2	-4.6	1.6
东亚平均	5.0	7.4	2.5	6.0	5.8	5.5	9.3	3.7	5.4	1.5	0.6	6.1
世界平均	1.9	3.8	2.9	3.0	4.2	3.6	4.1	3.1	3.1	2.3	-3.1	5.9

注：朝鲜数据缺失。
资料来源：World Bank，IMF，快易数据库。

经济在全球经济中的份额不断提升（表 1-2）。1960 年，东亚经济总量占全球的比重仅为 8％，到 2000 年这一比重已上升为 21％。截至 2017 年，东亚七个经济体的经济规模已占到全球的 27％，这一比重在之后的年份依然保持稳定。2021 年，中国和日本的 GDP 总量分别位列世界第 2 位和第 3 位，在全球仅有的两个超 10 万亿美元的经济体中，中国位居其一；并且，2021 年全球超万亿的经济体共有 17 个，东亚占有三个席位，即中国、日本和韩国。此外，2021 年中国台湾和中国香港的经济总量在全球的排名也较为靠前，分列世界第 21 位和第 40 位（表 1-3）。

　　第三，东亚地区的经济竞争力不断增强。随着经济的持续增长和经济规模的不断扩大，东亚国家和地区经济的全球竞争力也在持续提升。根据世界经济论坛历年发布的《全球竞争力报告》，自 2000 年以来，除韩国和中国台湾的全球竞争力排名略有下降外，日本、中国香港和中国在全球各经济体竞争力排名中位次均有明显上升。其中，中国香港的全球竞争力从 2000 年的第 13 位提升到 2019 年的第 3 位，在整个亚太地区经济体中仅次于排在全球第 1 位的新加坡；日本从全球第 21 位提高到第 6 位；而中国则由全球第 39 位这一相对靠后的位置上升到目前的第 28 位。中国台湾与韩国分别位列世界第 12 位和第13 位（表 1-4）。从整体来看，东亚主要国家和地区的全球竞争力不仅得到明显提升，而且处在全球相对靠前的位置。

表 1-2　1960—2021 年东亚国家和地区历年经济总量及其占全球比例

	1960 年	1970 年	1980 年	1990 年	2000 年	2005 年	2010 年	2015 年	2017 年	2019 年	2021 年
中　国	597	926	1 911	3 609	12 113	22 860	61 006	110 647	122 377	142 799	177 341
日　本	443	2 126	11 054	31 328	48 875	47 554	57 001	43 950	48 721	50 648	49 409
韩　国	40	90	650	2 793	5 616	8 981	10 945	13 828	15 308	16 467	18 110
中国台湾	18	57	423	1 666	3 315	3 758	4 461	5 252	5 715	6 114	7 727
中国香港	13	38	289	769	1 717	1 816	2 286	3 094	3 414	3 630	3 692
中国澳门	NA	2	10	32	67	121	281	454	504	552	301
蒙古国	NA	2	6	15	11	25	72	118	115	140	152
全球总量	13 530	29 365	110 726	225 168	333 910	472 079	656 541	738 919	740 000	876 078	966 980
东亚占全球比例	8%	11%	13%	18%	21%	18%	21%	24%	27%	25%	26%

注：经济总量以亿美元计。
资料来源：World Bank，IMF，快易数据库。

表 1-3　2021 年东亚国家和地区 GDP 总量及其在全球的排名情况

	GDP 总量（万亿美元）	世界排名（位）
中　国	17.73	2
日　本	4.94	3
韩　国	1.81	10
中国台湾	0.77	21
中国香港	0.37	40
中国澳门	0.03	100
朝　鲜	NA	NA
蒙古国	0.01	126

注：NA 表示数据缺失，下同。
资料来源：World Bank，IMF。

表 1-4　东亚国家和地区历年全球竞争力排名情况

	2000 年	2005 年	2010 年	2015 年	2016 年	2017 年	2019 年
中　国	39	49	27	28	28	27	28
日　本	21	12	6	6	8	9	6
韩　国	23	17	22	26	26	26	13
中国台湾	7	NA	13	15	14	15	12
中国香港	13	28	11	7	9	6	3

资料来源：世界经济论坛历年发布的《全球竞争力报告》。

第四，东亚已经成为世界上经济最活跃的地区之一。随着中国经济的快速发展，东亚地区已经拥有中国、日本两大世界级经济体，同时韩国的发展也非常稳健且富有创新力和竞争力，东亚已经成为继西欧、北美之后又一个富有活力和创造力的地区。吸引外商直接投资（FDI）数量是表征一个国家或地区经济发展活力和吸引力的重要指标。一直以来，东亚国家和地区就是 FDI 最重要的目的地之一，其吸引 FDI 的总量占到整个亚洲地区的 50％—60％，占全球 FDI 流量的份额也在逐年提升，从 2011 年的 14.9％左右提高到 2021 年的 23.4％（表 1-5）。2020 年，全球经济受新冠疫情影响呈现负增长，东亚地区吸引 FDI 的比重超过 30％，说明全球投资者对东亚地区率先恢复经济活力保持较强的

表 1-5　2011—2021 年东亚国家和地区吸引 FDI 总量及其占亚洲和全球比重

	2011 年	2012 年	2013 年	2014 年	2015 年	2017 年	2019 年	2020 年	2021 年
中　国	123 985	121 080	123 911	128 500	135 610	136 320	141 225	149 342	180 957
日　本	NA	1 732	2 304	12 030	3 309	10 430	14 552	10 703	24 652
韩　国	9 773	9 496	12 767	9 274	4 104	17 053	10 566	8 765	16 820
中国香港	96 581	70 180	74 294	113 038	174 353	104 333	68 379	134 710	140 696
中国台湾	NA	3 207	3 598	2 828	2 391	3 255	8 213	6 053	5 405
中国澳门	726	3 894	4 527	3 421	1 121	1 997	1 902	− 7 104	− 298
朝　鲜	119	228	119	83	82	63	26	6	18
蒙古国	4 571	4 272	2 060	337	94	1 494	2 443	1 719	2 140
东亚总量	237 766	216 101	225 593	271 525	323 079	276 962	247 306	304 194	370 390
亚洲总量	425 657	407 577	417 698	472 001	519 716	486 269	488 450	562 644	690 070
全球总量	1 591 146	1 574 712	1 425 377	1 338 532	1 921 306	1 429 807	1 539 880	963 139	1 582 310
东亚占亚洲比重	55.9%	53.0%	54.0%	57.5%	62.2%	57.0%	50.6%	54.1%	53.7%
东亚占全球比重	14.9%	13.7%	15.8%	20.3%	16.8%	19.4%	16.1%	31.6%	23.4%

注：吸引 FDI 总量以百万美元计。
资料来源：联合国贸易与发展会议（UNCTAD）历年发布的《世界投资报告》。

信心。其中，中国是发展中国家里最大的吸收外资国，也是全球第二大利用外资国，2021 年中国吸收的外资高达 1 810 亿美元，在全球仅次于美国。根据 UNCTAD 发布的《2022 世界投资报告》，在 2021 年全球吸引外资规模最大的 20 个国家和地区中，有 3 个就来自东亚，分别是中国、中国香港以及日本，分列全球第 2 位、第 3 位、第 16 位（图 1-1）。

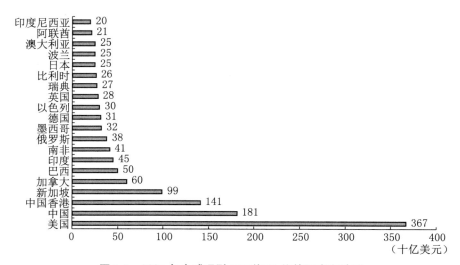

图 1-1　2021 年全球吸引 FDI 前 20 位的国家和地区
资料来源：UNCTAD 发布的《2022 世界投资报告》。

另外，如果说企业发展活力在某种程度上代表了地区经济发展活力，那么从世界 500 强企业的全球分布来看，根据财富中文网发布的《财富》世界 500 强排行榜（图 1-2），2020 年北美共 138 家企业上榜（其中，美国有 121 家），欧洲上榜企业数量为 129 家（其中法国最多，有 31 家），而东亚中日韩三国共有 200 家企业上榜（排名第一位的中国有 133 家），超过最发达的欧洲及北美地区，占到全球上榜企业数量的 40％。就中国而言，2008 年中国仅 25 家企业入围世界 500 强，2020 年中国入围的企业已增长到 133 家，其中中国内地及香港入围的公司数量达到 124 家，历史上第一次超过美国，这一迅猛增速充分展现出中国经济的强劲发展活力。

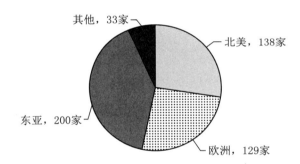

图 1-2　2020 年《财富》世界 500 强企业区域分布情况

资料来源：财富中文网。

1.1.2　东亚经济对全球经济复苏和增长贡献巨大

随着全球经济重心的逐渐东移，东亚经济的持续快速发展为全球经济的稳定增长注入强劲动能与活力。特别是 2008 年全球金融危机之后，在欧美经济增长普遍乏力的情况下，以东亚为核心的亚洲接过全球经济增长的大旗，在全球经济低迷与衰退当中率先复苏，对全球经济增长的贡献越来越大，有力地推动了世界经济的稳健复苏与持续增长。

一方面，东亚经济成为拉动世界经济复苏和增长的重要引擎。近年来，以东亚为核心的亚洲经济对全球经济增长的贡献越来越大。首先，过去 10 年中，尽管亚洲国家和地区 GDP 总量仅占世界的 1/4，但在世界经济艰难、缓慢复苏的大背景下，亚洲经济增长速度令人瞩目，其 GDP 增量已占到全球总增量的一半左右。其次，从对外直接投资来看，东亚已经成为全球投资的重要来源地。2011—2021 年，在亚洲地区的所有对外直接投资当中，东亚的占比一直保持在 70％以上，2019 年已超过八成；东亚对外直接投资占全球的份额也由 2011 年的 20.5％持续上升到 2019 年的 34.3％（表 1-6），这一占比在 2020 年甚至达到 50％以上。2021 年，在全球对外直接投资规模最大的 20 个经济体中，东亚地区就有 4 个，分别是日本、中国、中国香港和韩国，分列全球第 3 位、第 4 位、第 7 位和第 10 位（图 1-3）。此外，东亚地区对全球消费产生了巨大拉动作用。根据英国经济学人信息部（Economist Intelligence Unit）的估算，目前亚洲地区零售额已占到全球总量的约 1/3；亚洲也是全球多种产品的最大市场，比如，亚洲地区汽车销量占全球 2/5 左右，手机销量占 1/2 左右；许多西方跨国公司 25％左右的全球销售额和总利润来自亚洲市场；自 2000 年以来，世界 2/3 的能源需求增长量来自亚洲，目前亚洲能源消费量占全球的 40％左右。

表 1-6　2011—2021 年东亚国家和地区对外直接投资及其占亚洲和全球比重

	2011 年	2012 年	2013 年	2014 年	2015 年	2017 年	2019 年	2020 年	2021 年
中　　国	74 654	87 804	107 844	123 120	145 667	124 630	117 120	153 710	145 190
日　　本	107 599	122 549	135 749	130 843	134 233	160 449	226 648	95 666	146 782
韩　　国	29 705	30 632	28 360	28 039	23 760	31 676	35 531	34 832	60 820
中国香港	96 341	83 411	80 773	124 092	71 821	82 843	59 279	100 715	87 450
中国台湾	12 766	13 137	14 285	12 711	14 709	11 357	11 861	11 500	10 108
中国澳门	120	469	1 673	681	684	329	− 159	1 728	1 528
蒙古国	95	65	41	106	11	49	127	26	113
东亚总量	323 291	340 079	370 738	421 606	392 900	413 350	450 407	398 179	451 991
亚洲总量	430 890	462 628	506 487	552 449	527 133	573 799	554 236	515 255	611 433
全球总量	1 576 041	1 369 508	1 380 875	1 262 007	1 621 890	1 429 972	1 313 770	780 480	1 707 594
东亚占亚洲比重	75.0％	73.5％	73.2％	76.3％	74.5％	72.0％	81.3％	77.3％	73.9％
东亚占全球比重	20.5％	24.8％	26.8％	33.4％	24.2％	28.9％	34.3％	51.0％	26.5％

注：对外直接投资以百万美元计。

资料来源：UNCTAD 历年发布的《世界投资报告》。

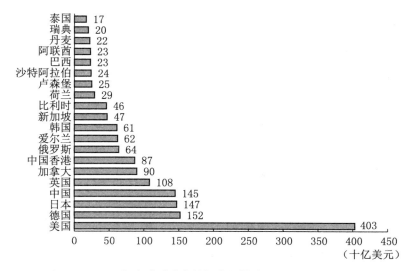

图 1-3　2021 年全球对外直接投资规模前 20 位的国家和地区

资料来源：UNCTAD 发布的《世界投资报告》。

另一方面，东亚经济增长重塑亚洲和全球经济格局。随着东亚经济规模的不断扩大，亚洲经济占全球经济的份额不断上升。2021 年全球 GDP 总量规模为 96.69 万亿美元，其中包括东亚在内的亚洲占比为 39.10%（图 1-4），成为全球经济总量第一大洲。在亚洲，经济总量最高的国家是中国，2021 年中国（含港澳台地区）经济总量达 18.91 万亿美元，占亚洲经济比重已超过 50%；其次是日本，达 49 409 亿美元，约占亚洲的 13.2%。在亚洲，东亚地区的经济实力最强，2021 年整个东亚地区经济总量高达 25.67 万亿美元，超过世界第一大经济体美国的 23.32 万亿美元，约占亚洲的 68.52%。以购买力评价标准来衡量，20 世纪 80 年代初亚洲经济占全球经济的比重不足 20%，到 2021 年这一比重已提高到约 40%。按照这样的发展趋势，亚洲经济规模将在未来 10 多年里超过美国和欧洲

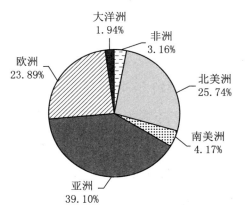

图 1-4　2021 年全球 GDP 按区域分布占比情况

资料来源：UNCTAD，由笔者绘制。

经济总量，亚洲经济占全球的比重将进一步提高到 50％以上。这可能意味着，东亚经济以及以东亚为引领的亚洲经济的崛起，或将改变过去 200 年来欧美经济主导全球经济的基本格局。

1.2　东亚经济发展历程

自 20 世纪 50 年代以来，东亚经济获得长足的发展，特别是自 20 世纪 80 年代以来，东亚成为全球最具经济活力的地区之一。东亚经济的发展有两个重要的历史节点，即 1997 年和 2008 年两次重大金融危机，它们均给东亚乃至亚洲经济带来巨大冲击与变革，据此可以将东亚经济近 60 年的发展历程划分为三个不同阶段。

1.2.1　战后日本的高速发展与亚洲"四小龙"的腾飞：1960—1997 年

二战结束之后，世界经济就在贸易日趋自由化和经济全球化深入发展的有利环境下，呈现出空前的繁荣。东亚地区经济也不例外。20 世纪 60 年代，日本经济进入高速发展时期。经济起步阶段的日本，采取外向型经济发展模式，凭借低廉的劳动力成本优势，大力发展以代工模式为主的制造业，其产品出口海外市场。到 20 世纪 70 年代，日本开始实施"贸易立国、科技立国、教育立国"三大基本国策，由此取得引人注目的经济成就。随着日本劳动力成本的上升，其劳动力密集型产业逐步失去国际竞争力，日本及时将经济发展重心向金融和科技创新转移，使得日本实现了由生产制造大国到资金和技术输出大国的成功转型。

在日本产业转型升级以及世界产业结构调整的过程中，中国台湾、中国香港、韩国、新加坡等有着亚洲"四小龙"之称的经济体则抓住这一有利的战略机遇期，借鉴日本在 20 世纪 60 年代的发展模式和策略，着力吸引来自日本的资金、技术和产业转移，不断拓展外向型经济模式，在较短时间内成功实现由进口替代型经济向出口导向型经济的模式转变，从而获得快速发展。到 80 年代，亚洲"四小龙"进一步完成由劳动密集型产业向资本密集型产业的过渡，这些东亚新兴工业经济体积累起充裕的外汇储备，其中，中国香港和新加坡跃升为全球最重要的金融市场和贸易港口之一。

在这一阶段，东亚区域内以日本为主的发达国家，通过直接投资将国内的成熟型产业向外转移到亚洲地区具有比较优势的新兴工业国家或地区。而当这些产业在新兴工业国家或地区逐渐丧失比较优势后，它们又被再次转移到拥有比较优势的发展中国家，通过产业的梯次转移，创造了所谓的"东亚奇迹"。

东亚经济的崛起，成为二战后世界经济发展史上的最大奇迹之一。根据世界银行 1993 年出版的题为"东亚奇迹：经济增长与公共政策"的政策调研报告，1960—1985 年，日本和亚洲"四小龙"的实际人均收入增长了四倍多，东南亚新兴工业化国家增加了一倍多。按照亚洲开发银行的统计，在 19 世纪 70—90 年代中期的 20 多年间，东亚地区经济年均增速高达 8%，远高于同期世界发展中国家的经济增速（4.3%）和发达国家的经济增速（3%）。东亚地区占全球经济的比重从 1960 年的 4% 迅速增长到 1990 年的 20% 左右。1965 年，东亚地区出口额占世界贸易的 10%，到 1993 年已超过 20%。进入 20 世纪 90 年代，西方经济低迷乏力，而东亚经济一枝独秀，1993—1995 年的 GDP 增长率均在 9% 以上。

1.2.2　以日本为领头雁的"雁行模式"逐步瓦解：1998—2007 年

在东亚经济起飞和崛起过程中，逐步形成以日本为领头雁的"东亚雁行分工体系"。从最初的日本，到随后的亚洲"四小龙"，再到后来的东盟和中国，依次承接成熟型产业的向外转移，从而实现经济的相继起飞，形成一幅以日本为领头雁的东亚经济雁行发展图景，呈现出技术密集与高附加值产业—资本技术密集产业—劳动密集型产业的阶梯式产业分工体系。这一分工体系的结构特征是，以日本为顶端，亚洲新兴工业国家和地区、东盟和中国分别作为第二梯队和第三梯队的阶梯型产业国际传递结构。

然而，1997 年亚洲金融危机不仅打破了东亚经济的增长神话，同时也使国际经济格局和东亚国家经济形势发生了一系列深刻变化，引发了东亚国家和地区分工的新变局，"雁行模式"的分工体系也出现新变化。一方面，日本进入"失去的二十年"，其作为带动东亚地区产业结构升级的领头雁作用不断减弱。从理论上看，"雁行模式"建立在东亚各个国家和地区之间的经济发展水平差异基础上，是一种以垂直型分工为主的国际分工体系。但 20 世纪 90 年代以后，日本经济衰退严重，没能对信息技术革命作出积极回应，自身产业结构升级缓慢。而与此同时，东亚其他经济体的产业结构不断升级，在一定程度上改变了"雁行模式"原有的垂直分工体系。在 20 世纪 90 年代以信息技术为引领的经济全球化进程中，许多东亚经济体利用信息技术革命机遇，加快产业结构调整转换。亚洲"四小龙"与中国内地的高科技产业相继得到迅速发展，在部分领域与日本形成水平式分工。中国台湾地区的半导体产业、韩国的移动信息技术都达到全球较高水平，并将部分电子、机械、化工等资本密集型产业向中国内地、东盟等地区转移。在此过程中，中国也加快产业结构调整与升级，形成从信息、生物、新材料等知识密集型产业，到钢铁、石化、汽车等资本技术密集型产业，再到众多的纺织、服装、钟表、合成纤维等劳动密集型产业共同发展的格局。由于中国经济的迅速崛起，支撑东亚经济高速增长的"雁行模式"发生了巨大变化。另一方面，随着世界经济的多元化发展和全球化的不断深化，各国的开放程度也日益提升，一国经济发展特别是发展中国家对某一特定国家的依赖程度随之减弱。这一系列变化使得原有"雁行模式"赖以存在的基础和条件均发生了重大变化，以日本为领头雁的"雁行模式"开始日渐式微并走向衰落。

可见，1997 年亚洲金融危机爆发之后，由于日本经济深受重挫，而其他东亚国家开放程度不断加深，整个亚洲的经济格局呈现出新的局面，日本充当亚洲领头雁的态势已被打破，中国的地位迅速崛起，一个更加多元和平衡的东亚经济格局开始形成。

1.2.3　中国经济崛起及其地位的提升：2008 年至今

在经济陷入持续衰退状态、大量投资自东亚撤出以至于"雁行"增长模式遭遇重创后，日本独立带动东亚经济结构转型和持续增长及区域内经济合作的能力不断削弱。伴随东亚雁行分工体系的瓦解，东亚分工格局发生了深刻变化。一方面，2008 年全球金融危机所造成的全球经济低迷使日本经济一蹶不振，而亚洲"四小龙"经济也面临不同程度的震荡或衰退。另一方面，以中国为代表的新兴经济体逐渐崛起，国际影响力不断增强。改革开放以后，中国经济逐渐参与并融入全球分工体系，且日益成为亚太乃至世界商品与资本的聚集地，"中国因素"在推动东亚区域内贸易扩展上发挥着日益重要的作用。中国不再处于雁尾位置，而逐渐成为东亚经济发展的又一大"引擎"。

中国经济的持续稳定增长使之在国际经济体系中的"稳定器"作用日趋重要。自 20 世纪 80 年代起，中国经济就逐渐开始发挥"东亚区域经济稳定器"的作用，在 1997 年亚洲金融危机爆发之后，中国作为东亚区域经济稳定器的角色已经相当明显。据 IMF 和中国人民银行统计，关于 1980—2001 年东亚各经济体 GDP 年增长率的变动系数，中国最低，仅有 0.35；除中国、日本之外所有东亚经济体整体增长率的变动系数为 0.49，如果加入中国，其变动系数降低到 0.29；如果再加入日本，其变动系数又上升至 0.38。[①]进入 21 世纪特别是

---

① 转引自梅新育：《中国巩固"世界经济稳定器"地位》，《人民日报》海外版，2017 年 4 月 18 日。

2008 年全球金融危机之后，中国经济进一步从"东亚经济稳定器"升级成"世界经济稳定器"与"发动机"。2001—2010 年，中国经济增长对世界经济的年均贡献率约 14.2%，到"十二五"期间上升到 30.5%，跃居世界第一位，同期美国和欧元区分别为 17.8%和 4.4%。根据 IMF 2017 年 4 月发布的《世界经济展望》的报告数据，1976—1979 年，发达经济体对世界经济增长的贡献率高达 80%以上，1980—1989 年为 70%，1990—1999 年为 60%左右，2000—2009 年为 45%，2010—2015 年进一步下滑至 30%，新兴经济体和发展中经济体的贡献率则上升至 70%，这一分布格局与 1980—1989 年的情况形成倒转（梅新育，2017）。

中国经济的崛起，为东亚经济增长与亚洲区域经济合作提供了强有力的动力和支撑。首先，中国日益成为引领东亚经济增长的引擎。伴随中国经济的持续稳定增长，其在东亚的经济地位也不断提升，对东亚经济总体增长的拉动和贡献明显增大，从而在东亚经济增长与合作的良性互动机制中注入强大生机和活力（江瑞平，2006）。其次，中国越来越成为东亚出口扩大的容纳器。随着中国经济的持续增长和市场潜力的有序释放，其从东亚的进口规模不断扩大，东亚各经济体对中国的出口依存度也在迅速提升，中国成为东亚许多经济体最主要的出口市场。迅速扩大的中国市场越来越成为东亚出口的容纳器，并对东亚经济合作产生了巨大推动作用。再次，过去，在雁行分工体系中日本是对外投资、技术输出和产业转移的中心。2008 年全球金融危机以后，中国成为东亚经济发展格局中新的中心。2010 年中国经济总量超过日本，跃升成为仅次于美国的世界第二大经济体，日益成为东亚相互投资的吸收地，在东亚区域生产网络体系中扮演着越来越重要的角色。由此，中国与日本在东亚经济发展中的角色也发生了逆转与换位，随着日本对东亚经济雁头效应的日渐衰弱，中国越来越成为东亚经济合作的积极参与者和推动者，东亚经济发展模式也面临深刻的变革，"中国模式"为东亚经济发展模式注入更多新鲜血液与活力。特别是"一带一路"倡议的实施，正在逐步构建形成以中国为引领、"一带一路"

共建国家和地区积极参与的新型分工体系，以互联互通的方式，引领"一带一路"共建国家和地区实现共同发展，为东亚经济和世界经济的持续发展创造有利条件。

1.3 东亚经济发展模式

1.3.1 东亚赶超型发展模式

随着东亚经济的腾飞和高速发展，东亚经济奇迹的成因成为学术界关注的热点。尤其在 1997 年亚洲金融危机爆发之后，人们更加重视对东亚赶超型发展模式（即东亚模式）的研究，诸多学者从不同的视角对东亚模式进行解释，且许多研究成果都颇具合理性，但也一直存在不少的争议。争议的焦点在于，究竟应该如何评价和看待东亚经济奇迹和东亚模式？到底东亚经济是否有一个统一的发展模式？如果有，究竟何为东亚模式？东亚模式有何内在特点，其与欧美经济发展模式又有何异同？对此，学术界主要形成了三种代表性观点。

一种是全盘否定。以著名经济学家克鲁格曼为代表的一批学者认为，不存在所谓的"东亚奇迹"，东亚经济增长是不可持续的，因为东亚模式使东亚经济发展缺乏后劲。除日本之外，东亚经济高速发展依靠的是动员和投入更多的资源，而不是技术进步和效率提高，这必然引起"报酬递减"。他们认为，东亚经济模式是所谓的"资本经济"，而非"知识经济"发展模式，由此造成亚洲经济体系的落后性。

另一种是完全肯定。这种观点认为，所谓亚洲模式死亡、亚洲奇迹结束的观点是错误的。东亚模式所创造的"亚洲奇迹"的历史存在性，无论如何都抹杀不了。亚洲金融危机只是单纯的经济运作问题，而与东亚模式并无直接联系，更不能由此证明东亚模式的终结。

第三种观点则认为，世界上没有一无是处的经济发展战略，也没有一成不变的增长模式，东亚模式也不例外。东亚模式对亚洲的崛起固然功不可没，但其之所以成功，是因为有特定的历史背景和条件。在新的时代发展条件下，如果亚洲仍然沿袭原有的东亚经济发展模式，才是对亚洲经济发展的最大危害。他们认为，亚洲金融危机实际上已经敲响东亚模式需要调整的警钟。而且，东亚模式过去的成功并不能掩盖亚洲经济发展战略的内在缺陷，更不能避讳因国际经济环境变化而对亚洲经济进行战略性调整的必要。该论点认为东亚模式不存在本质性缺陷，只要进行适当调整，仍然是一种独树一帜的经济发展模式，对后进国家实现经济赶超仍具有重要意义。

显然，全盘否定或完全肯定东亚模式都是不科学的。那么到底何为东亚模式呢？笔者认为，从早期的日本到亚洲"四小龙"时期的韩国、中国香港和中国台湾，再到后来的中国，东亚地区主要经济体的经济发展均具有后发赶超型发展模式的本质和特点。按照金善明和车维汉（2001）在《赶超经济理论》中的界定，所谓"赶超"（catching-up）是指建立在后发优势基础上，以发达国家为目标，政府确定经济发展战略、制定产业政策，以实现经济的高速发展和质量的全面提升。实际上，无论是日本、亚洲"四小龙"还是中国，其经济起飞和崛起的过程，就是一段以欧美发达国家为目标实现经济赶超的历史。这些国家和地区在经济与社会生活等各方面实行赶超战略，加速实现工业化、市场化、全球化、城市化以及现代化。在此过程中，东亚国家和地区充分吸收和借鉴发达国家已经相对成熟的宏观调控政策、先进的经济管理经验，并结合自身比较优势和特殊条件，采取一些特殊的成功做法，催生出东亚经济奇迹，且逐步形成一种有别于发达型经济体的东亚经济赶超型发展模式。实际上，从全球范围内来看，大多数发展中经济体的发展任务就是不断实现赶超，其经济增长基本上都具有赶超型经济增长的特征。

1.3.2　东亚赶超型发展模式的主要特征及理论内涵

国内外许多学者都对东亚模式的特征进行了研究，Jayasuriya（1994）认为，东亚模式有三个显著特征：第一，国家大量涉入关键的经济部门，充当规制者（regulator）和控制者（controller）；第二，出口导向型或外向型经济，国家在推动出口中扮演关键角色，同时限制国内进口；第三，强调生产，压制消费。詹纳（2004）指出，以日本模式为原型的东亚模式具有几个重要特征：其一，是"生产型经济"而非"消费型经济"；其二，形成"更均匀的国民财富分配"而非"国家财富集中于小部分人"；其三，"依靠自己的力量进行建设"而非"完全信赖外国投资者"；其四，"强制储蓄"而非"天生喜欢储蓄"；其五，"国家专家政治"而非"深层民主化"。1993 年世界银行发布的《东亚奇迹——经济增长与公共政策》总结了东亚模式的六个重要特征：科学技术、研究开发的高投资，合格教育与人力开发的高投资，高储蓄率与高投资率，促进出口的自觉政策，注重公平增长，谨慎的财政、金融政策和稳定健康的宏观经济环境。中国学者一般认为东亚模式的基本特征包括（沈红芳，2002）：政府主导型市场经济体制，政府与企业的紧密结合关系，出口导向型和赶超型发展战略，与文化相关的高储蓄倾向和高投资率，重视家庭、教育和人际群体关系的亚洲价值观，等等。

笔者认为，东亚模式的主要特征及其理论内涵包括六个方面。

第一，以追赶欧美发达地区为中心战略。纵观东亚国家和地区的发展历程，"经济立国"或"经济优先主义"成为许多国家和地区的根本战略（莫翔，2008），以经济建设为中心成为国家和地区发展的根本任务，并把追赶欧美先进国家和地区作为国家和区域发展的战略目标。不管是率先崛起的日本，还是随后成长起来的亚洲"四小龙"，再到后来的中国，无一不是如此。从世界现代化发展进程来看，欧美发达国家的现代化是一种"内源型现代化"，主要依靠自下而上的自发性，以工业革命和商业发展为先导，逐步实现现代化。从20 世纪后期开始，全球范围内掀起现代化发展浪潮，对落后国家和晚近进入现代化的国家产生一种特有的"迟发展效应"。[①]在"迟发展效应"的外部条件下，东亚国家和地区要想实现现代化，就必须动员和集中一切力量，以经济建设为中心任务，追赶西方发达国家已经实现的目标。这是东亚之所以能取得成功的一大关键。

第二，奉行外向型经济发展策略。东亚国家和地区普遍奉行外向型经济发展战略，也称为出口工业化战略，其主要遵循国际比较优势的原则，以政府产业政策为支撑，通过积极引进外资和国外技术，面向国际市场组织生产，并通过扩大出口带动经济增长。这种战略与西方国家采取的自主型发展战略有明显差异。许多东亚国家和地区都非常重视出口对国民经济发展的作用，甚至提出"出口立国"或"贸易立国"的战略，如日本和韩国等。这些国家和地区在经济起飞之前基本都经过短暂的进口替代阶段，以此来奠定工业化发展的基础。但在 20 世纪 60 年代以后，它们都相继开始转向促进出口的工业化发展道路。具体来看，东亚国家和地区的出口导向型工业化战略一般经历以下三个发展阶段：首先是初级产品出口阶段，其次是劳动密集型产品出口阶段，然后进入资本技术密集型制成品出口阶段。虽然各个阶段经历的时间长短有所不同，但东亚国家或地区都将扩大出口作为经济增长发动机，外向型经济是东亚模式的一大典型特征。

第三，以高投资拉动高增长进而实现快速赶超。东亚国家和地区经济发展的另一共性特征是通过高储蓄率和高投资率来实现高经济增长率。根据传统经济增长理论，资本积累的持续增长是经济持续增长的基本前提。相对全球许多地区而言，东亚地区储蓄率一直保持在较高的水平上。例如，1980—1990 年，东亚"四小龙"、中国、东盟和印度的总国内储蓄率平均为其国内生产总值的

---

① "迟发展效应"指的是现代化起步较晚的国家由于其起步晚而面临与现代化起步较早国家不同的制约条件和发展模式。

31％左右。对于 1990 年经济高速增长的东亚经济体而言，其储蓄率高出拉美地区平均 20 多个百分点。1996 年东亚储蓄率高达 32％左右，而美国和西欧分别为 17.5％和 12％（全毅，2008）。

为刺激投资，将储蓄转化为资本，东亚国家和地区的政府采取支持债券和股票市场发展、建立开发银行和专门金融机构等多种方式，为产业发展提供资金来源。另外，不少东亚国家和地区通过减免企业所得税、设备和零配件进口关税以及出口退税等税收减免措施，以及提供廉价企业用地、优惠信贷和压低劳动薪酬标准等投资促进措施，营造良好的投资环境，大力吸引外资，激活私人投资。1960—1985 年，东亚地区的投资水平居全球中低收入国家之首，资本形成占 GDP 的比率从 20％增加到 30％。1970—1989 年，东亚地区私人投资率保持在 15％—22％的水平上，而其他同等收入水平国家的私人投资率仅 11％左右（全毅，2008）。高储蓄保证高投资率，高投资率促进高增长，这又使得储蓄增加反过来支持持续的高投资率，这样增长、储蓄及投资互相作用，形成良性循环，为东亚经济增长提供源源不断的动力。

第四，通过技术引进和模仿创新为经济赶超型增长提供动力支撑。东亚赶超型经济增长模式的另一重要特征，就是把引进国外成熟的技术作为推动本国和地区技术进步的突破口，并在此基础上进行消化吸收再创新。但在不同的经济发展阶段，超越型模式的技术创新内涵也呈现出不一样的特征。在工业化起步阶段，主要通过引进西方国家已经广泛商业化的成熟技术，进行技术的引进模仿。在经济起飞初期阶段，当积累了一定的技术基础后，开始采用垂直技术引进方式，即引进国外相关研究成果，在本国进行商业性开发与应用，并进行技术改良和创新。到经济赶超的起飞时期，逐步从引进为主的被动依赖阶段转向以创新为主的自主开发阶段。例如，日本经济起飞的主要因素之一就是对西方国家的技术模仿创新，亚洲"四小龙"和中国也都是如此。但在经济发展到一定阶段之后，依靠技术引进带来的学习效应和模仿创新对经济发展的驱动力开始减弱，需要更多地依靠自主创新为进一步实现经济赶超提供内生动力。正因如此，当日本、韩国、中国台湾以及中国等经济体追赶到一定阶段后，都先后采取创新驱动的赶超型发展战略，推动经济由传统的要素驱动型、速度型赶超方式向更高质量的创新驱动型、内涵式赶超方式转型，从而追求可持续、有质量、有竞争力的赶超型经济增长。

第五，发展型政府主导的市场经济体制为实现赶超创造稳定的宏观经济环境。东亚模式还有一个非常鲜明的特征，就是依靠强有力的政府为国家现代化提供综合保障。市场被认为是组织生产、配置资源最有效率的一种方式。但对于处于后发赶超位置、初始条件不利的东亚国家来说，自由放任的市场经济发展很有可能意味着永远落后，重蹈拉美模式的覆辙。与内源型西方现代化发展路径不同，外源型东亚国家和地区一直特别重视政府的职能和作用，形成了富有弹性的市场经济发展体制，让"看得见的手"和"看不见的手"都能充分发挥应有的作用，并互为补充，弥补各自的缺陷。这种发展型政府在东亚国家和地区的经济运行中扮演了积极主动的角色，主动引导和控制经济的发展方向，甚至作为主体直接参与其中。

戴约等（1992）指出，亚洲主要国家（如日本、韩国、新加坡）的政府在经济发展中起了关键作用，并有四个重要共同特征：（1）稳定的统治；（2）在政府引导下，国家与私人企业紧密合作；（3）政府特别强调在教育和收入方面的社会分配平等；（4）政府不但懂得使用而且能够有效使用市场价格和竞争机制以促进经济发展。从东亚国家政治体制的运行来看，政治精英的主要任务，是发现如何在组织上使自己的发展目标与市场机制相吻合，创造政治的长期稳定，保持分配的公平公正，确定国家目标，造就有能力驾驭国家体系、却与政治系统分离的技术官僚体系，凭借一种相对于极权主义要柔和很多、相比自由放任主义又更加有效的政治体制，在较短的时间内实现快速的经济发展，这种有效率的方式使得集权主义在东亚经济奇迹期间非常流行。值得一提的是，虽然集权主义曾得到东亚国家的肯定，但日本在20世纪70年代以后，却不断表现出降低政府作用的趋向和愿望。

　　中国经济发展的一条重要经验，就是各级政府在推动经济增长过程中大有作为。这既与中国大国发展传统的计划经济有千丝万缕的关系，也与财政分权体制机制导致的地方政府"GDP 锦标赛竞争机制"有密切关系。地方政府围绕 GDP 开展"锦标赛"竞争，确实在推动中国经济超高速增长过程中发挥出重要作用。与此同时，中央政府通过实施强有力的宏观经济政策，为经济赶超型增长创造了稳定的政治和经济环境条件。当然，当前中国经济转型进程中面临的巨大困难和问题，如环境污染、地方债务风险、产能过剩、影子银行等，也与地方政府片面追求经济赶超和 GDP 超高增长密不可分（徐玠、权衡，2015）。

　　第六，注重社会公平的收入分配制度。相对西方发达国家的消费型社会，东亚地区是典型的生产型经济，低利率、低消费保障了高储蓄率与高投资率，而这些又得益于其国民财富分配的相对公平。詹纳（2004）指出，东亚政府政治清明、社会稳定，原因在于"随之而来的财富能够在更大范围内在社会各阶层中得到更均匀的分配"。根据世界银行的统计，从 1965—1990 年发展中国家人均 GDP 增长与基尼系数的变化来看，东亚地区是唯一实现经济高速增长与收入不平等降低两者同步的一组经济实体。许多经济学家都指出，东亚地区的收入分配状况在经济高速增长时期并未出现恶化，这是库兹涅茨假设的例外。他们认为经济增长改善了收入分配状况，主要是政府在收入分配领域发挥了重要作用。也有学者将社会公平视为东亚经济增长的原因之一。Bridsall 等（1995）通过国际比较，认为东亚地区之所以取得经济的高速增长，并比南亚和南美洲地区取得更好的经济发展绩效，是因为东亚地区的收入不平等程度较低，并在经济发展过程中显著降低了收入的不平等。随着社会公正性得以较好的贯彻，社会各阶层均从经济增长中受益，这一方面增强了国民对于国家的认同感，另一方面又进一步转化成为新的经济增长动力（李倩，2016）。

　　需要指出的是，东亚模式是东亚经济体在实践中结合自身独特发展条件和当时特殊的外部发展环境形成的（外交学院课题组，2011），对促进东亚地区经济起飞以及赶超起到重要作用。但这种以要素驱动为主，依靠高投入、高投资、高能耗拉动的传统赶超方式也存在明显的缺陷：对外部市场过度依赖，导致经济增长的脆弱性；对外资的过度依赖损害了经济发展的自主性；严重依赖外国技术造成创新意识的缺乏和技术能力的不足；过分追求经济高增长对生态环境造成严重破坏。因此，传统的东亚模式亟待创新和转型。新古典经济增长理论和新增长理论认为，短期内的经济增长决定于要素积累，但长期来看主要取决于技术进步。因此，靠技术进步推动的经济增长是长期可持续的，靠要素积累推进的经济增长是长期不可持续的。也就是说，依靠快于世界的要素积累速度实现经济赶超，虽然短期内可以"立竿见影"，但是长期来看是不可持续的，并且会给环境和资源带来巨大的压力；如果依靠快于世界的技术进步速度实现了经济赶超，那么这种赶超不仅是长期可持续的，而且是"绿色"的（施炳展、李坤望，2009）。

自 20 世纪 90 年代以来，日本就进入了所谓的"失去的十年"甚至"失去的二十年"，其经济陷入持续低迷增长状态；韩国、中国台湾以及中国香港等亚洲"四小龙"的增长速度和经济前景出现预期性放慢；2008 年全球金融危机以后，持续保持 30 多年高速度增长的中国经济也在 2010 年开始缓慢下滑，进入经济发展新常态，投资、消费和出口"三驾马车"的拉动力有所下降。同时，劳动力成本持续上升，土地价格明显上涨，要素供给出现紧张，各类预期收益和回报出现下降，生态环境明显承压。这些都表明，东亚国家和地区传统的赶超型发展模式亟待转型，而转型的核心问题就在于转换赶超增长的内在动力。从世界上成功实现赶超的经济体的增长经验来看，实现经济持续赶超并持续增长的真正源泉来自全生产要素率和资源配置效率的提高。其中，有四个基本因素和条件是决定能否实现持续赶超和持续增长的关键。一是创新，包括技术创新和全要素生产率提高，这是成功实现经济赶超的内在动力。二是相互依存和依赖性，强调全球化背景下各国经济增长的相互关系及其国际贸易、对外开放等对实现经济赶超具有重要作用。三是制度变革和制度设计，突出强调稳定选择适宜的制度要素并保持稳定的政治环境、产权制度、法律制度等对促进经济赶超增长的积极作用。四是消除不平等，强调正确处理好经济增长与收入分配的内在关系，实现公平正义（徐玲、权衡，2015）。

当前，中国正在推动经济发展方式转变，其核心内容就是转变传统的赶超型经济增长模式，通过不断地全面深化改革、促进技术创新、实施对外开放、改善收入分配，构建经济实现可持续赶超和发展所必须依赖的国际化、法治化营商环境，更加重视经济赶超型增长的质量、效益及其国际竞争力，最终不断加快经济赶超型增长，早日提高人均收入水平，更好更快迈向发达型经济体和高收入国家行列。

1.3.3　东亚赶超型发展模式的创新价值与重要意义

回顾二战以来的经济发展史，在世界所有后进经济体中，东亚地区是唯一比较成功地实现了经济赶超并实现了共享式增长的地区，东亚模式给人们理解经济发展和制度变迁过程带来重要启迪，既具实践发展意义，也有理论创新价值。

第一，开创了不同于西方国家现代化发展的新道路。在一个多极化发展的世界，各国通往现代化的道路与方式既有共性又有特性，形成了各具特色的现代化模式。其中较有代表性的是美国模式、北欧模式和东亚模式。东亚模式就是在文化传统与西方现代文明交互作用下形成的以市场经济为主导的现代化方式、经验和道路。它最初所包括的国家和地区，主要指日本、韩国、新加坡、中国台湾和中国香港，随着中国经济的快速发展，中国经济发展模式也被纳入东亚现代化发展模式中来。东亚这些国家和地区在文化传统上属于儒家文化圈，并在现代化过程中学习消化了西方现代科学技术、市场经济体制和以民主、法治为核心的人文主义价值观，从而形成一个多元文化互动互补的社会（张仁寿，1997）。

东亚模式的形成，具有重要意义和价值。在东亚经济崛起之前，现代化只有欧美模式，现代化被视为就是西方化。随着东亚国家和地区的经济崛起，它们相继走上或实现了工业化以及现代化，并别开生面地创造出一种不同于西方现代化道路的东亚模式。东亚模式和东亚经济的崛起不仅改变了古老东方的落后面貌，也前所未有地提高了该地区人民的生活水平。更具深远意义的是，它结束了自工业革命以来由欧美主宰世界经济的历史，形成了当今世界欧、美、东亚"三足鼎立"的新格局；它破除了把现代化模式等同于欧美模式、把现代化等于西方化的教条，推动了现代化发展模式的多元化趋向。

第二，推动了西方经济学关于政府和市场关系理论的新发展。政府与市场的关系，一直是西方经济学理论研究的重要主题之一。在资本主义制度产生、发展和完善过程中，西方经济学关于政府和市场关系的理论也不断发展，并在长期的理论和实践进程中，在应对市场失灵和宏观经济不稳定、对微观经济和宏观经济进行政府调节以及实行微观经济政策和宏观经济政策等方面，积累了大量实践经验和理论成果。西方资本主义国家的市场经济制度主要奉行的是自主主义，政府的主要职能是维护市场规则，一般不直接干预具体的经济活动，政府和市场之间有明显的边界。相对而言，东亚各国和地区注重发挥政府在经济发展过程中的主导作用和核心影响，发展型政府对东亚经济崛起有着重要贡献。东亚的成功经验充分说明，一方面，尽管政府这只"看得见的手"存在一定局限性，但其特殊的作用也是市场无法完全替代的。尤其是在市场失灵的情况下，政府通过经济政策干预能够有效发挥弥补市场缺陷的作用，包括提供公共物品，制定和实施发展战略、产业政策法规，维护宏观经济安全与稳定，代替市场进行资源配置，培育市场，弥补市场缺陷，创造公平竞争的环境，限制垄断和调节收入分配，等等。另一方面，东亚的实践也强有力地证明，市场竞争可以提高资源配置效率，激发活力，打破边界，刺激企业创新、技术进步和经济社会发展。当然，尽管市场这只"看不见的手"能量很大，却也并非全能的，更不是完全精准有效的。在没有政府指导和干预下，市场在配置资源方面容易造成错配和扭曲，带来严重的社会问题，如卫生和环境污染、财富分配不公等，导致社会矛盾激化、动荡不安。因此，要正确处理政府与市场经济的关系，使之和谐相处、平衡发展（王永钦，2015）。

值得指出的是，中国 40 多年改革开放的发展进程，进一步对政府与市场关系理念进行了实践拓展与理论创新，对政府和市场关系的认识也在不断深化。党的十五大提出"使市场在国家宏观调控下对资源配置起基础性作用"，党的十六大提出"在更大程度上发挥市场在资源配置中的基础性作用"，党的十七大提出"从制度上更好发挥市场在资源配置中的基础性作用"，党的十八大提出"更大程度更广范围发挥市场在资源配置中的基础性作用"。党的十八届三中全会《中共中央关于全面深化改革若干重大问题的决定》（以下简称《决定》）进一步提出，"使市场在资源配置中起决定性作用和更好发挥政府作用"。把市场在资源配置中的作用提升到"决定性作用"层面，这是对政府与市场关系认识的一个新突破，标志着社会主义市场经济发展进入了一个新阶段。①党的二十大报告强调，要"充分发挥市场在资源配置中的决定性作用，更好发挥政府作用"。在中国特色社会主义市场经济中，中国始终坚持政府与市场协调互补、各就其位、相互促进，实现了社会主义市场经济条件下政府与市场关系的一系列成功结合，包括社会主义公有制与市场经济相结合，释放市场活力与集中力量办大事的政治优势相结合，市场激活微观经济与政府稳定宏观经济相结合，市场提供产业变迁动力与政府引领产业变迁方向相结合，市场激励自由竞争与政府加强监管优化服务相结合，市场提高效率与政府保障公平相结合（何自力，2017）。中国的经验表明，使市场在资源配置中起决定性作用、更好发挥政府作用，两者是有机统一的，不是相互否定的，不能把两者割裂开来、对立起来，既不能用市场在资源配置中的决定性作用取代甚至否定政府作用，也不能用更好发挥政府作用取代甚至否定使市场在资源配置中起决定

---

① 《习近平新时代中国特色社会主义思想学习纲要》连载之十：《以新发展理念引领经济高质量发展——关于新时代中国特色社会主义经济建设》，《光明日报》2019 年 8 月 2 日。

性作用。中国对市场作用的认识从"基础性"到"决定性"转变，实际上是进一步深化了对政府和市场之间关系的认识，也是对西方经济学中有关政府与市场关系理论的发展与创新。

第三，探索形成亚洲开放型经济发展新模式。许多东亚及亚洲国家和地区都属于开放型经济体，开放在东亚和亚洲经济崛起过程中发挥了重要作用。东亚和亚洲经济崛起的过程，其实也是东亚和亚洲国家不断开辟和拓展新型开放发展模式的过程。过去几十年来，亚洲各经济体顺应经济全球化、区域一体化发展的历史潮流，不断扩大相互开放，地区内相互依存度不断提高。同时，亚洲各经济体从来都没有把自己的发展限制在区域框架内，而是不断深化同世界其他地区的经济融合与合作，共促开放式发展，使亚洲在全球商品市场和外商直接投资总额中所占比重持续上升，由此推动了世界经济重心加速向亚洲转移，并强化了亚洲同世界其他地区发展的联动性和相互依存度。在开放发展理念的引领下，亚洲创造了一波又一波的经济奇迹，成为最具发展活力的地区，也成为国际舞台上异军突起的"新兴经济体"最为集中的地区（张茂荣，2018）。

作为亚洲的重要一员，中国同样是开放发展的受益者。通过深化改革、扩大开放、加入WTO，中国顺利实现从贫穷落后大国到世界第二大经济体、第一大货物贸易国的飞跃。中国对外开放经历了40多年的发展，从一开始的"四个特区"战略，到沿海开放城市战略，再到沿海经济开放区和产业园区发展、保税区战略，发展到近几年的中国自贸试验区、自由贸易港战略，可以说，中国特色开放型经济发展不断走向深入（权衡，2018）。中国特色大国开放经济立足中国发展阶段和国情，从实践创新出发，形成了中国特色对外开放发展新道路和中国开放经济发展新模式。例如，"四个特区"发展模式探索积累了先行先试与渐进式开放新经验；沿海开放城市战略开辟了大国开放经济一体发展的新模式；保税区模式探索形成了"境内关外"政策创新与贸易便利化的新尝试；加入WTO形成了融入国际化、市场化、法治化发展轨道的新探索；自贸试验区建设形成了推动制度创新与营商环境建设的新试验；自由贸易港建设树立了加快贸易便利化与开放经济升级的新标杆；"一带一路"建设构建了双向投资与全面开放的新格局；改革创新与开放形成了开放倒逼改革与开放创新发展的新动力。以上这些中国对外开放的实践和发展经验，不仅开辟了一条大国开放经济发展的成功之路，也为推动国际分工体系理论、国际市场理论、国际贸易理论、国际投资理论、国际金融理论、全球治理理论等创新发展提供了新鲜经验，并为推动国际经济学、发展经济学以及世界经济理论的创新和发展提供了重要启示（权衡，2018）。

第四，为世界后发地区融入经济全球化并实现经济赶超提供新经验。对于实行开放型发展战略的国家而言，融入全球化可以获得更好的发展条件，比如，市场更大，生产要素来源更加广泛，跨国公司也会带来更多的技术和资源。尤其对于发展中国家来说，可以获得更多的外来投资和更大的国际市场，从而实现发展的跨越（张幼文，2001）。东亚经济赶超的过程与世界经济全球化的过程是一致的，东亚经济之所以能够迅速崛起，很大程度上是因为搭上了经济全球化的"顺风车"，而东亚经济起飞也进一步加快了经济全球化的进程（马宏伟，1999）。不管是日本、亚洲"四小龙"，还是后来的东盟和中国，都是在积极融入经济全球化的过程中，不同程度地参与国际产业分工体系，在此基础上，立足于一体化的国际生产、统一的世界市场和全球性的资本流动，遵循市场经济的基本规律和国际经济基本规则，充分利用国际生产资源、国际大市场，并依托国际产业结构调整开展本国的生产、经营以及贸易活动。这使得东亚国家和地区经济成为全球经济发展中的一个有机组成部分，与世界经济形成相互作用、相互依存的关系，同时实现自身经济体制与国际的接轨。东亚经济的发展模式与实践经验，为目前仍游离于世界生产体系之外，被经济全球化边缘化的广大发展中国家和落后经济体提供了经验借鉴和学习样本，因而具有重要实践价值与示范意义。

第五，东亚模式以及中国等后赶超型国家的转型实践，进一步丰富和发展了传统经济增长理论和增长经济学。东亚国家和地区的赶超型发展模式和增长经验，有助于形成具有重要理论创新价值的赶超型经济增长理论。赶超型经济增长理论丰富了传统经济增长理论和分析范式，对其他正在进行赶超型增长的国家具有较好的启示和实践意义。值得一提的是，中国作为发展中大国，其经济赶超的丰富经验所得出的理论和分析框架有别于立足于发达型经济体基础上的增长理论和一般分析框架。徐珵和权衡（2015）认为，中国的大国赶超型经济增长的成功经验至少有以下几方面的理论内涵：一是中国具有发展中经济体的明确赶超目标，赶超的压力和动力成就了中国经济非均衡的持续高增长；二是中国具有发展中经济的独特大国资源禀赋优势，这个优势造就了中国制造业发展的速度和规模奇迹，而这恰恰是发展中经济体发展进程中无法逾越的强国战略；三是中国具有大国发展中的结构性差异特征和不均衡特点，使得中国在经济赶超过程中形成了巨大的发展韧性以及区域多样化的赶超型增长模式；四是中国具有大国赶超过程中独特的规模经济优势和集聚经济特点；五是中国具有大国发展型经济体中独特的双向开放和互利合作特点，既能利用新一轮全球化带来的发展机会，也能为其他国家发展带来新的机会；六是中国具有发展中经济体特有的强烈的学习欲望、吸收和消化能力，大幅缩短了赶超过程中城市化和工业化时间；七是中国具有大国发展中动态的制度优化功能与资源配置改善优势，为实现经济赶超型增长创造了重要条件；八是中国在大国发展中具有的强势政府为经济赶超提供了稳定的宏观经济优势和条件，在推动中国经济超高速增长中发挥了重要作用（徐珵、权衡，2015）。

中国大国赶超型经济增长的经验和特征表明，像中国这样的发展中大国，要想经济增长实现赶超，其赶超增长的轨迹可能不会像发达经济体那样自然走向收敛型增长，也不会很快出现所谓的"增长均值"阶段。这就需要运用赶超型增长分析框架来解释中国的经济增长。徐珵和权衡（2015）总结指出，这一框架至少应当包括：经济赶超目标和任务（即迅速提高人均收入水平）、赶超经济的资源禀赋条件、结构性差异及其增长转换、规模经济和范围经济优势、互利合作的双向开放模式、技术引进和技术赶超战略、制度变革与资源配置方式转换、发展主义导向的精明政府与环境稳定等。这无疑进一步丰富了赶超型经济增长理论，对其他赶超型大国实现经济增长与赶超具有理论指导意义和实践价值。

1.3.4 中国赶超模式的创新转型：从高速度赶超到高质量赶超

随着中国经济进入增速减挡、结构转换、动力转变的新常态，中国赶超型经济发展也已经进入一个新的历史阶段，从 30 多年来保持超高速的赶超开始进入新的中高速赶超阶段［参见权衡（2017）］。一是经济增长速度发生变化，即从原来高速增长转向中高速增长，经济增长从主要依靠速度型向质量效率型转型，这体现了经济发展的质量与效益导向。二是经济结构发生重大调整，从增量扩能为主转向调整存量、做优存量并举，更加注重经济结构优化和完善，提高了产业结构发展能级与竞争力。三是经济发展动力发生转换，从原来的要素驱动增长转向创新驱动发展，形成创新驱动发展的新格局，经济增长更加注重由全要素生产率提高来实现。尽管在经济新常态下，中国经济长期保持继续赶超型增长的基本态势和趋势不会发生改变，但是，中国经济实现持续赶超型增长的动力亟待转换，经济增长需要从要素驱动型、数量扩张型的赶超式增长转向创新驱动型、质量提高型的赶超式增长；需要通过加快推动科技创新、技术进步、促进科学研究以及技术专利发明等科技要素积累，紧紧依靠一系列制度创新，实现产业化、市场化和商业化创新发展和转型升级。唯有经历这样的科技创新过程，才可以提升产业活动效率、劳动生产效率以及全要素生产率，进而提升经济增长的内在效率和质量、效益，真正推动中国经济转变发展模式。

从经济增长理论演变与赶超型经济实践分析来看，中国提出的经济新常态对于经济增长理论，尤其是对赶超型经济发展实践的创新价值具有十分重要的意义。经济新常态既是中国特色社会主义政治经济学的最新理论成果，也进一步丰富和发展了传统经济增长理论和增长经济学。第一，经济新常态下的赶超型增长，超越了传统的线性经济增长理论，揭示了后赶超型经济体的总量赶超与结构赶超的二元特征和二次赶超的内在属性。传统增长理论认为，经济增长往往是一个线性过程，换句话说，就是不断提高人均收入并趋于收敛的过程；对于许多后赶超型经济体国家而言，其赶超过程就是按照某种既定的生产函数，不断提升人均收入，直到赶上或超过发达国家。但实际上，许多发展中经济体在赶超过程中，除了总量赶超外，更重要的是在赶超过程中转变生产函数，即赶超不是简单依靠一次性生产函数就能完成，而是需要在赶超过程中进行深刻的结构性调整和赶超动力转换，完成从要素驱动型赶超走向创新驱动型赶超，这样的赶超具有二元性特征，或者说是二次性赶超，而不是简单的一次赶超。理解后赶超型经济体这样的特征，有助于帮助我们理解，为什么有些赶超型经济体未能成功跨越中等收入陷阱？究其原因就在于，它们仅仅完成了一次赶超，而没有进行赶超过程中的结构性调整和赶超动力转换。

中国提出"经济发展新常态"，实际上就是指出赶超型经济体在赶超到一定阶段后，需要二次转型，其最大的特征和任务，是传统的超高速和高速经济赶超方式的转换，核心就是赶超的动力和结构的转变与调整。这也是与以往的线性赶超或者说一次赶超不一样的地方，而发生这一转变的根本原因在于大国赶超的结构性差异、要素投入结构的变化、经济增长动力的转换等，使得原有的支撑高速度赶超的发展方式已经难以为继，也难以继续支撑和引领第二阶段的经济赶超任务和目标。因此，在完成走向中等收入阶段的经济赶超以后，要继续实现经济赶超的第二阶段任务即走向高收入经济体，则需要依靠新的经济赶超方式来，需要转变赶超的结构条件，转变赶超的动力机制，这就是经济新常态的内在特征和经济增长的新含义所在。也就是说，中国经济在达到中等收入经济体水平之后，需要换一种新的方式实现新的赶超，即从过去的强调高速度赶超向高质量赶超转型，赶超的目标是成功跨越中等收入陷阱，进入高收入发展的新阶段。

第二，新常态下中国经济实现新赶超型增长，超越和摈弃了传统上单纯的速度型赶超方式，提出追求可持续、有质量、有竞争力的赶超型增长，这种赶超型增长更具可持续发展的内涵和意义。传统经济学认为，经济增长就是一个简单的要素投入和产出变化过程，其背后实际上忽视了增长的质量和效益。后来的发展经济学提出要把增长与发展区别开来，其背后的理论取向是强调增长的目标与发展的目标不一样，后者更加强调公平、可持续与包容性。

中国提出"经济发展新常态"，实际上也是基于"经济增长"与"经济发展"不同这样一种概念和逻辑的。改革开放 40 多年以来中国经济几乎一路高歌猛进，创造了高速度增长的世界奇迹。但与此同时，也遭遇了结构性困境、生态环境、福利保障、经济发展的质量和效益等问题，而这些说到底就是经济社会能否可持续发展的问题，因此我们不得不重新进行思考。这里面，一个非常重要的概念就是经济赶超本身既具有数量型赶超的含义，也具有质量型赶超的含义。中国经济赶超方式转换的实质就是以高质量的经济赶超增长替代高速度的经济赶超增长，也就是说，中国必须加快转变经济发展方式。从这个意义上说，中国的 GDP 内涵和条件已经发生变化，它所需要的不是传统意义上的仅仅具有数字意义的 GDP，而是需要一个更具质量、效益的绿色 GDP，一个更能体现老百姓幸福指数的 GDP。这就意味着，未来经济增长更具丰富的发展内涵，因而对未来经济增长也提出了更高的要求。一是意味着经济增长的质量更高，要求投入—产出结构更趋合理，经济增长不再依靠传统的以要素投入为主和数量驱动增长，以技术创新为主的创新驱动发展成为经济增长的新动力。二是意味着经济增长的效率更高，要求劳动生产率以及决定经济增长重要源泉的全要素生产率能够明显提升，同时也要求包括劳动力、资本、土地等稀缺性资源得到最佳配置，提高资源配置效率。三是意味着经济增长的效益更好，要求目前的产能过剩得到缓解，产业结构更趋合理，转型升级不断加快，产业链和价值链走向中高端，经济效益和效果明显提升。四是意味着经济增长更加具有可持续性，要求收入分配更趋合理，社会发展更加和谐，文化教育更加满足人民群众的要求，生态环境更加优美，GDP 能耗以及雾霾等逐渐减少，最终实现绿色 GDP 的发展目标（权衡，2015）。

1.4　东亚经济发展面临的挑战与问题

在当今的世界经济发展格局中，东亚经济的重要性不言而喻。亚洲的发展离不开世界，也离不开东亚，世界的繁荣同样离不开以东亚为核心的亚洲。但经历了 1997 年亚洲金融危机及 2008 年全球金融危机之后，东亚经济进入结构性减速期，并面临诸多挑战与问题。一方面，过去几十年东亚经济快速发展过程中积累的一些结构性矛盾尚未得到根本解决，制约了东亚经济的有效复苏与增长；另一方面，当前国际经济环境日趋复杂，东亚经济的可持续发展面临一些新挑战和新风险。

1.4.1　国际经济形势复杂多变，不确定性风险因素不断增多

当今世界正面临百年未有之大变局，世界经济正处在前所未有的大调整、大转型和大变革中，国际经济形势风云变幻，不稳定、不确定、不可预见成为常态，无论是发达国家还是发展中国家，在应对外部市场波动时面临的压力和难度都在加大。一是部分西方国家采取单边主义、保护主义政策，或将对全球经贸合作体系构成重大冲击，贸易持续增长的空间可能缩窄，使得东亚地区依靠国际市场需求回暖拉动经济增长的难度在不断加大。二是 2008 金融危机以来各国普遍采取刺激性政策，这在驱动经济增长的同时，也带来债务风险剧增等负面效应。但随着经济缓慢复苏后美欧等经济体相继步入加息周期，全球流动性趋向收紧，或将导致正在恢复增长中的东亚国家和地区受到资本外流、股市下跌、货币贬值、资产价格泡沫破灭等负面冲击，甚至可能引发一些国家的

系统性金融风险。三是当前地缘政治不确定性造成全球金融市场波动依然较大。四是金融危机以来包括东亚经济体在内的全球各国债务处于高位运行状态，其政府财政面临集体整顿的较大挑战。根据经济理论，财政整顿往往伴随政府支出的减速，由此可能引发总需求下行压力，这加大了东亚以及全球经济下行风险（陈建奇，2018）。

1.4.2 "逆全球化"和保护主义思潮对东亚出口导向型模式构成挑战

长期以来，东亚经济体受益于自由贸易与多边贸易体系，是经济全球化的重要受益者；东亚国家和地区在参与并融入经济全球化的过程中实现了经济起飞，并在亚洲生产网络和全球价值链的形成与发展过程中发挥了重要作用。然而，当前经济全球化进程正处在关键的十字路口。尽管过去数十年间，经济全球化为世界各国带来了经济繁荣与巨大红利，但部分国家由于国内矛盾开始了逆全球化思潮。在"逆全球化"思潮的影响下，一些国家以保护国内产业和就业为名，重新回到限制自由贸易的老路上。特别是 2018 年以来，一些国家兴起的"逆全球化"思潮和保护主义政策，对经济全球化、全球多边贸易体制、贸易自由化便利化发展以及现行国际经济秩序都造成明显冲击。这些对高度依赖外部市场需求、倚重出口导向型模式的东亚国家和地区经济构成严峻挑战。随着大规模贸易保护主义政策以及"逆全球化"等措施的实施，包括中国在内的东亚及其他亚洲国家和地区无疑首当其冲，并且可能成为最主要的受害者之一。

1.4.3 多方因素或将冲击东亚区域生产网络和全球价值链

从早期的雁阵型阶梯产业转移模式，到以中国为中心的东亚区域生产网络，再到后来的全球产业链和价值链分工体系，一直是东亚地区经济增长与一体化的内在驱动力。但东亚区域生产网络的创立与维系高度依赖区域外的消费市场，特别是欧美市场，导致东亚经济发展受域外因素的影响较大。中国经济的崛起大大加强了东亚国家和地区间的横向经济联系，内生经济变量正逐步成为东亚地区发展的主导力量。但中国经济本身也高度依赖以欧美市场为主的外部市场。随着中国经济的结构性减速，对依赖东亚区域生产网络链条的东亚各经济体的经济增长或将带来一定冲击。目前，中国产业正努力迈向全球价值链的中高端，除了承担价值链的低端环节功能外，还将进一步向高附加值环节拓展延伸。这可能会导致国与国之间的全球价值链缩短，中间品贸易的比例或将因此减少。此外，美国的制造业回归政策和国际经贸规则变革也会对东亚地区的全球价值链形成重要冲击。美国政府不仅要求美国企业将海外生产线向美国本土迁移，而且出台政策限制在美国投资的外国公司扩展其海外投资业务。这会直接冲击依赖全球价值链的东亚经济。同时，美国在全球范围内力推相比以往标准更加严苛的国际经贸投资新规则，不仅有传统贸易协定通常涵盖的关税减让、原产地原则、知识产权和贸易争端解决等内容，而且加入卫生、环境和劳工标准、服务贸易、电子商务、政府采购、竞争政策、自然人移动、竞争中立等新内容。美国主导的国际经贸投资新规则和新标准，将大大增加处于东亚区域生产网络内企业的改革成本、调整成本和生产成本，也抬高了进入欧美市场的隐性贸易壁垒和投资壁垒。此外近年来的新冠疫情冲击、俄乌冲突等因素，也进一步推动经济全球化向经济区域化发展转变，其对东亚经济的深层影响仍待进一步观察。

1.4.4   东亚经济增长仍受到多重深层次结构性困境的制约

在过去几十年的快速发展过程中，东亚经济积累形成的一系列长期性、体制性、结构性矛盾尚未得到根本解决，制约了东亚经济的复苏与增长。例如，近年来东亚国家和地区的老龄化趋势日趋严峻，日本早已率先进入老龄化社会，中国和韩国的老年人口占比也节节攀升。根据发展经济学人口转折理论分析，后工业化时代人口增长会进入"低生育率、低死亡率"的转折阶段，东亚及许多亚洲国家和地区的人口增长这一变化，会从根本上影响经济增长。首先，老龄化意味着经济增长中的劳动参与率下降，进而直接导致劳动生产率下降；其次，老龄化和人口增长下降导致储蓄水平降低，进而影响投资增长；第三，老龄化也会导致消费水平下降，进而影响经济增长。因此，人口的长期变化在近几年里开始出现转折，即老龄化和少子化趋势逐步显现，这种转折会从根本上改变全球劳动参与率、储蓄率和消费率，进而影响东亚经济增长的生产函数，对东亚经济长期发展带来深刻影响。在上一轮东亚经济快速增长过程中，人口因素总体上还是积极变量，甚至是影响经济增长的慢变量；但是，在未来的东亚经济增长过程中，人口结构的变化和转折，则是影响东亚经济增长的来自供给侧的重大因素。又如，在 2008 年金融危机发生以后，在经济普遍出现低迷增长的态势下，全球性的财富和收入分配不平等趋势日益严重，即使在经济呈现快速增长的新兴市场国家，如印度等，经济高速增长同样伴随着收入差距的不断扩大。收入和财富分配不平等加剧，不但引起许多国家及社会民众对经济全球化的深刻反思甚至批判和反对，更从需求侧大大抑制有效需求的快速增长，导致全球需求端发生问题，即消费对经济的拉动力减弱（权衡，2016）。

1.4.5 东亚区域经济一体化合作仍然面临诸多阻力与障碍

区域经济一体化不仅有助于促进区域经济发展，同时对于减少贸易摩擦、消除地区矛盾、增强国际影响等具有重要意义。东亚作为全球经济发展最活跃的地区，区域内各个国家和地区之间的相互联系日益紧密，地区一体化进程取得一定发展。但由于长期存在区域内部矛盾，再加上外部力量干涉，东亚经济一体化仍面临一系列困难。第一，东亚地区存在的明显的"经济鸿沟"以及政治制度的差异性阻碍了一体化的发展。第二，东亚地区的领土争端错综复杂，长期困扰着东亚地区合作的进展。第三，近年来随着美国对东亚一体化的介入加强，该地区已有的矛盾和冲突进一步加剧，东亚地区成为大国角逐的战场。这在很大程度上离散了东亚地区合作的向心力，现存的地区合作机制变得日益松散，延缓了一体化进程。第四，东亚经济合作面临动力不足的困境，一体化领导权争夺激烈。上述困境之源就在于本地区仍然存在冷战对抗思维与零和博弈认知（桑百川，2018）。就东亚经济合作而言，日本的地区战略越来越具有对冲色彩，即一方面通过合作加强与中国及其他东亚国家的经济联系，另一方面试图回到强化美日同盟的路径上，以稀释中国的影响力。在日本采取对冲策略的前提下，中国所拥有的跨区域竞争能力目前还无法转化为推动本地区经济合作的能量。总体来说，中日之间基于利益差别的竞争仍占主导地位，而东亚经济合作若想取得实质性进展，有赖于中日这两个地区大国携手提供稳定的领导机制。

1.5　"一带一路"建设与东亚经济发展新机遇

当前的东亚经济增长及区域一体化合作面临诸多挑战和问题。中国提出的"一带一路"倡议为东亚发展搭建了新的地区合作框架、带来了新的发展机遇，有利于深化地区命运共同体意识，助力实现区域内持久和平与繁荣。

1.5.1　"一带一路"建设为东亚经济提供增长新引擎

"一带一路"倡议是以经贸合作为主要内容的倡议。作为全球经贸合作新平台，"一带一路"倡议从提升投资增速、促进贸易增长、推动金融开放合作、创新经济发展方式、培育经济增长活力等方面，为东亚及世界经济走出复苏并迈向新增长、摆脱经济增长困境提供了重要契机。而且，作为一个以发展为核心的国际经济合作新平台，"一带一路"建设着力于解决"一带一路"共建国家和地区的发展问题，通过提升"一带一路"共建国家和地区的基础设施互联互通，推动投资贸易体制机制创新，促进投资便利化、贸易自由化，有助于解决相关国家和地区发展中的各种短板问题并助于其供给能力的培育和提升。此外，在"一带一路"倡议下的区域价值链，不仅可以带动"一带一路"共建国家和地区的富裕产能及资金"走出去"，也有利于"一带一路"共建国家和地区的产业优化升级，促进产业间合作，形成优势互补的发展动力，为"一带一路"共建国家和地区创造重要发展机遇（马涛，2016）。"一带一路"倡议虽源自中国，但成效将惠及世界，尤其是首先惠及东亚地区，成为东亚经济持续增长的新引擎。

1.5.2　"一带一路"建设为东亚注入开放发展新活力

"一带一路"不仅是一条繁荣之路，也是一条开放之路，以开放为导向，共同创造有利于开放发展的环境，推动构建公正、合理、透明的国际经贸投资规则体系，帮助"一带一路"共建国家和地区及东亚更好融入经济全球化和全球经济体系，从而有助于提升"一带一路"共建国家和地区及东亚的开放水平，推动东亚及亚洲开放型经济的新发展。

一方面，"一带一路"建设注重发挥"一带一路"共建国家和地区的比较优势，推动彼此间市场、行业和项目在要素支撑下的深度融合，将经济互补性转化为发展驱动力，形成各取所需、优势互补，互惠互利、共享共赢的良好局面。近年来"逆全球化"现象突出，要素自由流动受到限制；"一带一路"建设通过"五通"（即政策沟通、设施联通、贸易畅通、资金融通、民心相通）促进经济要素在"一带一路"共建国家和地区有序自由流动，有助于促进资源要素的高效合理配置。另一方面，与部分国家的贸易保护主义政策不同，"一带一路"注重推进自由贸易安排，有助于提升投资贸易自由化便利化水平。自"一带一路"倡议提出以来，中国积极同相关国家和地区共建自由贸易网络体系，已成功签署并实施多个高标准、高质量、高水平的自贸协定，使中国同相关国家和地区及东亚的合作更加紧密、往来更加便利、利益更加融合。当前，中国正致力于形成范围更大、层次更高的区域合作新格局，逐步构筑立足周边、辐射"一带一路"、面向全球的自由贸易网络，这将显著提升东亚及亚太地区投资贸易的自由化便利化水平（顾学明，2016）。

1.5.3 "一带一路"建设有助于进一步深化东亚区域经济合作

"一带一路"建设是一种全新的分工模式，与日本从自身发展利益出发所组建的雁行模式有着根本不同，不同之处在于"一带一路"国际合作平台构建的是一种共赢的分工模式，将通过共享中国发展红利，实现共同发展（安虎森、栾秋琳，2017）。通过基础设施建设和互联互通对接"一带一路"共建国家和地区的政策与发展战略，是"一带一路"国际合作平台整合区域经济、促进协调联动发展的重要手段。随着东亚及亚太经济联系的不断加深，实现区域经济一体化的途径已经不再局限于贸易投资自由化和便利化，互联互通更能加快互联经济深入发展（马涛，2018）。共建"一带一路"有助于为推动更加均衡、包容和普惠的新型全球化和区域一体化注入持久动力，将为东亚、亚太乃至世界发展带来新的机遇。斯皮克曼（2016）提出的"边缘地带"理论曾指出，欧亚大陆东西两端的边缘地带，即东亚和西欧才是全球经济和战略的重心。连接东西方发展的"一带一路"建设，通过"五通"加强国际和区域合作，为实现区域和世界的联动式发展注入新能量。

1.6　东亚经济发展前景展望

自 2008 年金融危机爆发以来，东亚经济进入"结构性减速"期。虽早已不复"东亚奇迹"时期那样的高速增长之势，但仍然是世界上最具活力也是对世界经济增长贡献最大的地区之一。当前，世界经济正处在新旧发展周期和新老增长动力转换阶段，加之贸易保护主义和"逆全球化"思潮的兴起以及全球新冠疫情的影响，全球经济的复苏与发展开始遭遇逆风，因而东亚经济的复苏前景也蒙上一层阴影。但从中长期来看，随着东亚主要经济体结构性改革的提速及区域经济合作的不断深化，特别是中国经济转向高质量发展新阶段以及"一带一路"建设的深入推进，东亚地区仍将持续保持复苏向好势头，并有望成为再全球化的引领者。

1.6.1　短期复苏增长势头趋缓，但长期向好趋势不改

过去几年，随着全球经济回暖、市场有效需求提升，对外部市场较为依赖的东亚经济也随之回升，呈现出复苏提速换挡之势。但受全球新冠疫情的冲击和影响，东亚经济复苏增长势头有所趋缓。日本经济自 2016 年以来持续保持扩张态势，开始从衰退走向复苏。韩国经济并未受到自身政权更迭可能引发市场动荡的影响，反而呈现快速增长的态势。中国则继续领先全球，为全球经济增长增量作出巨大贡献。但进入 2018 年，"逆全球化"之风愈演愈烈，贸易保护主义盛行，基于规则的多边贸易体系正在逐步削弱。贸易争端的加剧及其造成的不确定性上升，不仅引发了金融市场动荡，而且导致了投资和贸易的萎缩。同时，不断增加的贸易壁垒破坏了全球供应链的正常运转，延滞或阻断新

技术的传播和潜在产出水平的扩张，最终导致全球生产率和消费者福利增长下降。短期而言，不论是新兴市场还是发达经济体都无法避免，尤其对东亚经济来说更是如此。另外，在新冠疫情的影响下，IMF、世界银行、经济合作与发展组织（OECD）等各大组织均纷纷下调对全球经济增长的预期。因此，从短期来看，受新冠疫情、俄乌冲突、贸易摩擦及全球经济不确定性因素的影响，过去几年里东亚经济呈现出的积极复苏增长势头或将再次有所趋缓。但东亚经济的长期增长前景依然强劲，一方面 CPTPP、RCEP 以及"一带一路"倡议的成功实施长期内将为贸易、投资和经济增长提供稳定支撑；另一方面，近年来东亚地区主要经济体加快结构性改革步伐，为东亚经济长期增长夯实了基础。中国在 2008 年全球金融危机之后启动以"三去一降一补"为重点的，旨在优化供给结构、扩大有效需求、促进新旧动能转换的供给侧结构性改革，并推行一系列简政减税减费、优化营商环境、激发市场主体活力的战略举措。新动能对中国经济增长的支撑作用将有序释放和显现。同时，中国正加大对外开放力度，构建全方位开放发展新格局，开放范围的扩大与层次的提高将进一步倒逼国内开展结构性改革，有助于推动中国经济增长质量和效益的明显提升。因此，可以认为，虽然东亚经济短期内下行压力加大，但中长期增长前景仍值得期待。

1.6.2   东亚区域合作或将进入提质增速发展的新阶段

东亚经济合作一直都具有明显的危机驱动属性。1997 年亚洲金融危机直接加速了东亚经济合作的机制化进程，东盟和中日韩"10 + 3"合作框架就是在这一时期产生的。2008 年全球金融危机使东亚区域经济合作开始朝超大型区域自贸协定的方向发展，基于"10 + 6"框架的 RCEP 谈判开始启动。经过近 20 年的发展，东亚地区经济合作取得一定成效，但仍面临动力不足的困境。不过，危机始终存在，当前最大的危机便是一些国家试图回归保护主义政策。

在这样的背景下，东亚地区是否能够进一步深化合作，引领地区乃至全球经济增长，填补可能出现的主导权真空，将决定下一个 20 年东亚经济合作是走向内部分化乃至停滞不前局面，还是形成利益共同体，产生属于东亚的区域认同感（桑百川，2018）。当前的"逆全球化"给东亚各国带来冲击的同时，也为其提供了合作契机。第一，TPP 受挫后 CPTPP 的签署，一定程度上将有助于增强东亚国家形成区域内经济合作的向心力。第二，2020 年底 RCEP 正式签署，标志着世界上人口数量最多、成员结构最多元、发展潜力最大的自贸区就此诞生。这是东亚区域经济一体化进程的重大里程碑，为推动区域乃至世界经济复苏注入新的动力。该协定的签署是地区国家以实际行动维护多边贸易体制、建设开放型世界经济的重要一步，对于深化区域经济一体化、稳定全球经济而言具有标志性意义。第三，美国的保护主义措施和经济政策的溢出效应在对东亚地区合作造成冲击的同时，也激发了东亚国家和地区对深化区域经济合作的需求。第四，作为东亚地区的三个主要大国，中日韩的关系尽管时有起伏，但互惠的经济关系和共同的和平诉求，构筑起三国之间共同的稳定器。中、日两国在东亚经济合作中既有竞争性分离，如对东亚主导权之争，也有竞争性合作，如构建中日韩自贸区（桑百川、王伟，2018）。总体而言，双方经济利益基础仍然广泛，合作空间也较大。近年来，中、韩之间也正在积极推动双边关系正常化。地区大国关系的改善，无疑为促进东亚经济合作提质增效奠定了坚实基础。

1.6.3　东亚有望成为新一轮全球化的推动者和引领者

随着美国扩张性全球化战略开始走向收缩，以及欧洲一体化在英国脱欧之后几近偃旗息鼓，经济全球化的前景已变得扑朔迷离。当前的全球化正处在新老模式过渡的阶段，旧模式动力不足，新模式尚未成型。作为全球化的重要受益者，东亚地区对全球化有着强烈的内在需求，或将成为新一轮全球化的推动者，将引领全球化迈向一种更加包容、更加均衡和更可持续的新模式。一方面，东亚在参与全球化过程中已积累丰富经验，而且，东亚一体化进程虽不及欧美地区那样快速，但东亚地区一体化实质上是一种更加开放和包容的一体化。例如，尊重主权原则，各国可以根据自身需要积极参与各种贸易投资安排，获得对本国最有利的参与全球化的选择；又如，灵活性原则，基于不同国家之间发展水平的差异，不同框架（如东盟、"10＋3"、RCEP 等框架）的合作都给予欠发达经济体差别化特殊待遇；再如，发展导向原则，始终把推进互联互通、减少发展鸿沟、消除贫困等发展问题作为合作的优先领域（竺彩华，2017）。东亚地区经济合作中的这些经验和特质，为强调包容性发展的新型全球化提供了经验和方向。

另一方面，"一带一路"建设将为经济全球化的转型调整与创新发展注入新动力和新活力，有助于引领新型全球化模式（盛垒、权衡，2018）。"一带一路"建设首倡"共商、共建、共享"的发展原则，为全球化新调整、新发展及自我修复提供了新理念和新指向。在未来的经济全球化发展过程中，参与全球化的各方力量将逐步以"共商、共建、共享"新理念取代"主导论""强国论""唯我论"等传统国际经贸合作理念，并将前者作为指引新型全球化发展的行动指南。遵循"共商、共建、共享"的全球化合作新理念，不仅充分反映了广大发展中经济体加速崛起的客观事实，同时也更加契合全球化参与各方的利益诉求，有助于引领更加平等、合理、包容的经济全球化发展。此外，作为"一带一路"建设的重点内容，"五通"倡议既是加快促进经济全球化创新发展的新路径，也是促进世界投资增长、全球贸易开放、要素跨国流动、区域经济合作的新引擎，将为开启经济全球化新征程提供新动力（权衡，2017）。总之，东亚地区具备引领新型全球化的领导力量，而受益于全球化的中国也将在未来东亚地区所引领的再全球化进程中发挥中流砥柱的作用。

第 2 章
东南亚经济发展及其模式

东南亚区域包括马来西亚、泰国、菲律宾、印度尼西亚、新加坡、文莱、越南、缅甸、老挝、柬埔寨、东帝汶等国家。1967 年 8 月 8 日，上述前五国发表《东南亚国家联盟成立宣言》；随着 1999 年柬埔寨加入东盟，东盟扩展为目前的上述前十国。2022 年 11 月东盟峰会专门发表声明，业已原则上同意接纳东帝汶为其第 11 个成员国。

从位列亚洲"四小龙"的新加坡，到亚洲"四小虎"的印度尼西亚、马来西亚、泰国、菲律宾，再到正力争成为亚洲"新虎"的越南、柬埔寨、缅甸、老挝，东盟成员国的经济依次起飞、快速发展，东盟的整体经济实力也在不断增强，日渐成长为具有相当影响力的区域性组织；从特惠贸易安排到 FTA 建设再到经济共同体宣布建成，东盟的经济一体化稳步向前，在亚洲经济一体化中扮演着愈加重要的角色。尤其需要强调的是，无论经济发展还是经济一体化，东盟所取得的每一次进步均具有鲜明的东盟特色，"东盟模式"也已得到更为广泛的认同。

2.1 东南亚经济发展概况

东南亚各国在经济基础、资源禀赋方面差异较大，通过自身经济一体化的不断推进，逐步缩小内部发展差距，从而提升整体竞争力。东南亚地区既是全球经济发展最具活力和潜力的地区之一，被世界银行誉为"东亚奇迹"的参与者和推动者，也是亚洲经济一体化的先行者，拥有东亚区域经济合作中所公认的主导权。

2.1.1 全球经济发展最具活力和潜力的地区之一

1. 亚洲第三大经济体，多种发展程度并存

2021 年，东盟按现价计算的 GDP 达 33 481.77 亿美元，同比增长 3.4％（表 2-1）、较 2020 年提升 6.6 个百分点，占全球 GDP 的 3.5％，为亚洲第三大、世界第五大经济体；①按 PPP 衡量的 GDP 全球占比，东盟 GDP 全球占比更是由 1967 年的 3.2％提高到 2016 年的 6.2％。根据世界银行的最新分类，除高收入国家新加坡、文莱，中高收入国家马来西亚、泰国外，东盟其余成员国均为中低收入国家。

2. 全球第三大货物贸易体、FDI 重要目的地

2021 年，东盟货物贸易进出口总额达 33 401.22 亿美元（表 2-1），同比

①　根据世界银行公布的 2021 年 GDP 排名，东盟 GDP 排名仅次于美国、中国、日本、德国。

表 2-1 2021 年东盟及其成员国的主要经济指标

	总额（现价亿美元）	GDP 实际增长（%）	人均 GDP（美元）	货物贸易（亿美元）	服务贸易（亿美元）	利用外国直接投资（亿美元）
东 盟	33 481.77	3.4	5 024.2	33 401.22	7 458.45	1 792.15
印度尼西亚	11 857.77	3.7	4 348.6	4 278.00	427.80	200.81
泰 国	5 058.90	1.5	7 645.3	5 403.18	887.57	146.41
马来西亚	3 727.70	3.1	11 399.7	5 375.02	565.04	115.94
新加坡	3 945.79	7.6	72 399.7	8 628.46	4 532.71	990.62
菲律宾	3 936.12	5.6	3 552.5	2 019.37	530.80	124.13
文 莱	139.25	− 1.6	32 383.1	186.86	10.97	2.05
越 南	3 619.62	2.6	3 674.4	6 665.45	429.44	156.60
老 挝	196.35	3.5	2 693.3	135.85	3.77	10.72
缅 甸	728.63	− 5.9	1 314.4	284.64	42.73	10.05
柬埔寨	271.65	3.0	1 603.0	424.40	27.61	34.84

资料来源：根据《东盟统计年鉴 2022》整理而成。

增长 25.1%，占有全球 7.7% 的出口份额、7.2% 的进口份额，东盟成为仅次于中国、美国的世界第三大货物贸易体。WTO 的数据显示，在全球货物贸易出口、进口排名前 30 强中，新加坡、越南、马来西亚、泰国、印度尼西亚分列出口的第 15 位、第 23 位、第 24 位、第 27 位、第 28 位，进口的第 16 位、第 20 位、第 26 位、第 24 位、第 30 位。在全球服务贸易出口、进口排名前 30 强中，新加坡列出口的第 9 位、进口的第 8 位，泰国列进口的第 23 位（WTO，2022）。

2021 年东盟利用 FDI 达 1 792.15 亿美元（表 2-1），同比增长 46.6%，占全球 FDI 流入量的 11.1%，是仅次于美国、中国的世界第三大 FDI 目的地。[①] 根据联合国贸易和发展会议（UNCTAD）发布的《世界投资报告 2022》，在 FDI 流入量东道经济体排名中，新加坡、印度尼西亚分列第 4 位、第 20 位；新加坡、泰国还在 FDI 流出量经济母体排名中列第 11 位、第 20 位。[②]

①② 各指标占有的全球份额、世界排名，均根据 UNCTAD 发布的《世界投资报告 2022》的数据计算得到。

3. 工业化正进一步推进，综合竞争力参差不齐

东南亚各国的国民经济中农业所占比重不断下降，工业化正在进一步推进，旅游业在服务业中拥有无可争议的重要地位。东盟新四国缅甸、柬埔寨、老挝、越南的农业占比依然高于 12%，缅甸、柬埔寨更是超过 22%；就农业就业人口占全部就业人口的比重而言，越南达 29.1%；而东盟老六国中印度尼西亚、泰国、菲律宾的农业所吸纳就业也远超制造业（表 2-2）。

表 2-2   2021 年东盟成员国的产业结构

	农业				第二产业				服务业
	GDP占比（%）	就业占比（%）	出口占比（%）	进口占比（%）	GDP占比（%）	制造业就业占比（%）	制造业出口占比（%）	制造业进口占比（%）	GDP占比（%）
印度尼西亚	13.3	28.3	21.9	11.8	30.9	14.3	55.7	71.8	42.8
泰　　国	8.5	31.9	14.3	6.8	32.6	15.7	81.7	77.5	56.7
马来西亚	9.6	10.3	9.8	8.6	29.8	16.6	76.8	76.7	51.6
新加坡	0.0	0	3.2	3.9	24.9	9.3	81.3	76.0	65.9
菲律宾	10.1	24.2	9.1	13.7	27.9	7.9	87.1	72.5	61.1
文　　莱	1.3	1.4	0.4	8.7	22.0	9.1	21.1	30.4	37.6
越　　南	12.4	29.1	8.5	8.5	35.4	22.8	88.4	84.0	40.9
老　　挝	16.0	—	19.7	16.3	29.6	—	42.2	68.5	38.1
缅　　甸	22.7	—	34.8	18.0	33.4	—	49.5	61.1	40.2
柬埔寨	22.8	—	5.4	6.1	33.6	—	94.5	85.4	34.2

资料来源：根据《东盟统计年鉴 2022》整理而成。

东盟成员国致力于综合竞争力的提高和营商环境的改善。世界经济论坛发布的《全球竞争力报告 2019》显示，在全球 141 个经济体中，东盟老六国新加坡、马来西亚、泰国、印度尼西亚、菲律宾、文莱的综合竞争力排名分别居于第 1 位、第 27 位、第 40 位、第 50 位、第 64 位、第 56 位，新四国中的越南、柬埔寨、老挝分列第 67 位、第 106 位、第 113 位。根据世界银行《营商环境报告 2020》，在全球 190 个经济体中，新加坡、马来西亚、泰国、印度尼西亚、菲律宾、文莱的营商环境排名分别为第 2 位、第 12 位、第 21 位、第 73 位、

第 95 位、第 66 位，越南、柬埔寨、老挝、缅甸分列第 70 位、第 144 位、第 154 位、第 165 位。

2.1.2 东亚区域经济合作的先行者和公认的主导者

2015 年 12 月 31 日，包括经济共同体在内的东盟共同体宣布建成。随着东盟自身经济一体化的稳步前行，东盟与泛东亚经济体的 FTA 也在逐步展开。

1. 域内非敏感商品关税几近为零，贸易投资便利化正在推进

2015 年，东盟成员间简单平均进口关税进一步下降，即使关税最高的柬埔寨也已从 2005 年的 8.79％大幅减少为 0.72％（表 2-3）。截至 2018 年底，东盟老六国、新四国分别有 99.3％、97.9％的商品关税已被取消。目前东盟作为整体已清除 98.6％的进口关税。

表 2-3 东盟成员国的域内货物贸易与直接投资

	进口简单平均税率（%）		2021 年域内比重（%）			进口简单平均税率（%）		2021 年域内比重（%）	
	2005 年	2015 年	货物贸易	FDI 流入		2005 年	2015 年	货物贸易	FDI 流入
新加坡	0.00	0.00	24.8	3.6	文　莱	1.27	0.00	33.6	21.4
马来西亚	2.79	0.05	25.9	18.6	越　南	4.52	0.80	10.5	36.2
泰　国	2.54	0.01	21.1	8.4	老　挝	4.45	0.47	56.7	20.9
印度尼西亚	1.96	0.03	20.6	35.1	缅　甸	4.55	0.20	41.4	52.5
菲律宾	2.49	0.11	23.8	19.1	柬埔寨	8.79	0.72	28.6	18.1

资料来源：根据东盟统计数据整理而成。

东盟成员间贸易投资便利化取得积极进展。《东盟促进货物运输便捷化框架协定》和《关于东盟标准术语和相互认证安排框架协定》于 1998 年签署，《电子东盟框架协定》于 2000 年签署，东盟贸易信息系统也于 2015 年设立。除此之外，印度尼西亚、马来西亚、新加坡、泰国、越南从 2018 年 1 月起利用东盟单一窗口进行《东盟货物贸易协定》电子原产地证书（Form D）的互

换；截至 2019 年 12 月 30 日，所有东盟成员国均已加入其中。"原产地自主认证机制"亦已在 2020 年 9 月 20 日启动实施。

2. 区域内部是货物贸易最大市场、FDI 第三大来源地

2021 年，东盟域内货物贸易占货物贸易总额的 21.3%；就域内贸易依存度而言，老挝最高，为 56.7%，越南最低，为 10.5%（表 2-3）。东盟内部服务贸易出口、进口所占份额分别为 12.4%、11.1%。

东盟成员国间的 FDI 自 2003 年起持续增长，至 2016 年占流入东盟 FDI 的比重已提高到历史最高的 21.8%。2021 年，东盟内部 FDI 所占份额较 2020 年继续下降 5.4 个百分点，为 13.1%，并为欧盟所超越，东盟排名下降 1 位，成为仅次于美国和欧盟的第三大 FDI 来源地；就东盟域内 FDI 依存度而言，缅甸最高，新加坡最低（表 2-3）。

3. 主导东亚区域经济合作进程

就整体而言，东盟分别与中国、韩国、日本、印度、澳大利亚—新西兰的 FTA，大都已步入拓展与深化阶段；与上述六国的 RCEP 谈判，截至 2019 年 11 月共举行 28 轮，在除印度外的成员（"10＋5"）间就全部章节文本及实质上所有市场准入问题达成实质性共识，并最终在 2020 年 11 月由"10＋5"成员正式签署协定，于 2022 年 1 月正式生效，于 2023 年 6 月对所有签署国全面生效。此外，东盟与中国香港的 FTA，业已于 2019 年 6 月启动建设。就个体而言，新加坡除与中国、日本、韩国、印度、澳大利亚、新西兰单独建立 FTA 外，还与海合会、约旦、美国、欧洲自由贸易联盟、智利、秘鲁、哥斯达黎加、巴拿马等分别建立 FTA；可以说，新加坡已成为 FTA 网络的又一"轮轴国"。马来西亚、泰国、越南以双边 FTA 为基本形式的对外区域经济合作也相对较为活跃。

2.2　东南亚经济发展历程

二战后，东南亚的经济发展史就是一部摆脱殖民统治向新型工业化经济演进的历史（王勤，2013）。以亚洲金融危机爆发的 1997 年、全球金融危机爆发的 2008 年为界，对东南亚经济发展进行阶段性划分：无论是域内国家的经济发展，还是东盟经济一体化的推进，都在自身特色基础上呈现出相对鲜明的阶段性特征。尤其需要强调的是，1997 年、2008 年的两次金融危机使东南亚国家进一步认识到区域经济合作的重要性，由此东盟对内、对外的经济一体化均得到相对较快的发展。而源于东南亚经济体内部并迅速在东亚地区蔓延的亚洲金融危机，从某种程度上讲对东盟及其成员国的冲击相对更为剧烈，影响也相对更为深远。

2.2.1　经济起飞与持续高速增长，一体化开启：政治独立后至 1997 年

东南亚经济体大多经历过殖民统治，在二战结束且相继政治独立后这些经济体的首要任务就是经济恢复与重建，打破作为宗主国商品销售市场和原料供应地所形成的畸形而单一的经济结构。但进口替代战略并没有使东南亚国家的工业化取得预想的效果，直至 20 世纪 60 年代末期起先后转向出口导向战略，东南亚国家才得以利用自身的比较优势，及时抓住发达经济体向发展中经济体转移劳动密集型产业的重要机遇，融入国际分工体系并快速起飞；继而在 20 世纪 80 年代中期，因大量吸收外国直接投资、承接尤其以日本产业转移为代表的国际产业转移，而步入十余年持续高速增长阶段。根据 IMF 的统计，马来西亚、新加坡、泰国、印度尼西亚、越南的实际 GDP 平均增长率，1975—

1984 年分别为 7.0％、8.0％、7.0％、5.9％、6.1％，1988—1997 年分别进一步提高到 9.3％、9.1％、8.4％、6.9％、7.6％。东盟的数据显示，东盟 1967 年、1984 年、1995 年的 GDP 增长率分别为 4.3％、4.4％、8.1％，按 PPP 衡量占有全球 GDP 的份额分别为 3.3％、3.6％、5.1％。

尽管加速地区的经济增长被《东南亚国家联盟成立宣言》明确为东盟的主要目的之一，但最初的东盟还是多出于政治与安全方面的考量；直至 1976 年第一次东盟首脑会议才正式提出建立东盟区域内特惠贸易制度，并于 1977 年签署《东盟特惠贸易安排协定》，东盟的区域经济一体化终于迈出重要的一步。随着 20 世纪 90 年代初冷战的结束，区域经济合作成为东盟的重要议题。1992 年第四次东盟首脑会议通过《加强经济合作框架协定》和《共同有效优惠关税协定》，决定正式构建东盟 FTA。

就货物贸易来讲，东盟的统计数据显示，东盟的出口由 1967 年的 44.51 亿美元增加到 1984 年的 764.78 亿美元，再提升至 1997 年的 3 528.56 亿美元，分别占有世界出口贸易总额的 2.0％、3.9％、6.3％；贸易与 GDP 之比，也由 43.1％提高到 69.3％再飙升至 100.4％。东盟区域内出口、进口分别由 1993 年的 436.81 亿美元、387.63 亿美元提高到 1997 年的 853.52 亿美元、646.21 亿美元，占出口、进口贸易总额的比重分别由 20.6％、17.1％提高到 24.1％、17.6％。1996 年，美国、欧盟、日本是东盟除自身外的前三大出口市场，分别占有 18.4％、14.5％、13.3％的份额；中国仅为东盟除自身外的第七大出口市场，占有 1.9％的份额。[①]

就 FDI 而言，东盟的统计数据显示，流入东盟的 FDI 由 1984 年的 30.41 亿美元大幅提升至 1997 年的 340.82 亿美元；其中，东盟内部 FDI 在 1997 年为 52.36 亿美元，在东盟利用 FDI 中占有 15％的份额；1997 年，欧盟、日本、美国是东盟除自身外的前三大 FDI 来源地，分别占有 18.6％、15.3％、14.5％的份额。[②]

[①]   数据来自 Celebrating ASEAN, 50 Years of Evolution and Progress, 以及 ASEAN Statistical Yearbook 2003。

[②]   数据来自 ASEAN Statistical Yearbook 2005。

需要注意的是，步入 20 世纪 90 年代后，东盟某些经济体较之自身经济发展更快，并且实施了无有效配套机制加以必要监管的资本市场开放等金融自由化政策，使得包括国际游资在内的大量境外资本不断涌入，日渐催生出资产泡沫。而同一时期冷战的结束也意味着东南亚经济体快速发展的外部环境发生重要变化，其所面对的经济竞争加剧，出口产品的竞争力相对下降，经常账户赤字、外债高企、外汇储备不足，主动调节抵御外部冲击的能力相对有限：1996年，泰国、菲律宾、印度尼西亚、马来西亚的经常账户逆差已分别达到自身GDP 的 8.0%、4.8%、3.4%、4.4%，泰国、马来西亚的货物和服务的出口增长率更是分别由 1995 年的 15.4%、19.0% 下降至 −4.5%、9.2%，泰国、菲律宾、印度尼西亚的外债存量也已分别占到 GNI 的 63.3%、51.1%、58.3%，泰国、印度尼西亚的短期外债更是已分别为总储备的 1.23、1.66 倍。[①]在内外因素的共同作用下，泰国终于在 1997 年 7 月 2 日被迫宣布放弃固定汇率制，泰铢对美元汇率自由浮动并大幅贬值，泡沫破灭；菲律宾、印度尼西亚也随之相继实行浮动汇率制，菲律宾比索、印度尼西亚盾也同样对美元大幅贬值，由此金融危机在东南亚迅速蔓延开来。而接受 IMF 救援的菲律宾、泰国、印度尼西亚，按其纾困方案实行紧缩货币政策，并实施削减财政赤字、重组银行业等措施，但普遍未达预期。国际投机行为只是源于自身内部的亚洲金融危机的导火索，东南亚经济体在长期追求高速经济增长甚至不惜以大举外债刺激经济发展的过程中所累积的深层次问题（曹云华，1998）、结构性矛盾才是东南亚金融危机最为根本的原因。

2.2.2　1997 年亚洲金融危机后快速复苏，一体化进程加快：1998—2007 年

1997 年亚洲金融危机使东盟经济遭受前所未有的重创，于 1998 年出现东

---

① 数据来自世界银行 WDI 数据库。

盟成立以来唯一的一次负增长，东盟不变价 GDP 同比下降 7.1％，其中东盟五国——印度尼西亚、马来西亚、菲律宾、泰国、新加坡——不变价 GDP 同比减少 8.9％，泰国、印度尼西亚的下降幅度更是分别达到 10.5％、13.1％。[①]根据 IMF 的统计，泰国、印度尼西亚、马来西亚的经济增速在 1998—2007 年的 10 年间均再未超越自身危机前 1988—1997 年的平均水平（图 2-1）。

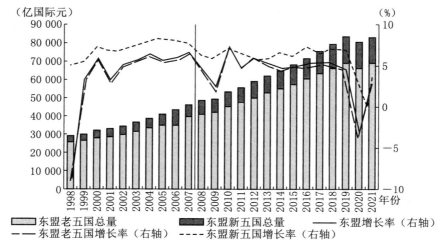

图 2-1　东盟经济增长趋势

注：以按 PPP 衡量的 2011 年不变价国际元 GDP 为指标计算。
资料来源：根据世界银行 WDI 数据库的数据整理计算并绘制而成。

面对全球范围内区域经济一体化的迅猛发展和 1997 年亚洲金融危机的巨大冲击，东盟开始加快内部经济一体化建设的步伐，于 1998 年签署《东盟投资区框架协定》；而且开始作为一个整体积极寻求与东亚主要国家的经济合作，1997 年 12 月召开的"10＋3"领导人非正式会议拉开了以东盟为主导的东亚区域合作的序幕。在世界尤其是美国经济繁荣的大背景之下，东盟经济快速复苏，进而在 2001 年因全球电子产品需求急剧萎缩而与世界主要发达国家经济同期波动后，呈现出相对强劲的增长态势（表 2-4），而其经济发展的关键节点大都与东盟一体化的重要进展相吻合。1999 年，"大东盟"实现，第一份《东

---

① 　数据来自 ASEAN Statistical Yearbook 2005。

亚合作联合声明》发表，东盟经济开始逐步走出危机阴影；2002 年，东盟自身的 FTA 正式启动，与中国的全面经济合作框架协议也率先签署，东盟经济再次焕发生机；2003—2006 年，与日本的全面经济合作伙伴框架协议，以及分别与印度、韩国的全面经济合作框架协议均已签署，东盟货物贸易总额相继突破 8 000 亿、10 000 亿、12 000 亿、14 000 亿美元；2007 年，引领东盟一体化迈向更高层次的《东盟宪章》和《东盟经济共同体蓝图》形成，第二份《东亚合作联合声明——深化东盟与中日韩合作的基础》发表，东盟经济增速亦达到这一阶段的顶峰（图 2-1），其货物贸易额首次超过 16 000 亿美元。

表 2-4　1998—2021 年东盟成员国实际 GDP 增长一览表（%）

年份	文莱	印度尼西亚	马来西亚	菲律宾	新加坡	泰国	柬埔寨	老挝	缅甸	越南
1998	−0.6	−13.1	−7.4	−0.6	−1.4	−10.5	5.0	4.0	5.8	5.8
1999	3.1	0.8	6.1	3.4	7.2	4.4	12.6	7.3	10.9	4.8
2000	2.9	5.4	8.9	6.0	10.0	4.8	8.4	5.8	13.7	6.8
2001	2.7	3.6	0.3	1.8	−2.3	2.2	7.7	5.7	11.3	6.9
2002	3.9	4.5	5.4	4.4	4.2	5.3	6.6	6.9	12.0	7.1
2003	2.9	4.8	5.8	4.9	4.6	7.1	8.5	6.2	13.8	7.3
2004	0.5	5.0	6.8	6.4	9.2	6.3	10.3	7.0	13.6	7.8
2005	0.4	5.7	5.3	5.0	7.4	4.6	13.3	6.8	13.6	8.4
2006	4.4	5.5	5.8	5.3	8.6	5.1	10.8	8.6	13.1	8.2
2007	0.2	6.3	6.5	7.1	8.5	4.9	10.2	7.8	11.9	8.5
1998—2007	2.0	2.7	4.2	4.2	5.5	3.8	9.3	6.3	12.0	6.8
2008	−2.0	7.4	4.8	4.2	1.8	1.7	6.7	7.8	3.6	5.7
2009	−1.8	4.7	−1.5	1.1	−0.6	−0.7	0.1	7.5	5.1	5.4
2010	2.7	6.4	7.5	7.6	15.2	7.5	6.0	8.0	5.3	6.4
2011	3.7	6.2	5.3	3.7	6.4	0.8	7.1	8.0	5.6	6.2
2012	0.9	6.0	5.5	6.9	4.5	7.2	7.3	7.8	6.5	5.5
2013	−2.1	5.6	4.7	6.8	4.8	2.7	7.4	8.0	7.9	5.6
2014	−2.5	5.0	6.0	6.3	3.9	1.0	7.1	7.6	8.2	6.4
2015	−0.4	4.9	5.0	6.3	3.0	3.1	7.0	7.3	7.5	7.0
2016	−2.5	5.0	4.4	7.1	3.6	3.4	6.9	7.0	6.4	6.7
2017	1.3	5.1	5.8	6.9	4.5	4.2	7.0	6.9	5.8	6.9
2018	0.1	5.2	4.8	6.3	3.6	4.2	7.5	6.3	6.4	7.5
2019	3.9	5.0	4.4	6.1	1.3	2.1	7.1	4.7	6.8	7.4
2020	1.1	−2.1	−5.5	−9.5	−3.9	−6.2	−3.1	−0.4	3.2	2.9
2021	−1.6	3.7	3.1	5.7	8.9	1.6	3.0	2.1	−17.9	2.6

资料来源：根据相关年份 IMF 发布的《世界经济展望》的数据整理而成。

就货物贸易而言，根据《东盟统计年鉴2008》的数据，东盟内部贸易总额由1998年的1 209.18亿美元增加至2007年的4 019.20亿美元，占对外贸易总额的比重从20.99％提高到24.95％。由于欧美经济体受1997年亚洲金融危机的影响相对有限，1998年美国依然保持东盟除内部贸易外的最大贸易伙伴地位，欧盟（EU-25）超越日本上升为第2位，中国位居第4位，东盟对日贸易是对华贸易总额的3.99倍；2007年，欧盟（EU-25）继续向前完成对美国的超越，东盟对日贸易总额仅为对华贸易总额的1.01倍。欧盟（EU-25）、美国、日本、中国在东盟出口贸易中的市场地位，基本呈现这一变化趋势；需要强调的是，即使在整体下降、对欧美日也均有所减少之时，东盟对华出口依然保持正增长态势。

就FDI而言，《东盟统计年鉴2008》的数据显示，1998年流入东盟的FDI由1997年的340.82亿美元迅速下降为229.6亿美元；虽然由于全球FDI高涨，东盟1999年、2000年吸收的FDI较之1998年呈现增长态势，但受危机影响，尤其是FDI从印度尼西亚大量"出走"，流入东盟的FDI并未达到危机前的水平，在亚洲发展中经济体FDI流动总量中的份额，也由20世纪90年代中期的超过30％降至2000年的10％（UNCTAD，2011）。自2001年起全球FDI大幅减少，东盟吸收的FDI也在2002年降至这一阶段的最低点；之后随同全球FDI再度攀升，受益于经济增长、投资环境改善和有利于跨国公司扩大生产网络的区域一体化推进，东盟再次成为极具吸引力的FDI目的地，至2007年达到这一阶段的峰值694.82亿美元并超越危机前的水平，继续与全球FDI上涨创下历史新纪录保持一致。需要强调的是，东盟内部FDI由2000年的7.62亿美元迅速扩大到2007年的94.09亿美元，同样超越危机前的水平；年均增长率高达43.2％，远快于同期整体水平16.7％、外部年均增速14.5％；占FDI流入量的份额也由3.2％提升至13.5％。

产业结构的调整升级与双边FTA的构建，成为东盟成员国危机后谋求经济可持续增长的重要选择。新加坡确定"产业21计划"，实施高科技战略和扩大腹地战略；截至2007年底，分别同新西兰、日本、欧洲自由贸易联盟、澳

大利亚、美国、约旦、印度、韩国、巴拿马签署的 FTA 均已生效。马来西亚
不仅努力扶植本国资本和技术密集型产业发展，还将电信通信产业作为实现国
内产业升级、推动国家经济成长的另一引擎；同日本签署的 FTA 已生效。泰
国推行拉动内需和加强出口的"双轨发展"策略，并加速区域汽车生产基地建
设；分别同印度、澳大利亚、新西兰、日本签署的 FTA 已生效。菲律宾重视
服务外包的发展，制定《投资优先计划》，并同日本签署 FTA。

2.2.3　全球金融危机后的波动增长与新冠疫情冲击，更注重联通：2008 年至今

　　虽然 2008 年全球金融危机对东南亚经济的冲击，最初并没有像 1997 年亚
洲金融危机那样迅疾而猛烈；但由于其发端于东盟重要的外部市场——欧美发
达经济体，而后者的经济复苏又相对较为缓慢，再加上全球贸易保护主义抬
头，"逆全球化"思潮渐起，东南亚经济也并没有能够如上次那般相对快速而
持续地强劲恢复增长，而是随着世界经济形势的变化呈现出相对明显的波动态
势，之后的增长亦相对平稳。2020 年新冠疫情全球蔓延并引发全球经济整体
衰退，使得依赖外部需求的东南亚经济出现继 1998 年后的再次萎缩，并随着
全球经济的快速反弹而大幅回调。也正因如此，东盟进一步认识到内部市场的
重要性和摆脱对欧美市场严重依赖的必要性。一方面，东盟进一步加快内部经
济一体化。2008 年 12 月东盟成立以来首份具有普遍法律意义的文件《东盟宪
章》生效，2015 年除东盟经济共同体如期提前于当年年底宣布建成外，《东盟
经济共同体蓝图 2025》也在同年获得通过，2020 年东盟又推出《东盟全面复
苏框架》，东盟整体的凝聚力和吸引力得以提升；另一方面，东盟与澳大利亚
—新西兰的 FTA 生效、5 个"10 + 1"FTA 均已形成并得到不同程度的深化与
拓展，纳入上述 FTA 伙伴的 RCEP 谈判启动并在 2020 年 11 月于除印度外的
"10 + 5"成员之间正式签署，于 2022 年 1 月正式生效，东盟在东亚区域经济

合作中的核心作用和主导地位已成为共识并得到广泛坚持。尤其需要强调的是，东盟内部的经济一体化建设更加注重互联互通，早在 2009 年其就专门发布《东盟互联互通领导人声明》，并于 2010 年、2016 年两次出台"东盟互联互通总体规划"；而这一规划与中国 2013 年 10 月在印度尼西亚发出的共建"21 世纪海上丝绸之路"倡议能够形成更具针对性和有效性的战略对接，有利于东盟内部市场的拓展、发展差距的缩小和外部市场的多元化。

受危机及其滞后效应的影响，东盟统计数据显示，东盟 GDP 增速在 2008 年降至 4.7％、2009 年进一步下降为 2.5％；虽然 2010 年东盟大多数成员国的经济增速已超越危机前的水平，但因欧洲债务危机的蔓延而于 2011 年再次走低，直至 2015 年东盟经济共同体宣布建成之年起才呈现整体平稳上升态势（图 2-1）；2020 年又在新冠疫情的全面冲击下同比放慢 7.9 个百分点至 -3.2％，2021 年才由负转正并回调至 3.4％。就 2019 年的实际 GDP 增速而言，菲律宾、马来西亚、印度尼西亚、文莱、越南已超越前一阶段的平均增长水平，老挝、缅甸和柬埔寨依然在相对较高的位置波动；2020 年，除文莱、越南、缅甸外的东盟成员国均呈现不同程度的萎缩，菲律宾、印度尼西亚均出现 1998 年以来的首次萎缩，马来西亚、泰国、新加坡则出现 2009 年以来的首次萎缩，老挝、柬埔寨更是分别出现 1988 年、1994 年以来的首次萎缩，菲律宾、新加坡的萎缩程度业已超过 1998 年，越南亦创下 1986 年以来的最低增速；2021 年，除文莱、缅甸外的东盟成员国实现正增长，新加坡更是强劲反弹，创下 2010 年以来的最快增速（表 2-4）。

就货物贸易而言，东盟的表现与自身对外部市场的依赖和全球贸易的持续低迷相吻合。据东盟统计，2009 年东盟对外贸易同比下降 19.1％；此后虽呈增长态势，但 2011—2014 年的增速相对较为缓慢；2015 年、2016 年更是分别同比下降 10.3％、1.5％；2017 年，随着世界贸易的总体复苏，东盟对外贸易由降转增，同比增长 14.8％；2020 年、2021 年，随着世界贸易形势的再次变化，分别相应同比下降 5.2％、增长 25.1％。由于欧美经济体在此次危机中遭受重创，其作为东盟出口市场的地位相应下降：欧盟（EU-28）、美国在危机爆发的 2008 年就被中国、日本超越，仅分别变为东盟的第四大、第三大贸易伙伴；中国于危机滞后效应明显的 2009 年跃升为东盟的最大贸易伙伴，欧盟、日本、美国分列第 2 位、第 3 位、第 4 位（图 2-2）；就占东盟对外贸易总额的比重而言，中国由 2008 年的 10.3% 大幅增至 2021 年的 20.0%，美国由 9.7% 提升为 10.9%，欧盟由包含 28 个成员国时的 9.0% 下降为包含 27 个成员国时的 8.0%，日本则由 11.3% 下降至 7.2%。

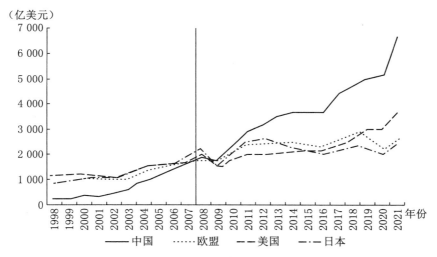

图 2-2　1998—2021 年东盟与主要贸易伙伴货物贸易增长趋势

注：因英国脱欧，2020 年、2021 年的数据为欧盟 27 国的数据。
资料来源：根据东盟统计数据绘制而成。

就 FDI 而言，由于成员国致力于营商环境的改善，且不断加大引资力度，加之全球经济发展前景持续不稳定，投资者将更多的注意力投向新兴发展中市场，其中东盟依然是全球 FDI 的主要目的地。根据《东盟统计年鉴 2016/2017》的数据，2008 年流入东盟的 FDI 同比减少 37.9%，2009 年进一步下降为 433.65 亿美元，2010—2014 年总体处于上升态势，2010 年更是同比增长 149.4%。印度尼西亚、越南已发展为低成本尤其是低端制造业的生产基地，柬埔寨、缅甸也成为吸引劳动密集型 FDI 的亮点地区（UNCTAD，2011，2013）。即使 2015 年由于来自欧美等的 FDI 下降，东盟所吸收的 FDI 同比减少

8.8％，但仍然有 16％流入发展中经济体的 FDI 以东盟为目的地（ASEAN Sec-retariat，2016），东盟新四国更是激增 36.1％。虽然 2020 年流入东盟的 FDI 同比下降 30.0％，但东盟在全球 FDI 流入中的占比反而上升了 0.9 个百分点，升至 12.7％；2021 年东盟吸收的 FDI 更是同比增长 46.6％，业已超越新冠疫情前 2019 年的水平。需要强调的有两点：一是东盟内部的 FDI 继续增长，由 2008 年的 89.99 亿美元提高至 2021 年的 235.34 亿美元，但占东盟 FDI 流入量的份额由 18.3％下降至 13.1％；二是除了 2018 年美国锐减至－234.62 亿美元外，虽然具体排名有所变动，欧盟、美国、日本总体仍位居东盟前三大 FDI 来源地，但中国对东盟的 FDI 正在快速增长，已经从 2008 年的 7.33 亿美元扩大为 2021 年的 138.29 亿美元，占东盟吸收 FDI 的份额也由 1.5％大幅提高到 7.7％，在 2021 年更是超过日本（图 2-3）。

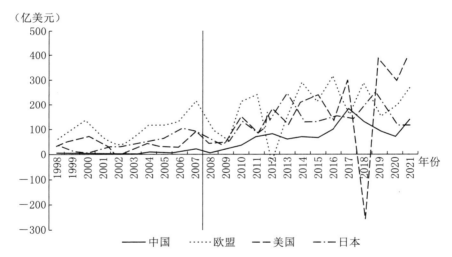

图 2-3   1998—2021 年东盟吸收 FDI 的主要来源地及其吸收 FDI 量

注：因英国脱欧，2020 年、2021 年的数据为欧盟 27 国的数据。
资料来源：根据东盟统计数据绘制而成。

推进结构改革、扩大内需、加大基础设施建设力度，是东盟经济体在这一发展阶段的重要选择。印度尼西亚于 2014 年开始推动"建设海上高速公路"项目，加强基础建设、支援经济扩张成为"第十一个马来西亚计划（2016—2020）"的六大策略之一，泰国也在 2016 年正式提出"泰国 4.0"高附加值经济模式，越南颁布关于建设基础设施配套体系的决议，助推其到 2020 年基本可成为"迈向现代化的工业国"，老挝推进"变陆锁国为陆联国"战略。

需要进一步强调的是，分别于 1973 年、1978 年、1978 年、1980 年步入中等收入经济体行列的亚洲"四小虎"马来西亚、泰国、菲律宾、印度尼西亚，深受 1997 年亚洲金融危机的冲击，未能像亚洲"四小龙"之一的新加坡一样成功跨越"中等收入陷阱"而长期受困其中。正如保罗·克鲁格曼指出的：若无法实现连续的技术进步，通过增加要素投入及向特定部门投入要素实现高度成长的方法只能在某一时期内有效（宋磊，2016：63）。《全球创新指数 2022》显示，在 132 个经济体中，马来西亚、泰国、菲律宾、印度尼西亚分列第 36位、第 43 位、第 59 位、第 75 位，后三者已被居于第 48 位的越南所超越。而未能相对合理地调控收入分配进一步增加了跨越"中等收入陷阱"的难度。根据世界银行公布的基尼系数，马来西亚 2018 年的基尼系数为 0.41，菲律宾、印度尼西亚、泰国 2021 年的基尼系数分别为 0.41、0.38、0.35。

2.3 东南亚经济发展模式

东南亚经济发展具有后发展经济的后发优势。在经历初级产品出口战略、进口替代发展战略，为经济发展奠定必要的物质基础后，东南亚国家普遍开始实施出口导向发展战略；东南亚经济也从融入以日本为领头雁的"雁行模式"开始，迅速起飞并步入高速增长阶段。因域内经济体资源禀赋、发展基础极富差异性而形成的多样性，与因大致相同的社会文化背景与历史传统，以及日本发展模式的引领与借鉴而形成的相对统一性有机结合，是东南亚经济发展最为显著的特征（梁志明，2000：19）；对外部市场、资本、技术相对严重的依赖，也被视为其最为鲜明的共性。而作为市场容量有限的相对弱小经济体，东盟作出为应对国际环境变化而联合起来提升国际竞争力的选择，这使得东盟经济一体化同样具有自身极为鲜明的、有别于欧盟的特色，这是东南亚经济发展模式极为重要的组成部分。

2.3.1　后发展经济与后发优势

亚历山大·格申克龙的后发优势理论强调后发展经济来自其落后地位的特殊效应，即落后国家具有不曾为先进国家所控制的工业发展的前提——较先进国家的存在成为其"技术支持、技能型劳动力与资本品的来源"；除能够以相对较快的速度工业化以外，落后国家的工业化进程与更先进国家相比所显示出的不同，还体现在从这一进程中"产生的工业的生产结构与组织结构方面"，且差异在相当大的程度上还是落后国家采用各种已实现工业化国家很少采用或根本没有类似存在的制度性手段的结果（格申克龙，2009：55、10）。虽然"先进—落后"这一二元结构国际环境会使后发展国家的经济发展相应具有追赶性、外源性（技术和资金在国外）等基本特征，但也对其发展模式提出某些特殊要求，例如，大规模的经济发展进程要由强大政府动员和组织（赵虑吉，2002：344—346）。东南亚国家正是在欧美发达经济体开始产业结构调整、日本加大对外直接投资力度的有利国际环境下，通过出口导向型发展战略，在强力政府适宜制度和稳定政治的积极作用下适时大量吸收外国直接投资，形成外来技术、资金、市场与自身禀赋的更好结合和资源的相对高效配置，后发经济体的后发优势得以释放并相对充分地发挥出来，既使自身工业化水平得到相对快速的提升，也使自身经济迅疾起飞并高速增长。

2.3.2　以出口导向为主的外向型经济

东南亚国家的经济起飞和快速增长，与自身适时抓住国际贸易蓬勃发展、发达经济体产业结构调整及劳动密集型产业和生产环节向发展中国家/地区转移的重要机遇与有利条件，积极利用自身的资源禀赋优势和优越地理位置，实现经济发展战略由进口替代向出口导向转变，以及不断推进开放的外向型经济密切相关。通过对外贸易的发展尤其是出口贸易的扩大，东南亚经济体在拆除贸易壁垒、与国际市场实现更好接轨后逐步释放规模经济效应，通过融入"雁行模式"、嵌入东亚区域生产网络而更为有效地参与国际分工、延伸价值链，不但使本地生产与外部市场有机结合，内部生产与消费的不平衡问题得以相对较好地解决，而且使自身的工业生产能力和产品竞争力、经营管理水平得到一定的提升，并日渐积累起购买国外先进技术设备所必需的外汇储备，出口产品的技术含量、附加值也不断提高，产业结构逐步优化，工业化进程得以相应加快，推动经济以相对较快的速度持续增长。就货物贸易总额占 GDP 比重而言，根据东盟的统计数据，1967 年东盟刚刚成立时仅为 43.1%，1997 年亚洲金融危机爆发时已上升为 100.4%，2005 年达到 130.8%，2019 年下降为 88.8%，2021年再次回升至 99.8%。具体到东盟成员国的货物和服务出口占 GDP 比重，尽管波动程度不尽相同，其整体上升的态势还是相对明显，新加坡、泰国、越南的表现尤为突出（表 2-5）。这种面向国际市场、以出口导向为主的外向型经济，也被视为东南亚经济增长的重要发动机，也是其发展模式的关键要素和主要特色。

表 2-5　1967—2021 年东盟成员国出口贸易、FDI 流入（占 GDP 的百分比）变化一览表

	1967 年	1997 年	1998 年	1999 年	2000 年	2007 年	2008 年	2009 年	2010 年	2017 年	2019 年	2021 年
货物和服务出口												
印度尼西亚	8.78	27.86	52.97	35.51	40.98	29.44	29.81	24.16	24.30	20.18	18.59	21.56
马来西亚	40.96	93.29	115.74	121.31	119.81	106.17	99.50	91.42	86.93	70.01	65.28	68.84
泰　国	18.16	48.24	57.94	56.44	64.84	68.87	71.42	64.44	66.49	66.67	59.51	58.21
新加坡	114.29	169.30	166.79	176.75	188.35	212.78	228.99	190.84	198.00	171.40	175.27	184.84
菲律宾	—	35.09	37.81	38.41	43.34	38.01	33.36	30.22	32.87	29.55	28.38	25.74
文　莱	—	57.19	50.47	55.82	67.35	67.85	78.30	72.78	67.41	49.57	57.95	80.17
柬埔寨	8.90	33.62	31.24	40.54	49.85	65.33	65.54	49.22	54.08	60.68	61.09	64.60
缅　甸	—	—	—	—	—	—	—	—	10.62	25.94	30.39	28.29
老　挝	—	23.89	36.46	35.88	30.66	33.61	33.15	30.08	35.38	—	—	—
越　南	—	43.10	44.85	49.97	53.92	70.52	70.34	62.61	54.18	81.76	85.16	93.29

	1967 年	1997 年	1998 年	1999 年	2000 年	2007 年	2008 年	2009 年	2010 年	2017 年	2019 年	2021 年
					FDI 净流入							
印度尼西亚	—	2.17	−0.25	−1.33	−2.76	1.60	1.83	0.90	2.03	2.02	2.23	1.79
马来西亚	—	5.14	3.00	4.92	4.04	4.69	3.28	0.06	4.27	2.94	2.51	4.99
泰 国	—	2.59	6.43	4.82	2.66	3.28	2.94	2.28	4.32	1.82	1.01	2.89
新加坡	—	15.68	6.95	21.85	16.15	26.16	7.02	12.07	23.07	29.77	28.04	34.90
菲律宾	—	1.30	3.07	2.14	1.78	1.87	0.74	1.17	0.51	3.12	2.30	3.04
文 莱	—	13.50	14.15	16.26	9.16	2.10	1.54	3.03	3.51	3.86	2.77	1.46
柬埔寨	—	5.92	3.71	2.91	3.24	10.04	7.87	8.93	12.49	12.57	13.52	12.92
缅 甸	—	6.87	6.82	4.48	3.72	4.55	3.75	3.66	2.38	7.82	2.53	3.17
老 挝	—	5.21	3.59	5.42	1.96	7.66	4.18	5.46	3.91	9.92	4.03	5.69
越 南	—	8.27	6.14	4.92	4.16	8.65	9.66	7.17	5.43	5.01	4.82	4.28

资料来源：世界银行 WDI 数据库。

2.3.3 外商直接投资占有重要地位

东南亚国家的经济起飞和快速增长，与 FDI 对出口贸易的带动以及两者的良性互动有着极为密切的关系。就 FDI 净流入量占 GDP 比重而言，2021 年新加坡已近 35％，柬埔寨在 12％以上，越南也已超 4％（表 2-5）。跨国公司是国际资本和技术转移的重要载体；东亚的"雁行模式"本就伴随着日本的边际产业转移，动态的依次继起的阶梯式转移是其基本特征；即使随着国际分工的发展，已成主导的东亚区域生产网络也是以 FDI 及其带动的技术与产业转移为依托，东南亚大多数经济体依然处于价值链的中后端、所围绕的也仍旧是域外国家，不同的只是"三角贸易模式"转换成以中国为加工中心。通过积极引进和有效利用 FDI，东南亚国家不仅在一定程度上缓解了自身的资本短缺难题，还使所拥有的丰富资源得到更为广泛而深入的开发，产品的技术密集度、资本密集度不断提高，外部市场得以相应的拓展；尤为重要的，在外溢效应的作用下，模仿效应、竞争效应、人员流动效应的联动与叠加，使东南亚国家的生产技术和管理水平不断进步，在一定程度上弥补了自身的"技术缺口""管理缺口"，工业化进程得以持续的推进，产业结构的转型升级也就相应地成为一种可能和必然。正是从这一角度讲，东南亚经济发展的历史就是一部 FDI 不断涌入并不断推动经济增长的历史（曹云华，2000：118）。

2.3.4　政府发挥重要作用

东南亚国家的经济起飞与快速增长，同样与政府作用及其有效发挥有着密切关系。无论是相对稳定的政治经济环境，还是相对较高的储蓄率、投资率，抑或是对基础教育的相对重视，都是政府不懈努力的结果；更何况，政府的努力成果还有与国情相适应的经济发展战略的制定与调整，包括基础设施在内的公共产品的提供与丰富，与工业化进程相协调的产业结构的优化与转型，以及与外向型经济相支撑的出口促进和 FDI 激励政策措施的推进与实施。东南亚大多数国家政权具有威权主义特征，历史文化氛围与传承也使其相应拥有极富实干精神且尽责而中立的技术官僚，强势政府在市场经济中的导向作用和调节能力毋庸置疑。由于资金和技术相对有限、市场和体制尚不健全，后进国家后发优势的发挥和追赶目标的实现不得不依赖政府调节这一"有形之手"使相对有限的资源得到更为有效的配置，以更好地弥补市场调节这一"无形之手"的"失灵"。尽管这对于东南亚国家的经济快速增长、工业化快速推进并非充分条件，其中对"度"的把握也实非易事，1997 年亚洲金融危机更是与政府的失"度"、失灵有着或多或少的关系（梁志明，2000：21、22）；政府引导下的市场经济，政府对经济发展积极而有效的适度干预与管理，还是同样被视为东南亚经济发展模式的重要特色。以马来西亚为例，1997 年亚洲金融危机爆发后，在 IMF 紧缩政策不见成效时，马来西亚果断推出"国家经济复苏计划"，不仅未接受国际金融机构的援助，还转而实施外汇管制、财政扩张，以自己的方式相对快速地稳定经济，重建信贷体系并实现复苏；作为 1997

年亚洲金融危机受灾国中对 IMF 拯救计划的拒绝者，马来西亚的经济增速超越 IMF 受援国——东南亚的泰国、印度尼西亚，其复苏进程可媲美东北亚的韩国。

2.3.5　经济一体化和独特的"东盟方式"

区域经济一体化不仅能够产生贸易创造、转移、条件等静态效应和投资、规模经济、竞争、增长等动态效应，还可获得提高讨价还价能力、建立协调一致机制等非传统收益（Fernandez，1997）。除内在动因外，国际环境变化所形成的外部压力是东盟经济一体化得以进一步展开并快速推进的重要动力。1997 年亚洲金融危机爆发后，随着成员扩容暂告一段落（即大东盟初步实现），东盟关注的议题逐步向实质性区域经济合作倾斜，其态度更为主动、行动更加积极，自身经济一体化的进程也相应加快、水平相应提升。在东盟 FTA 建设的基础上，2007 年东盟决定将以经济共同体为三大支柱之一的东盟共同体的实现时间提前 5 年，定至 2015 年；在宣布建成东盟经济共同体的 2015 年，通过了《东盟经济共同体蓝图 2025》。在上述推进过程中，东盟也逐步意识到自身经济一体化的局限性和作为整体对外构筑更广泛区域经济合作的必要性；由此5 个 "10 + 1" FTA 相继形成，RCEP 谈判正式启动，而东盟也在日渐加快的东亚区域经济一体化进程中正式确立自身在东亚区域经济合作中的"轮轴"地位和主导作用。

无论是东盟 FTA 所意在实现的使东盟成为具有竞争优势的、面向世界市场的生产基地，还是《东盟经济共同体蓝图 2025》所明确的将东盟变为单一市场和生产基地、更具有竞争力的经济区域，抑或是《东盟经济体共同体蓝图 2025》所提出的"高度一体化和凝聚力的经济""加强互联互通和部门合作"与"富有竞争力、创新性和活力""全球化"的东盟，东盟经济一体化极为重要的目标在于通过拆除彼此之间的贸易投资壁垒，扩大市场规模，改善贸易投资环境，增强对 FDI 的吸引力，更加有效地参与国际分工和全球及区域价值链，从而进一步提高经济活力和各自及整体的竞争能力，最终在东亚区域经济合作中占据更为有利的位置并拥有更强的地区竞争力。

有别于欧盟的"东盟方式"是东盟推进经济一体化最为重要的特点。"东盟方式"即坚持尊重主权和平等、不干涉内政、协商一致的原则，强调成员间经济发展的差异性并照顾各自的特殊性，秉承开放、包容的理念，以各方均感舒适的方式灵活渐进推行东盟一体化。由于曾经经历过殖民统治，东盟经济体对国家主权高度重视，即使 2008 年生效的东盟首份具有普遍法律意义的文件《东盟宪章》已赋予东盟法律人格，东盟经济一体化的方式也依然不同于欧盟所采用的超国家机构和对成员国进行硬性约束的方式。较之以法、德为轴心的欧盟成立之初就确定以经济一体化推动政治一体化，最终实现欧洲的联合，《东盟宪章》所明确的东盟经济共同体的目标依然是"建立……单一市场和生产基地"，有效协调货物、服务、投资、劳动力及资本等生产要素在区域内的自由流动（ASEAN Secretariat，2008）。虽然就实际运作而言，东盟经济一体化进程似乎因"东盟方式"而变得相对漫长；但也恰恰是"东盟方式"，使得东盟即使拥有如此之多的差异性成员，其经济一体化无论快慢都能够在相对正确的轨道上持续向前。

2.3.6　内需作用日益受重视

东南亚国家在两次金融危机的冲击下，尤其是面对 2008 年后发达经济体的整体性经济疲软、国际市场需求的大幅萎缩对自身经济超越预期的影响，或被动或主动地利用全球及区域价值链重塑之机，推进自身的经济转型和结构调整，强调地区平衡、可持续发展而非单一目标的粗放式经济增长，加快重点产业及新兴产业的建设步伐，积极实施刺激内需的政策措施，尤其是扩大国内消费和投资，加大基础设施建设及其互联互通的力度，使东南亚区域内部贸易投资的物理性障碍进一步拆除，市场的实质性整合与扩容、经济潜能与合作空间的进一步释放成为可能；而东盟经济一体化的提升和"互联互通总体规划"的实施，不但对区域内分工的发展与深化起到积极的促进作用，而且有利于区域价值链的延伸、同域外价值链的对接和内部市场的拓展、外部市场的多元化。东南亚经济发展模式也在为应对内外环境变化而作出调整与变革中显现出不同以往的新趋势，国内需求对某些东盟成员国经济增长的推动力正在增强，有望与出口贸易形成对经济增长的双轮驱动，提高抗击外部经济风险的能力。根据世界银行 WDI 数据库的数据，按当年价格计算的 2021 年居民消费支出，印度尼西亚、马来西亚、泰国、新加坡、菲律宾、文莱、柬埔寨、越南分别是 2000 年的 6.49 倍、5.27 倍、3.85 倍、3.06 倍、4.94 倍、2.27 倍、5.50 倍、9.81 倍（表 2-6）；就消费支出对 GDP 增长的贡献率而言，越南 2015 年高达 159.5％，印度尼西亚 2019 年为 58.1％，马来西亚、新加坡也分别由 2000 年的 46.5％、78.7％提高到 2019 年的 106.3％、188.9％。[①]

表 2-6   2000—2021 年东盟成员国的居民消费支出和资本形成总额

	居民消费支出（亿美元）				资本形成总额（亿美元）			
	2000 年	2005 年	2010 年	2021 年	2000 年	2005 年	2010 年	2021 年
印度尼西亚	1 017	1 840	4 245	6 600	367	717	2 483	3 731
马来西亚	410	634	1 227	2 160	252	321	596	831
泰　国	684	1 057	1 780	2 634	282	576	865	1 473
新加坡	402	509	871	1 229	338	275	663	967
菲律宾	600	794	1 463	2 966	131	199	426	835
文　莱	15	21	20	34	8	11	32	44
柬埔寨	32	53	91	176	6	13	20	72
老　挝	15	20	53	—	2	9	20	—
越　南	207	377	860	2 030	92	195	546	1 225

注：居民消费支出和资本形成总额均按当年价格计算。
资料来源：世界银行 WDI 数据库。

---

①   数据来源于《国际统计年鉴 2020》。

2.4　东南亚经济发展面临的挑战与问题

东南亚经济要想实现可持续发展，不仅要面对自身内部的挑战与问题，既包括各个国家优化经济结构、改善营商环境、推进基础设施建设等任务，也包括东盟经济一体化减轻外部依赖、加强互联互通、缩小发展差距等挑战；还要突破区域外部的约束与限制，如"逆全球化"思潮与贸易保护主义、全球价值链重塑与大国博弈。错综复杂形势下的利益分歧与融合，使得东盟经济一体化的推进尤其需要东盟领导力和凝聚力的加强。

2.4.1　结构优化与扩大内需、减轻对外部的严重依赖

根据《东盟统计年鉴 2022》的数据，2021 年，尽管东盟内部是其货物贸易的最大市场、FDI 的第三大来源地，但两者占比分别仅为 21.7％、13.1％；中国、美国、欧盟、日本是东盟除内部贸易、FDI 之外的第一、二、三、四大贸易伙伴和第三、一、二、四大 FDI 来源地，四者合计占有东盟对外贸易的 46.8％，其利用 FDI 也占东盟 FDI 的 51.6％（图 2-4）。尤其需要强调的是，美国、欧盟分别是东盟除内部贸易外紧随中国之后的第二、三大出口目的地，合计依然占有东盟 23.8％的出口市场份额，为东盟重要的贸易顺差来源地。具体到货物贸易出口商品，按照 HS 两位编码分类，"85 电机、电器和音像设备及其零、附件""84 核反应堆、锅炉和机械器具及零件""61 针织或钩编的服装及衣着配件""40 橡胶及其制品""64 鞋靴、护腿和类似产品及其零件""62 非针织或钩编的服装及衣着配件"分别是东盟 2021 年对美出口的前一、二、三、五、六、七大类商品，总计占东盟对美出口的 63.6％；

这六大类商品分别居于东盟对欧盟出口的第一、二、七、三、六、八位，总计占东盟对欧盟出口的 56.8%；尤为重要的是，对美国、欧盟出口，在东盟上述六大类商品出口中分别占有 24.0%、32.0%、67.0%、40.9%、60.6%、59.0%的份额。对外部市场和资本的较大依赖以及由相似出口市场结构、产品结构所可能引发的成员间恶性竞争，是东盟经济可持续发展、动力不断增强，以及东盟经济一体化进一步推进、效应不断释放所必须面对的重要挑战，优化结构、扩大内需、减轻对外部的严重依赖也就成为其必须解决的现实问题。

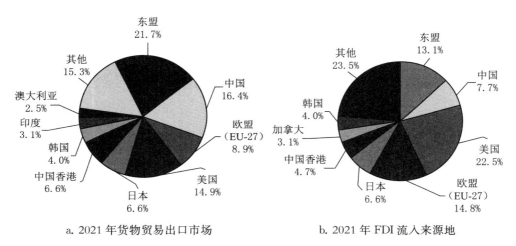

a. 2021 年货物贸易出口市场   b. 2021 年 FDI 流入来源地

图 2-4   2021 年东盟货物贸易出口市场和 FDI 流入来源地结构

资料来源：根据东盟统计数据绘制而成。

2.4.2   政府治理能力与改善营商环境、贸易投资便利化

世界银行世界治理指标 WGI 的百分等级显示，2021 年东盟成员国仅有新加坡、文莱、马来西亚的"腐败控制"分指标超过 50，缅甸、柬埔寨、越南、老挝、泰国的"话语权与问责"分指标均在 30 以下，印度尼西亚、泰国、菲律宾、缅甸的"政治稳定与无暴力/恐怖主义"分指标未超过 30，缅甸的"政府效率"和柬埔寨、老挝、缅甸的"规管质量"分指标均低于 30，柬埔寨、老

挝、缅甸、菲律宾的"法治"分指标亦均在 30 以下。虽然就整体而言，东南亚国家的营商环境已大为改善，但进一步提升的空间依然十分明显。世界银行的《营商环境报告 2020》显示，就"跨境贸易便利化程度"而言，除排名 140 位开外的柬埔寨、老挝，东盟其他经济体的排名均落后于自身的整体营商环境，文莱更是相差 83 位。其中，营商环境全球第 2 名的新加坡，在"跨境贸易便利化程度"上为东盟之首，但也仅居世界第 47 位，出口、进口的"边界合规"分别需要耗费 10 小时 335 美元和 33 小时 220 美元；最末位的缅甸排名世界第 168 位，出口、进口的"边界合规"分别需要耗费 142 小时 432 美元和 230 小时 457 美元。尤其需要强调的是，在东盟经济一体化推进的同时，东盟内部各成员国间的非关税壁垒措施也从 2000 年的 1 634 个增加到 2015 年的 5 975 个（王守贞，2016）。政府治理能力提升、营商环境改善、贸易投资便利化，是东盟经济可持续发展、东盟经济一体化进一步推进所必须面对的重要挑战和必须解决的现实问题。

2.4.3　基础设施建设与缩小内部发展差距、区域均衡发展

世界经济论坛的《全球竞争力报告 2019》显示，除新加坡、柬埔寨持平分别居于第 1 位、第 106 位，以及老挝提高 20 位居于第 93 位外，东盟其他成员国的基础设施竞争力排名无不落后于其综合竞争力，菲律宾、泰国更是分别相差 32 位、31 位之多；在 140 个经济体中，东盟老六国中的马来西亚、文莱、泰国、印度尼西亚、菲律宾的基础设施竞争力分列第 35 位、第 58 位、第 71 位、第 72 位、第 96 位，东盟新四国中的越南居第 77 位。无论东盟成员国经济的可持续发展还是东盟经济一体化的进一步推进，都迫切需要加强成员国内部的基础设施建设及其各自和彼此之间的互联互通，缩小内部发展差距，解决发展不平衡、不均衡问题。

2.4.4　自主创新与"逆全球化"思潮、全球价值链重塑

东盟经济体的创新投入相对不足。《全球创新指数 2022》显示，马来西亚、泰国、印度尼西亚、菲律宾的创新投入分指数在 132 个经济体中分列第 35 位、第 48 位、第 72 位、第 76 位，后两者已被居于第 59 位的越南所超越。2008 年全球金融危机的爆发和世界经济的缓慢、脆弱、分化复苏，不仅使经济全球化遭遇前所未有的巨大挫折，"逆全球化"思潮渐起，还使世界经济格局深度调整，全球价值链呈现新变化。尤其是作为全球价值链驱动力的美国，推进再工业化，奉行"美国优先"原则，更为关注能够让工作和产业重返美国的"公平"的双边贸易协定谈判。既有研究表明，1995—2011 年，尽管东盟已较大程度地融入全球生产网络，还是在全球价值链中处于低端环节；间接出口品的国内增加值比重不断减少，国外增加值比重不断增加；虽然资本技术和知识密集型行业参与全球生产网络的程度提高，但呈下游化发展趋势（熊琦，2016）。2015 年制定的《东盟经济共同体蓝图 2025》在其建设的五大支柱之一"高度一体化和凝聚力的经济"中明确指出，促进各国参与全球价值链，并在参与过程中推动区域创新体系形成。东盟及其成员国经济的可持续发展，迫切需要进一步强化自主创新；唯有如此，才能更为有效地应对"逆全球化"思潮，不会错失全球价值链重塑的难得机遇并占据逐步向上移动的有利位置。

2.4.5　非经济因素、非传统安全问题与大国战略博弈

除了复杂的历史问题及其遗留的领土争端等现实的非经济因素外，东南亚国家大都不得不面对同样现实的、时有激化的内部问题，如泰国的政权更迭、缅甸的民族问题、菲律宾的海盗及"马拉维危机"、印度尼西亚的恐怖袭击。2017 年东盟轮值主席国菲律宾总统杜特尔特就在当年 11 月的东盟峰会上明确

指出，东盟面临恐怖主义和极端主义、海盗及海上武装掠夺、毒品交易三大威胁。2018 年 1 月，新加坡、印度尼西亚、马来西亚、菲律宾、泰国、文莱达成以"我们的眼睛"为代号、旨在加强区域安全多边合作的情报合作协定，用于消除在中东受挫的"伊斯兰国"武装人员回流东南亚所引发的新威胁（李莞梅，2018）。非传统安全问题及其日益严重的跨境威胁，已成为东盟及其成员国保持稳定、安全、繁荣必须有效共同应对的重要挑战。

作为域外大国利益集中之地，随着自身经济活力的不断释放，东盟及其成员国不得不应对愈加明显而复杂的域外大国战略博弈的影响。除传统的美国积极利用东南亚经济体搞出所谓的"大国平衡"战略，主动、全面、深度介入包括南海问题在内的地区热点，并提出且加速推进"印太战略"外，俄罗斯、欧盟、印度也在努力加强与东盟及其成员国的合作。由日本主导的替代 TPP、已有 4 个东盟成员国参加的 CPTPP，在 2018 年底生效；域外大国更多通过多边 FTA、双边 FTA 进一步参与东亚经济一体化，对强调"平衡"、维护中心地位、统一对外的东盟及其经济一体化而言，这是它们不得不面对的又一重要挑战。

2.4.6 利益诉求差异与"东盟方式"运作效率

东盟成员国的多样化，并非仅仅体现在经济发展水平的差距上，还包括政治制度、文化宗教的差异性。无论东盟还是其成员国内部，利益诉求的复杂程度和调和难度均可想而知。这既是东盟的特点，也是东盟经济一体化进一步推进所不得不面对的重要挑战和现实问题。基于此，2008 年正式生效的《东盟宪章》已赋予东盟法律人格，且对东盟所有成员均具约束力；其中，缩小东盟内部发展差距、促进东盟身份认同，位列该宪章所确定的东盟目标。2018 年第 32 届东盟峰会发布的《东盟领导人关于坚韧和创新的东盟愿景》，重申加强东盟身份认同、实现可持续和包容性发展。显然，随着东盟经济一体化的进一步推进，需要根据变化尽快作出反应、相对迅速作出决策的问题只多不少，其对"东盟方式"运作效率乃至东盟领导力和凝聚力的考验同样不容小觑。

2.5　"一带一路"　建设与东南亚经济发展新机遇

　　2013 年 10 月，中国国家主席习近平在印度尼西亚国会演讲时向东盟国家发出共建"21 世纪海上丝绸之路"的重大倡议。正如印度尼西亚总统佐科相信"一带一路"建设将为双方经济合作带来更多机遇、老挝国家主席本扬积极评价"一带一路"建设对东盟一体化的促进作用（章念生等，2017），东南亚经济体作为共建"一带一路"重大倡议的发出地之一、落地实施的优先之所，对"一带一路"倡议给予高度关注和相对更为积极的响应。除东盟明确支持中方提出的"一带一路"、产能合作、互联互通等倡议外，其成员国的参与意愿亦不断增强。"一带一路"倡议在东南亚的落地实施，无论是政策沟通、设施联通、资金融通，还是贸易畅通、民心相通均已取得显著且丰硕的成果。东盟经济体的经济发展也因与中国的务实合作在"一带一路"框架下更上层楼而获得更为强劲的新动力和更为广阔的新机遇。2017 年，中国与东盟的货物贸易进出口总额首次突破 5 000 亿美元；2019 年，这一指标更是逆势上涨 9.2％，东盟在连续 8 年位居中国第三大贸易伙伴后超越美国上升至第 2 位，双方互访人次突破 6 500 万；2020—2022 年，尽管受到新冠疫情的全面冲击，中国还是连续 14 年位居东盟第一大贸易伙伴位置，而东盟更进一步完成对欧盟的超越，2020 年首次成为中国第一大贸易伙伴并连续 3 年保持这一排名。

2.5.1　东盟—中国关系：迈向提质升级的成熟期

　　中国—东盟 FTA（即 CAFTA）升级谈判于 2014 年 8 月启动、2015 年 11

月结束，升级相关议定书在 2016 年 7 月正式生效，标志着双方的贸易投资自由化便利化、制度性合作跃上新台阶。2017 年，东盟 7 个成员国国家领导人和 3 个成员国高级别代表团参加"一带一路"国际合作高峰论坛，"南海行为准则"框架文本获得通过，案文磋商正式启动。2018 年，双方发布《中国—东盟战略伙伴关系 2030 年愿景》，构建以政治安全合作、经济合作、人文交流为三大支柱、以双方同意的合作领域为支撑的"3 + X"合作新框架；"南海行为准则"单一磋商文本草案形成。2019 年，东盟 10 国领导人齐聚"一带一路"国际合作高峰论坛，并提前完成"南海行为准则"一读，继而启动二读。自2020 年以来，面对新冠疫情，双方不但召开了"新冠肺炎问题特别外长会"，就加强经贸合作发表经贸部长"抗击新冠肺炎疫情"联合声明，而且如期发布了《落实中国—东盟面向和平与繁荣的战略伙伴关系联合宣言行动计划（2021—2025）》，并宣布"南海行为准则"二读正以线上方式积极推进，已就"前言"达成初步一致：中国—东盟关系在共同抗击疫情的历程中得到升华（林永传，2021）。2021 年，中国和东盟正式宣布将战略伙伴关系提升为全面战略伙伴关系；2022 年，推出《中国—东盟全面战略伙伴关系行动计划（2022—2025）》，并启动 CAFTA 3.0 版谈判。尤为重要的是，共建"一带一路"的合作重点"五通"与"东盟经济共同体蓝图""东盟互联互通总体规划"有诸多契合之处，双方可形成良好呼应；而打造更高水平的战略伙伴关系、管控风险、在南海问题上维持积极势头，不仅有助于各方增加了解和信任、减少误解和误判，而且有利于共建"一带一路"切实而深入地推进。

特别需要强调一点："一带一路"国际合作及其新平台建设，尤其是国际经济合作走廊和通道建设，既对相对较高依赖外部市场的东盟经济发展具有积极的促进作用，有利于其互联互通、缩小发展差距等；也对中国推动形成"陆海内外联动、东西双向互济"的全面开放新格局，特别是与东盟经济体陆海相连的西南地区的开放发展具有极为重要的意义，有利于中国区域开放布局的优化、区域发展的协调均衡和"双循环"相互促进新发展格局的加快构建。

中国与东南亚经济体的政策沟通进一步加强，战略对接取得明显成果。就个体而言，截至目前，"一带一路"倡议已分别实现或准备推动与越南"两廊一圈"构想、柬埔寨"四角"战略、老挝"变陆锁国为陆联国"战略、印度尼西亚"全球海洋支点"战略、菲律宾"雄心 2040"战略、文莱"2035 宏愿"的对接；中国还与缅甸、泰国、新加坡、马来西亚、文莱、菲律宾分别签署政府间"一带一路"合作谅解备忘录。就整体而言，除《中国—东盟产能合作联合声明》以外，《中国—东盟关于进一步深化基础设施互联互通合作的联合声明》《中国—东盟科技创新合作联合声明》《中国—东盟关于"一带一路"倡议与〈东盟互联互通总体规划（MPAC）2025〉对接合作的联合声明》《中国—东盟关于合作支持〈东盟全面经济复苏框架〉的联合声明》《关于加强中国—东盟共同的可持续发展联合声明》业已发表，"建立数字经济合作伙伴关系倡议"也于 2020 年 11 月发出。共建"一带一路"，使中国与东盟及其成员国在经济合作深化、领域拓展、空间扩大上更进一步，从而实现优势互补、互利共赢、共同发展，为双方关系迈向提质升级成熟期（梁奕，2017）注入新动力。

2.5.2　推动基础设施互联互通，有利于内部市场单一化

基础设施互联互通是共建"一带一路"的优先领域。除"东盟互联互通总体规划"外，印度尼西亚总统佐科、菲律宾总统杜特尔特分别在上任后提出建设"海上高速公路"、基础设施建设"黄金时代"等说法。MPAC2025 显示，新加坡—昆明铁路从柬埔寨到越南以及老挝境内的建设仍在寻找完成的资金；东盟每年的基础设施投资需要超过 1 100 亿美元（ASEAN Secretariat，2016），远大于亚洲开发银行等现有多边开发银行每年能够提供的亚洲基础设施投资额。东南亚经济体均为亚洲基础设施投资银行（AIIB）的成员；共建"一带一路"有助于弥补东南亚基础设施建设资金缺口。从 2016 年 1 月正式开业至2020 年 12 月，AIIB 已在菲律宾、缅甸、印度尼西亚、柬埔寨、老挝、新加

坡、越南等 7 个东南亚国家展开 17 项基础设施投资。①

中国—东盟互联互通取得积极进展。印度尼西亚雅加达—万隆高铁既是印度尼西亚也是东南亚的首条高铁，2017 年 4 月步入全面实施阶段，2023 年 5 月开始联调联试；老挝政府的"一号工程"老中铁路于 2016 年 12 月全线开工、于 2021 年 12 月全线开通运营；泰国首条标准轨高速铁路泰中铁路一期工程于 2017 年 12 月开工。中新互联互通项目"渝桂新"南向通道铁海实现联运常态化，"一带"与"一路"完成无缝衔接（杨玲等，2018）。由泰国、越南、马来西亚等东盟成员国进口的产品运至上海等地，从海运改为经广西凭祥陆路运输，时间由 20 天缩短为 6 天（潘强，2015），物流运输效率明显提升。2018 年 11 月，"国际陆海贸易新通道"正式取代"中新互联互通南向通道"这一称谓，意在推动双向互联互通，超越物流合作迈向更高层次。2019—2022 年，西部陆海新通道分别开行铁海联运班列 2 243 列、4 596 列、6 117 列、8 800 列（徐海涛，2021；陈燕，2022；周红梅，2023）。

单一市场和生产基地是《东盟宪章》明确提出的东盟经济共同体的支柱之一。基础设施互联互通的进一步推进，尤其是口岸基础设施建设，不仅有利于经济体内部及其相互之间边界自然障碍的拆除，使要素流动程度、资源配置效率相应提高，贸易成本降低，贸易投资便利化，还能够加强广大内陆地区与外部的经济联系，使区域经济合作的受益面、市场融合程度相应提升，为东盟单一市场的构建创造更为有利的条件。

2.5.3 推动国际产能合作，有利于外部市场多元化

国际产能合作是共建"一带一路"的另一优先方向。除《中国—东盟产能合作联合声明》以外，中国已分别与柬埔寨、越南、老挝、印度尼西亚、菲律

---

① 根据 AIIB 网站的资料汇总得出。

宾等国家签订加强产能合作框架协议或谅解备忘录。中国与东盟的双向投资截至 2022 年 7 月底已累计超 3 400 亿美元（吴长伟等，2022）。尤其是中国对东盟的直接投资增势迅猛，2021 年末已设立直接投资企业超 6 200 家、雇佣外方员工超 58 万人、存量达 1 402.81 亿美元，[①]流量更是于 2014 年反超中国实际利用东盟投资，东盟亦从 2018 年起连续 4 年位居中国对外直接投资流量第二大目的地。而其中最为显著的变化之一就是，2016 年制造业已成为中国对东盟直接投资最多的行业，并于 2017—2021 年连续保持流量第一目标行业地位。2015 年 7 月正式投产的中国中车（马来西亚）轨道交通装备有限公司，更是使东道国马来西亚就此成为东盟首个能够进行轨道交通装备制造的成员国。即使在新冠疫情全面冲击、全球直接投资大幅萎缩的 2020 年，中国对东盟直接投资也依然同比增长 23.3％；2021 年继续同比增长 22.8％。[②]

　　而与当地资源紧密结合、融入当地发展战略的境外经贸合作区是国际产能合作的重要平台，不但可以对投资与贸易实现联动、以投资带动贸易起到积极的促进作用，而且能够推动各自优势产业实现互动与升级，通过产能扩展、产业集聚、联动功能、辐射作用、腹地效应释放出更大的贸易需求、投资需求和市场潜力。中国企业已在东盟成员国设立 26 个具有境外经贸合作区性质的项目；在 20 家已通过中国商务部与财政部组织确认考核而获"国家级"命名的境外经贸合作区中，有 7 家位于东南亚区域，分别为越南的龙江工业园、柬埔寨的西哈努克港经济特区、老挝的万象赛色塔综合开发区、泰国的泰中罗勇工业园，以及印度尼西亚的中印尼综合产业园区青山园区、经贸合作区、聚龙农业产业合作区，其建设成效正在日渐显现。例如，泰中罗勇工业园已成为中国在泰国乃至东盟最大的产业集群中心和制造业出口基地，富通集团（泰国）通信技术有限公司的入驻填补了泰国光缆技术的空白（丁子等，2017）；作为中国政府支持的首个"两国双园"之一的马中关丹产业园，其首个入驻项目——

---

① 数据来源于《2021 年度中国对外直接投资统计公报》。
② 参见《2021 年度中国对外直接投资统计公报》。

年产量 350 万吨的联合钢铁厂，既是马来西亚最大的也是东盟以全流程工艺生产 H 型钢的首家钢铁厂（简文湘等，2017）。中国与印度尼西亚的"两国双园"建设也于 2021 年启动。

需要强调的是，区域外市场的拓展和多元化始终是东盟的努力方向。产能合作、境外经贸合作区建设，还为双方合力拓展外部第三方市场提供了新的机遇和商机。例如，日本、韩国等其他国家的企业进驻东盟成员国的中国境外经贸合作区，中国机械设备工程股份有限公司和新加坡星桥腾飞集团合作开发印度金奈奥拉加达姆工业园。新加坡贸工部还与中国国家发展改革委在 2018 年 4 月签署了《关于开展第三方市场合作的谅解备忘录》。

2.5.4　推动次区域经济合作，有利于区域发展均衡化

共建"一带一路"要发挥广西与东盟国家陆海相邻的独特优势和云南的区位优势。无论是澜湄合作，还是泛北部湾经济合作、中国—中南半岛经济走廊建设，抑或是跨境经济合作区建设，均作为中国—东盟合作框架的有益补充；这种多层次、宽领域的合作机制，为贸易空间的进一步拓展和经济的互动均衡发展提供了更为强劲的基础支撑。

由中国会同东盟五国老挝、泰国、缅甸、越南、柬埔寨发起，于 2016 年 3 月正式启动的澜湄合作机制，是共建"一带一路"倡议发出后建立的次区域合作机制和新型合作平台。截至目前，其不仅已发表《澜沧江—湄公河国家产能合作联合声明》《澜湄合作五年行动计划（2018—2022）》，并在 2022 年审议通过《澜湄合作五年行动计划（2023—2027）》，成立并投入运作互联互通、产能、跨境经济、水资源、农业、减贫六个优先领域联合工作组；六国各自的澜湄合作国家秘书处或协调机构已建立；45 个早期收获项目均得到有效落实，澜湄合作专项基金已启动并取得积极进展。澜湄合作机制正致力于打造澜湄流域经济发展带，同"陆海贸易新通道"实现对接，实施"澜湄农业合作百千万

行动计划"等六大惠湄举措，共同打造高质量共建"一带一路"示范区。中国对五国的直接投资额 2020 年同比增长 31.7%、货物贸易额 2021 年同比增长 23.2%；澜湄合作业已从培育期、成长期进入全面发展期。立足海上合作的次区域经济合作平台——泛北部湾经济合作，除路线图已制定完成外，已运行中国—东盟港口城市合作网络，启用中国—东盟港口物流信息中心、中国—东盟航线及航线服务项目；而打造"一带一路"中国—东盟陆海统筹核心区，成为其 2018 年确定的未来发展方向（黄艳梅，2018）。作为共建"一带一路"六大国际经济合作走廊之一，中国—中南半岛经济走廊是中国与东盟扩大合作领域、提升合作层次的重要载体。《中国—中南半岛经济走廊倡议书》已于 2016 年 5 月发布，其陆路交通网络正在不断完善和拓展。《关于共建中缅经济走廊的谅解备忘录》也已在 2018 年 9 月签署，双方还于 2020 年 1 月同意推动其由概念规划转入实质建设。

跨境经济合作区是中国—东盟共建"一带一路"、经济共同可持续发展的又一重要平台，正显现出日渐强劲的发展势头。《中国老挝磨憨—磨丁经济合作区共同发展总体规划（纲要）》《关于建设中缅边境经济合作区的谅解备忘录》《关于加快推进中越跨境经济合作区建设框架协议谈判进程的谅解备忘录》业已签署。已展开或达成意向建设的跨境经济合作区包括中老磨憨—磨丁、中缅瑞丽—木姐和中越河口—老街、龙邦—茶岭、凭祥—同登、东兴—芒街。仅就边民互市贸易额而言，广西 2016 年就激增 88.7%，2021 年依然增长 48.3%；云南 2016 年、2017 年分别同比增长 52.6%、24.5%，2020 年依然增长 6.9%。

中国还积极探讨与东盟东部增长区的"4 + 1"次区域合作机制。2018 年 11 月，中国—东盟东部增长区合作首次部长级会议审议通过《中国—东盟东部增长区升级合作文件》，正式将这一合作机制由高官级提升为部长级；各方一致认为，应充分对接"一带一路"倡议和《东盟东部增长区 2025 年愿景》。而除文莱以外，东盟东部增长区所涉及的印度尼西亚部分地区、马来西亚东部部分地区、菲律宾南部棉兰老岛和巴拉望岛均为各自国家相对偏远和不发达的地区；共建"一带一路"在这一区域的展开，毫无疑问会为推进东盟次区域合作、缩小东盟内部发展差距注入新动力。

2.5.5　推动跨境电子商务，有利于经济新动能强化

共建"一带一路"要创新贸易方式。CAFTA 升级议定书"第四章 框架协议项下经济技术合作相关条款修订"新纳入"跨境电子商务"条款，鼓励能力建设合作，以使中小微型企业有能力扩展区域及国际市场。[①]正在进行的 CAFTA 3.0 版谈判业已覆盖数字经济领域。跨境电子商务成为拓展中国—东盟经贸合作、促进东盟经济发展的新引擎。

就政府层面而言，数字经济是《东盟经济共同体蓝图 2025》的优先发展方向，越南、印度尼西亚、泰国等东盟成员国已出台或正在制定与电子商务有关的发展战略；2018 年 4 月东盟峰会同意建设东盟智慧城市网络，同年 11 月签署《东盟电子商务协定》。中国商务部已分别与越南工贸部、柬埔寨商业部、新加坡贸工部、泰国商业部、老挝工贸部、菲律宾贸工部签署电子商务合作谅解备忘录，2018 年启动中柬电子商务合作机制。中国—东盟关于落实数字经济伙伴关系的"行动计划（2021—2025）"也于 2022 年 1 月推出。就企业层面而言，阿里巴巴在 2016 年 6 月与泰国泰京银行签订支持泰国中小企业发展电子商务的合作协议（马勇幼，2016），与马来西亚政府合作建设的马来西亚数字自由贸易区在 2017 年 11 月正式全面启动，截至 2019 年 6 月已有逾 6 000 家马中小企业入驻（王莉莉，2019）。而中国—东盟跨境电商平台更是在 2016 年 12 月就已正式启动。时任中国国务院总理李克强于 2019 年双方领导人会议上提出打造电商互联体系，并在 2022 年进一步表示愿与东盟发展包括跨境电

---

① Protocol to Amend the Framework Agreement on Comprehensive Economic Co-operation and Certain Agreements thereunder between the Association of Southeast Asian Nation（ASEAN）and the People's Republic of China.

商在内的新业态新模式，中方将实施未来 3 年为东盟培训 1 000 名数字人才的"中国东盟数字人才培养计划"。[①]

微、小、中型企业占东盟各国企业数的 88.8%—99.9%，其就业人数占东盟各国就业数的 51.7%—97.2%，但出口份额仅为 10.0%—29.9%（ASEAN Secretariat，2015）。《东盟经济共同体蓝图 2025》进一步明确，"加强微、小、中型企业作用"；《东盟中小企业发展战略行动计划（2016—2025）》正在积极推进中。中国—东盟中小企业合作委员会也已于 2016 年成立。

需要强调的是，以电子商务为重要表现形式的数字经济对全球经济发展的驱动力在不断增强。印度尼西亚通信和信息技术部长明确表示，欢迎中国投资者为培育印度尼西亚新一代数字经济人才作贡献，为印度尼西亚数字经济创造更多附加值（田原，2018）。中国—东盟科技合作持续升温，2018 年、2020 年还分别被确定为中国—东盟创新年、数字经济合作年，标志着在智慧城市、数字经济、"互联网＋"等领域合作力度将进一步增强。得益于双方跨境电子商务的进一步发展，更多东盟中小微型企业能够克服信息不对称对自身发展的制约，有机会并有可能加大对中国市场的开拓，还因自身电子商务和物流平台的发展及其贸易渠道的拓展、中间环节与贸易成本的相应削减，而能够更广泛深入地参与国际贸易、更便捷有效地开拓国际市场销售渠道、更好地分享"网上丝绸之路"的红利，并融入正在不断扩张的全球电子商务供应链。

2.5.6　推动"10＋1"FTA、RCEP 建设，有利于东盟经济一体化

打造 CAFTA 升级版的提出和共建"21 世纪海上丝绸之路"倡议前后仅仅相差一个月，前者能够为后者提供更加坚实的合作基础和规制环境，后者可以为前者提供更加强劲的合作意愿和经济动力。CAFTA 升级议定书已于 2019

[①] 李克强：《在第二十二次中国—东盟领导人会议上的讲话》，《人民日报》2019 年 11 月 4 日；李克强：《在第二十五次中国—东盟领导人会议上的讲话》，《人民日报》2022 年 11 月 12 日。

年 10 月对所有成员全面生效，3.0 版谈判正在进行中；RCEP 亦于 2023 年 6 月步入全面实施新阶段，中国还为 RCEP 经济技术合作捐款，协助东盟成员国提升协定实施能力。作为东盟对外启动的第一个 FTA 和东亚"10 + 1"合作模式的开创者，CAFTA 的升级不仅能够拓展和深化中国—东盟的经贸合作，还能够如同其最初建立时一样，产生积极带动作用和示范效应，即促进既有"10 + 1"FTA 的深化与拓展，并推动囊括 4 个"10 + 1"FTA 经济体的 RCEP 实质性推进，在提升东亚区域经济一体化既有水平和覆盖范围的同时，助力东盟增强在区域经济一体化中的竞争力、向心力、主动性和话语权，进一步推进东盟经济一体化。

此外，"加强互联互通和部门合作"是 2015 年《东盟经济共同体蓝图 2025》所确定的五大支柱之一；MPAC 2025 的五大战略领域既有可持续基础设施、无缝物流、人员流动，也有数字创新、卓越监管（ASEAN Secretariat，2016）。显然，其与共建"一带一路"的"五通"能够在某种程度上形成一定的对应关系。共建"一带一路"的不断推进，不但使东盟的互联互通拥有更为持续的新动力，而且使互联互通对区域经济一体化的推动作用愈加明显。

2.6　东南亚经济发展前景展望

从目前来看，贸易保护主义抬头、"逆全球化"思潮渐起对相对更为依赖区域外部的东盟会有相对较大的冲击，新冠疫情导致产业链、供应链受阻等短期经济影响更是猛烈，东南亚的经济增长也因此而具有前所未有的不确定性，《东盟全面恢复框架》及其实施计划已于 2020 年 11 月出台，复苏之路显然并不简单；然而，二战后第四次全球产业转移的新机遇和新冠疫情使数字经济加速发展、全球经济向数字化加速过渡（杨海泉，2020）。随着经济共同体建设的进一步推进和域外经济一体化的实质性进展，对贸易投资自由化便利化秉持开放态度、基础设施日益改善、人口红利不断释放、经济新动能逐渐强化的东盟仍将是 FDI 的重要目的地和经济充满活力的经济体，其经济发展前景继续向好，在全球经济尤其亚太经济中的地位和话语权、对亚太经济一体化的推动作用也会相应提升。

2.6.1　全球产业转移新机遇与东南亚经济发展新空间

自 2008 年全球金融危机爆发后，世界经济深度调整，无论是消费型发达经济体还是生产型新兴发展中经济体，都加大了自身产业结构调整的力度，全球产业转移也在国际经济格局变化、全球价值链重塑中呈现新趋势。一方面，经济遭受重创的主要发达经济体实施旨在培育并发展高端制造业的"再工业化"，推进实体经济发展、增加制造业出口及其竞争力，新冠疫情更是使这一既有倾向更加强化。另一方面，新兴发展中经济体实力增强，尤其是跃升为世界第二大经济体的中国经济步入新常态，不断挖掘经济增长的内生动力，高水平引进来与大规模走出去同步发展。这也意味着，跨国公司因中国劳动力、土地等要素成本的上升而将自身劳动密集型产业、低附加值生产环节向成本更为低廉的经济体转移的可能性增加；而作为国际产业转移最重要承接地的中国，也在加速推进产业结构升级转换、优化引进外资结构和质量的同时，不断拓展国际产能合作的空间，逐步成长为国际产业转移的重要输出地。根据 UNCTAD 发布的相关年份的"世界投资报告"，中国对外直接投资占当年全球流量、存量的比重已分别从 2009 年的 5.1％、1.3％上升为 2021 年的 10.5％、6.7％，流量世界排名从第 5 位跃升为第 2 位，存量排名由 2010 年的第 17 位跃升为第 3 位。

东南亚经济体作为产业转移承接地的相对优势，也因二战后第四次全球产业转移和新冠疫情使产业链、供应链区域化加速，得以进一步凸显。其不仅包括低廉的要素成本所形成的"洼地效应"，还包括消费能力的提升和内需的增强，更包括东盟互联互通对统一大市场的促进、良好营商环境的构建和区域产业链的延伸。印度尼西亚、越南已发展为低成本尤其是低端制造业的生产基地。继 2019 年再创历史新纪录后，东南亚经济体吸收的 FDI 因新冠疫情的叠加冲击而于 2020 年收缩 30%，但下降幅度小于全球、拉美、北美和欧洲，被中国超越成为全球第三大 FDI 目的地；2021 年的增长幅度已超过 46%，规模亦超过 2019 年的水平。对中美贸易摩擦的规避、更具弹性供应链网络的建立、对外直接投资多样化的努力及 RCEP 的全面实施，都将使东盟吸收 FDI 继续受益（UNCTAD，2021）。东南亚经济发展的空间有望进一步扩大。

2.6.2　国际经济地位有望进一步提升

2019 年 11 月，东盟国家被 IMF 总裁视为正面临近 10 年最低谷状态的全球经济的"曙光"。[①]然而，因新冠疫情的额外冲击和随之而来的全球经济衰退，东盟经济在 2020 年呈现萎缩态势。但 2021 年就已实现 3.4% 的增长，2022 年继续同比增长 5.6%；2023 年、2024 年有望分别同比增长 4.7%、5.0%，这一增长依然高于全球平均增长水平，将成为全球经济的一大亮点。[②]根据 IMF 在 2023 年 4 月的预测，2023 年、2024 年，东盟五国（印度尼西亚、马来西亚、菲律宾、泰国、越南）实际 GDP 分别同比增长 4.5%、4.6%，相应分别比全球平均增速高出 1.7 个百分点、1.6 个百分点；越南、菲律宾、柬埔寨、印度尼西亚、老挝、马来西亚、缅甸、泰国 2028 年实际 GDP 有望同比增长 6.7%、6.4%、6.3%、5.0%、4.5%、3.9%、3.4%、3.1%，均快于全球 3.0% 的平均水平（表 2-7）。新加坡总理李显龙曾在 2018 年指出，到 2030 年东盟将成为全球第四大经济体（李晓渝等，2018）。

---

① 《东盟国家是全球经济的"曙光"》，《（印尼）国际日报》2019 年 11 月 5 日。
② 22nd AEC Council Chair's Media Statement（May 7，2023）.

表 2-7   东南亚经济体预期经济增长率一览表（%）

	2022 年	2023 年	2024 年	2028 年		2022 年	2023 年	2024 年	2028 年
东盟五国	5.5	4.5	4.6	—	东南亚	5.6	4.7	5.0	—
印度尼西亚	5.3	5.0	5.1	5.0	文 莱	−1.5	3.3	3.5	3.1
马来西亚	8.7	4.5	4.5	3.9	柬埔寨	5.0	5.8	6.2	6.3
菲律宾	7.6	6.0	5.8	6.4	老 挝	2.3	4.0	4.0	4.5
新加坡	3.6	1.5	2.1	2.5	缅 甸	2.0	2.6	2.6	3.4
泰 国	2.6	3.4	3.6	3.1	越 南	8.0	5.8	6.9	6.7
全 球	3.4	2.8	3.0	3.0	东帝汶	3.3	2.2	3.1	3.0

资料来源：根据 IMF《世界经济展望》（2023 年 4 月）的数据整理而成，2022 年为实际增长数据；"东南亚"数据来自亚洲开发银行发布的《亚洲发展展望》（2023 年 4 月）。

2.6.3   内需对经济增长的拉动作用有望增强

除了 2018 年第 32 届东盟峰会明确继续推进 MPAC 2025、2022 年东盟第 40 届和 41 届峰会就"东盟互联互通后 2025 议程"发布领导人声明外，东盟各成员国还在加大基础设施建设及其互联互通的力度，基础设施建设和互联互通仍将在未来相当长的时间内持续发挥拉动东盟经济增长的重要作用。根据 MPAC 2025，东盟每年的基础设施投资需要超过 1 100 亿美元。仅东部增长区 2017—2025 年重点基础设施项目耗资就超过 200 亿美元。即使在新冠疫情的严重冲击下，东盟也于 2020 年发布"基础设施生产力提升框架"。

东盟人口 2021 年为 6.64 亿，储蓄率长期位居世界前列。就城市人口占比而言，东盟 2021 年仅为 50.7%，菲律宾刚超 47%，新四国均低于 40%。随着东南亚越来越多的人口从农业转向制造业和服务业，IMF 预测，到 2030 年东盟地区将有 55% 的人口、总计约 4 亿人处于中产阶层（姜木兰，2018）。而中产阶层的日益壮大也意味着消费能力和消费需求的相应提高。

2.6.4   对 FDI 的吸引力有望进一步提升

东盟已进入人口红利期，2021 年 5—19 岁、20—54 岁的人口占比分别为

24.7％、50.5％，人口增长率为 0.8％。越南约有 50％的人口年龄在 35 岁以下（埃克卡特，2018），15 岁及以上人口的失业率 2021 年仅为 2.9％。印度尼西亚未来 10 年 70％的人口将处于 15—64 岁"具备产出能力的阶段"（田原，2018）；印度尼西亚总统佐科认为，只要能够提高包括文化教育水平在内的人力资源质量，印度尼西亚就能好好利用未来 30 年自身百年难求的人口红利期（林永传，2017）。

　　东盟经济体继续致力于改善营商环境，不断加大引资力度。马来西亚、泰国、菲律宾、缅甸在世界银行发布的《营商环境报告 2020》中的营商环境排名分别提升了 3、6、29、6 位。印度尼西亚总统佐科要求将营商环境排名提升至全球前 40 名；除撤销被认为阻碍外资吸引、限制进出口正常开展的部门规章，以及简化外资审批程序外，正在优先改善创业、建筑准证、物业登记、执行合约、纳税、跨境贸易等六项营商便利条件；①2021 年又成立加快投资工作小组，升级企业投资经营在线申请系统。越南更是在 2020 年通过新的《投资法》《企业法》《公私合营模式投资法》，并于 2022 年就"改善营商环境提高国家竞争力主要任务措施"颁发决议。②

2.6.5　经济新动能有望强化

　　东盟经济体正在以"工业 4.0"为契机，积极发展数字经济，构建智慧城市网络，推动跨境电子商务和产业广泛变革，努力提升区域价值链和竞争力，实现自身经济转型和增长新旧动能转换。

　　数字经济是《东盟经济共同体蓝图 2025》的优先发展方向。2018 年第 32 届东盟峰会，选定包括新加坡在内的 26 个城市试点建设东盟智慧城市网络

---

　　① 《经济统筹部会议讨论营商便利条件》，《（印尼）国际日报》2018 年 1 月 16 日。
　　② 中国驻越南大使馆经商处：《越南计划投资部出台改善营商环境提升国家竞争力行动计划》，2022 年 2 月 7 日。

（ASCN），促进协同发展并催生发展机遇（张志文，2018）；第 33 届东盟峰会形成 ASCN 框架，并签署《东盟电子商务协定》。2019 年通过《东盟数字一体化框架行动计划（DIFAP）2019—2025》，并发表《向工业 4.0 转型宣言》。2021 年更是进一步推出《东盟数字总体规划 2025》。考虑到东盟人口结构的年轻化和互联网的高渗透率，根据淡马锡和谷歌等的研究，2021 年马来西亚、菲律宾、新加坡、泰国、越南、印度尼西亚的互联网用户合计已达 4.4 亿，2022 年继续同比增长 4％，达到 4.6 亿；东盟数字经济规模到 2025 年有望突破 3 300 亿美元（Google，2022）。

新加坡早在 2014 年就公布了名为"智慧国 2025"的 10 年计划，2018 年又相继推出全新的数字经济发展计划和新的"数字能力蓝图"，大规模扶持并推动中小型企业数字化转型（赵觉理，2018）。2021 年还由未来经济委员会制定"产业转型蓝图 2025"。波士顿咨询公司的研究结果显示，最晚到 2024 年，工业 4.0 将为新加坡提高 30％的劳工生产力。[①]

印度尼西亚 2018 年正式发布"工业 4.0 路线图"，食品和饮料、纺织、机动车辆、电器、化工原料成为五大优先发展工业；若成功实现，将提高 1％—2％的全年经济增长率，制造业将在 2030 年为 GDP 作出 21％—26％的贡献。[②] 其还在 2017 年出台本国历史上首份《电子商务路线图》，希望数字经济能够借助电子商务快速发展，早日成为新支柱产业，让中小微企业、个体经济受益。预计到 2025 年，印度尼西亚电商行业市场规模将从 2017 年的约 460 亿美元提高到 870 亿美元（田原，2017；周东洋等，2018）。"2021—2024 年数字印度尼西亚总路线"也已推出，有望将步入数字化生态系统的中小微企业由 1 750 万家提高至 3 000 万家。[③]

泰国 2016 年正式提出"泰国 4.0"高附加值经济模式。泰国将现代汽车制

[①]　中国驻新加坡大使馆经商参处：《新加坡政府将资助 300 个企业进行新加坡工业智能指数评估协助企业向工业 4.0 转型》，2018 年 3 月 22 日。

[②]　《总统发布工业 4.0 路线图》，《工业 4.0 路线图至关重要》，《（印尼）国际日报》2018 年 4 月 5 日。

[③]　《总统：持续推动中小微业发展》，《国际日报》2022 年 3 月 29 日。

造、机器人、智能电子、数字经济、生物燃料与生物化学、食品加工、农业与生物技术、高端旅游与保健旅游、航空物流、全方位医疗作为经济发展新引擎十大目标产业。为打造"数字泰国",泰国不仅于 2017 年发布关于老龄化社会、农业、旅游业数字化路线图的《泰国行业数字化转型洞察》白皮书,还在 2018 年投资约 100 亿泰铢设立首个数字创新园,并于 2020 年发布"泰国数字发展路线图";预计到 2027 年,数字经济对泰国 GDP 的贡献率将达 25%(孙广勇等,2018)。

越南继 2016 年 8 月批准《2016—2020 年电子商务发展总体规划》后,又于 2020 年 6 月批准"国家数字转型计划",力争到 2025 年让数字经济占 GDP 的比重达 20%,并使信息化发展指数、全球创新指数排名分列世界前 50 位、前 35 位,到 2030 年拥有电子支付账户的人口占比超过 80%。①

2.6.6　对亚太经济一体化的推动作用有望增强

作为区域外大国利益集中、战略博弈复杂之地,东南亚国家需要进一步加强团结,不断推进区域内外的经济一体化进程,并在内外互动中利用愈来愈多的经济体"向东看"的机遇,既以实际行动支持全球贸易自由化和多边贸易体制,也以实际行动为自身经济的持续包容性发展创造良好的外部环境。

2018 年第 32 届东盟峰会发表的《东盟领导人关于坚韧和创新的东盟愿景》,再次确认要实现《东盟经济共同体蓝图 2025》,坚持经济一体化和开放原则,加强东盟身份认同;并在"经济一体化"中强调,促进东盟对外关系发展。②截至目前,除东盟成员国外已有 95 个经济体派驻东盟大使。《东盟印太展望》也于 2019 年发布。

---

①　中国驻越南大使馆经商参处:《越南政府批准 2016—2020 电子商务发展总体规划》,2016 年 8 月 17 日;赵青:《越南推动国家实现数字化转型》,《经济日报》2020 年 6 月 16 日。

②　ASEAN Leaders' Vision for a Resilient and Innovative ASEAN.

正如 CAFTA 的持续升级，东盟其他 5 个"10＋1"FTA 也将在适当的时机拓展与深化。《东盟—日本全面经济伙伴关系协定第一修订议定书》已于 2020 年 8 月生效，东盟与韩国的《货物贸易协定》项下敏感轨道产品进一步自由化谈判正在进行中，东盟与澳大利亚—新西兰 FTA 升级谈判实质性完成，东盟与印度的《货物贸易协定》审查启动，《东盟—中国香港自由贸易协定》于 2021 年 2 月 12 日对所有成员全面生效。即使受到新冠疫情的冲击，RCEP 也依然在除印度外的"10＋5"间正式签署并于 2022 年 1 月正式生效。东盟也会继续选择适当的贸易伙伴构建新的 FTA。东盟—欧盟 FTA 谈判已在 2017 年 3 月达成重启制定框架文件共识，其框架草案的讨论也正在进行中，东盟—加拿大 FTA 谈判已于 2021 年 11 月宣布正式启动，东盟—欧亚经济委员会谅解备忘录签署。随着东盟及其成员 FTA 网络的不断拓展，尤其是随着 RCEP 的全面实施，不但东盟自身的经济一体化得以进一步推进，而且亚太区域经济一体化取得实质性进展的可能性也逐步累积，东盟的亚太经济一体化中心地位也就相应得以巩固和强化。

第 3 章
南亚经济发展及其模式

南亚地区包括印度、巴基斯坦、孟加拉国、斯里兰卡、尼泊尔、不丹、马尔代夫和阿富汗八个国家，[①] 包含超过世界五分之一的人口，是世界上人口最多和最密集的区域，同时也是全球最贫穷的地区之一。近年来，南亚国家纷纷调整发展战略，积极推动对外开放，逐步放开对外资进入的各项限制。强劲的国内消费需求和大量涌入的外国直接投资推动南亚地区经济迅速增长，该地区也逐渐成为世界经济最具活力以及增长最快的地区之一，并被认为是最具增长潜力的新兴市场之一。

---

① 对于南亚国家的范围界定，国际上有两种观点。第一种观点认为，南亚地区由 8 个国家构成：印度、巴基斯坦、尼泊尔、不丹、孟加拉国、斯里兰卡、马尔代夫和阿富汗。另一种观点是将阿富汗排除在外，认为南亚地区只有 7 个国家。在本章的分析中，我们采用前一种观点。

3.1　南亚经济增长和发展现状

3.1.1　南亚地区经济增长总体状况

1. 南亚国家相关情况简要介绍

印度是南亚的核心大国。在南亚诸国中，它拥有最大的面积和最多的人口，经济发展水平也位居区域之首。印度得天独厚的地理位置表现为，它居于南亚大陆的中心并且与该域内的所有其他国家都接壤，印度在地理格局上的优势使其拥有特殊的地缘政治格局。

巴基斯坦是南亚地区的第二大国。它地处连接中亚与南亚、沟通西亚与东亚的战略要冲位置，具有非常重要的战略地位。

孟加拉国是南亚第三大国家。该国人口稠密、经济基础薄弱，是亚洲乃至世界最不发达国家之一。

斯里兰卡是位于印度洋上的一个岛国。该国位于印度洋连接东方和西方的主航道上，其首都科伦坡更是被誉为"东方十字路口"，足见其地理位置的优越。

尼泊尔是南亚地区的内陆国。它北依喜马拉雅山麓与中国接壤，其余三面与印度为邻。尼泊尔经济基础薄弱，是世界最不发达的贫困国家之一。

不丹是位于喜马拉雅山脉东段南坡的内陆国。虽然长期以来，不丹的政治、经济等各方面的发展都处于较低水平，但其注重物质和精神的平衡发展，这种追求经济、社会、文化和环境均衡可持续发展的模式使其国民幸福指数处于很高的水平。

　　马尔代夫是印度洋上的群岛国家。它不仅是南亚最小的国家，也是亚洲最小的国家。旅游业、渔业和船运业是其主要支柱产业。

　　阿富汗是一个内陆国，位于西亚、中亚和南亚的交汇处，地理位置十分重要。在"9·11"事件后，塔利班政权垮台。在联合国的主持下，阿富汗启动战后重建计划。历经多年的战乱，阿富汗已成为世界最不发达国家之一，其经济发展严重依赖外援。

　　2. 南亚国家经济在波动中保持增长

　　南亚地区包含世界超过五分之一的人口，在南亚八国中，人口过亿的国家就有三个，分别是印度、巴基斯坦和孟加拉国。它是世界上人口最多和密度最大的地区，也是继非洲撒哈拉地区后全球最贫穷的地区之一。但是，该地区也是经济增长速度最快的地区。进入 21 世纪以来，南亚地区的 GDP 年均增长率超过 6%，该地区的脱贫人口也迅速增加。在经济快速发展的同时，南亚地区的社会发展水平也在不断提高，其人类发展指数（human development index，HDI)[1] 增长迅速。

　　由图 3-1 可知，1998—2021 年南亚八国的 GDP 总量占世界 GDP 的比重呈稳步上升趋势，尤其是自 2014 年以来，上升幅度增大。这是因为作为南亚最大国家的印度自 2014 年开始实施一系列促进经济发展的改革措施，其经济增长迅速，又因其是南亚地区的超级大国，经济体量较大，从而带动整个地区的经济发展。从 GDP 来看，作为人口大国，印度在南亚八国中不仅经济总量规模最大，而且经济增速也遥遥领先于其他国家。

　　但是，从人均 GDP 来看，又会得到不一样的结果。如图 3-2 所示，印度的人均 GDP 远远落后于马尔代夫、斯里兰卡和尼泊尔等国。马尔代夫这样的

---

　　①　HDI 由联合国开发计划署创立，即以"预期寿命、教育水平和生活质量"三项为基础变量，按照一定的计算方法计算得出的综合指标，并在当年的《人类发展报告》中发布，是用以衡量联合国各成员国经济社会发展水平的指标。

图 3-1　1998—2021 年南亚国家 GDP 占世界 GDP 的比重

资料来源：WDI。

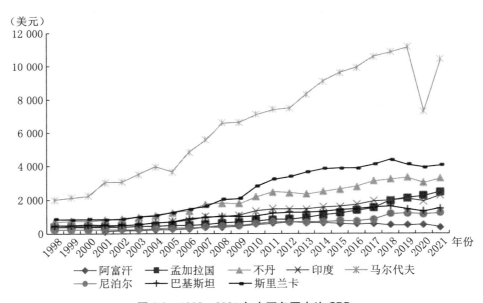

图 3-2　1998—2021 年南亚各国人均 GDP

资料来源：WDI。

小国在人均 GDP 上占有绝对优势。从人均 GDP 的绝对水平来看，除去遥遥领先的马尔代夫，南亚其他七个国家的人均 GDP 均未超过 4 000 美元，再除去斯里兰卡和不丹，其他五个国家的人均 GDP 均低于或接近 2 000 美元的水平，按照世界银行的划分标准，属于低收入国家。[①]

如图 3-3 所示，南亚国家经济增长的波动幅度较大，这说明南亚国家经济受国内外因素的影响比较大，波动弹性也很大，在这一点上，马尔代夫和阿富汗的表现尤为突出。从经济增长率来看，根据 IMF 的数据，南亚地区的最大国家印度的经济快速增长是该地区经济保持较快增速的重要原因。首先，自印度总理莫迪上台以来，该国实施了一系列促进经济发展的改革措施，这有效地促进了印度经济的增长。其次，南亚第二大国巴基斯坦的经济也保持平稳增长势头，其年均经济增长率维持在 4% 以上。最后，该区域其他国家的经济增长虽然存在一些波动，但由于自身经济体量较小，对该地区总体经济增长水平的影响有限。

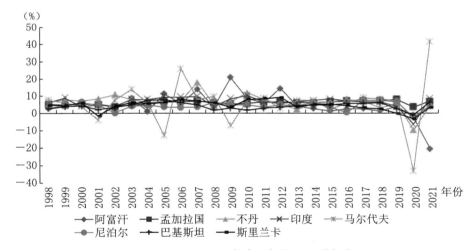

图 3-3 1998—2021 年南亚各国 GDP 增长率

资料来源：WDI。

3. 经济增长主要靠消费拉动，投资对于经济的贡献有限

南亚各国的经济和产业结构有一定的同质性，即经济增长的主要驱动力来自消费。如图 3-4 所示，大部分南亚国家的消费占 GDP 的比重接近或者超过

---

① 世界银行按人均 GDP 水平，将各国分为低收入国家、下中等收入国家、上中等收入国家和高收入国家四个等级。2000 年，人均 GDP 达 1 980 美元为低收入国家、4 600 美元为下中等收入国家、9 120 美元为上中等收入国家，27 770 美元为高收入国家。

80%。除了阿富汗，近20年来，南亚各国经济增长对消费的依赖程度不仅没有下降，反而有缓慢上升趋势。

南亚地区经济增长的另一个主要拉动因素是投资。图3-5显示，近20年来南亚各国对非金融部门的投资占GDP的比重及其变化趋势。我们可以看出，

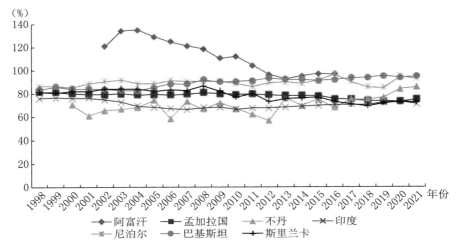

图 3-4   1998—2021 年南亚各国消费占 GDP 的比重

资料来源：WDI。

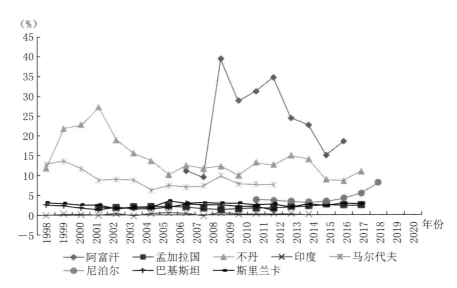

图 3-5   1998—2020 年南亚各国对非金融部门的投资占 GDP 的比重

资料来源：WDI。

除了战后重建的阿富汗，南亚其他国家均存在投资不足、投资对经济增长的贡献有限等问题。印度、巴基斯坦、孟加拉国等主要国家的投资长期在较低水平徘徊，这种长期的投资不足导致投资对经济的拉动作用有限。从长远来看，仅靠消费拉动而投资不足的经济增长的韧性不足。如果国内需求不足，那么经济增长的脆弱性就会显现，经济增长会呈现出潜力不足、波动较大的特点。

4. 工业化程度不高，服务业是经济发展的主力

从产业来看，南亚地区各国的经济发展水平较低，工业化程度普遍处于较低水平。同时，各国的产业结构存在着一定的相似性，即不仅工业产值占比较低，并且产品的附加值也不高。从工业的细分行业来看，劳动密集型行业又占了工业的大多数，资本密集型和技术密集型产业的发展不足。

农业是南亚各国的基础产业，但由于其农业现代化水平不高、各国抵御自然灾害的能力有限，在南亚各国的 GDP 中农业占比并不高，因而对经济的拉动作用十分有限。南亚各国农业存在的问题，一方面，是投入不足导致的基础设施薄弱、技术水平落后；另一方面，是不合理的农业政策和管理体制束缚了农业生产力的解放并抑制了生产效率的提高。

相对于工业和农业而言，服务业对经济的贡献则要大得多。从图 3-6 可以看出，近 20 年来南亚各国服务业增加值占 GDP 的比重变化趋势，南亚各国产业结构的一个共性就是，服务业在三大产业中具有比较优势。可以说，服务业是南亚国家经济发展的支柱。

以南亚最大的国家印度为例，我们可以看出，长期以来，印度以外向型服务业为主导部门带动经济增长。服务业在印度 GDP 中所占比重超过 50%。与工业和农业相比，服务业具有的优势在于其受到经济周期的影响有限，所以，服务业一直是推动印度经济快速稳定增长的重要力量。而在服务业中，信息技术等附加值较高的行业所占比重较大。

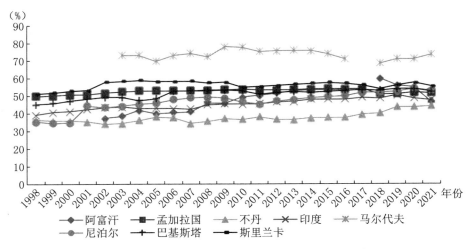

图 3-6   1998—2021 年南亚各国服务业增加值占 GDP 的比重

资料来源：WDI。

对于南亚大部分国家而言，由于管理和技术水平有限，其服务业一般集中在附加值较低的低端服务业。对于马尔代夫、斯里兰卡和尼泊尔而言，其旅游业发展迅速，对经济增长的贡献也较大。马尔代夫的服务业所占比重相当大，旅游业、渔业和船运业是其三大支柱产业。

总之，南亚大部分国家依赖外向型服务业促进经济增长。尽管这一增长模式还有进一步发展空间，但其对相关上下游产业的带动作用有限，因为它对经济增长的促进机制主要是通过收入转化为消费，并对相关消费产业进行拉动，这也与本章前面的分析相一致。从对南亚整个地区的辐射和带动效应来看，这种外向型服务业的发展并不能有效地带动其他产业发展以及南亚其他地区经济增长。

5. 贸易逆差长期存在，国际收支失衡

由前一部分的分析可知，南亚国家的工业发展处于较低水平，这导致其外向型竞争能力薄弱。在全球经济一体化的大背景之下，这种产业结构使得南亚各国难以扩大与世界其他地区的经济联系，从而导致经济的脆弱性较

高。具体而言，以对外贸易为例，南亚国家的出口水平较低、出口能力有待提高。这种低出口水平与其较低的工业化水平相关。如前所述，南亚国家的工业增加值占 GDP 的比重远远低于工业化水平较高或处于上升期的国家（如中国和部分东盟国家）。可以说，制约南亚国家出口水平提升的主要障碍是其处于低端位置的工业生产能力，而不是通常所说的贸易壁垒及其他影响市场开放的因素。

在工业化水平较低的条件制约下，南亚各国需要进口大量的工业制成品以及能源产品，这就导致南亚各国的对外贸易处于严重的逆差状态，国际收支失衡问题也很严重。以印度为例，近年来，印度的制造业发展虽然取得一些进步，但总体而言，其制造业还处于较低水平，这极大地限制了印度的国际竞争力和出口创汇能力。根据印度商务部的统计，在 2016—2017 年印度的出口商品中，珠宝类出口占比约为 16%，矿物燃料及其加工产品占比为 12%，服装类占比为 8%，钢铁及其制品占比为 5%，医药类产品占比为 5%，有机化学品类占比为 4%，等等。由此可见，在印度的出口中，信息技术设备、机械设备、电气设备等高端产品的出口占比不高。而在进口商品中，矿物燃料、石油及其蒸馏品、沥青等占进口总额的 27%，珠宝类占比为 14%，电气机械设备、音像设备等产品占比为 10%，核反应堆、锅炉、机械和机械设备、部件类占比为 8%，有机化学品占比为 4%。由此可见，印度不仅需要进口大量原料，还需要进口大量技术含量较高的机电产品和化工品，这种进出口不平衡导致大量的贸易逆差。

如图 3-7 所示，南亚国家在商品贸易往来方面一直处于逆差状态，进出口余额占 GDP 的比重大多为负数。由于南亚国家的国际收支长期处于逆差状态，其外汇储备因而减少，从而严重削弱其对外支付能力。此外，一国若长期保持大量的贸易逆差，这将导致该国的外债增加，严重时可引发债务危机。

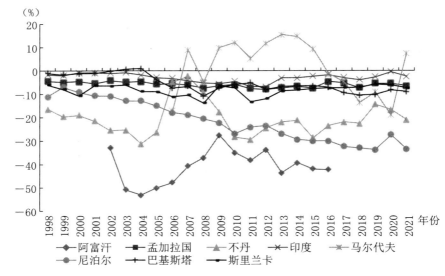

图 3-7   1998—2021 年南亚各国进出口余额占 GDP 的比重

资料来源：WDI。

6. 财政赤字巨大，外债规模不容乐观

一方面，如前一部分所述，南亚国家长期处于贸易逆差状态，导致部分国家的外债规模高居不下。另一方面，对于政府而言，财政收入的来源主要是税收，如果税收不足、财政支出庞大且行政效率低下，会不可避免地导致财政赤字。财政赤字的巨大缺口往往需要靠政府举债来弥补。图 3-8 表示的是 20 多

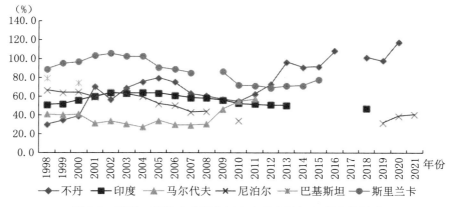

图 3-8   1998—2021 年南亚各国中央政府债务占 GDP 的比重

资料来源：WDI。

年来，南亚各国中央政府债务占 GDP 的比例。我们可以看出，南亚国家中央政府的外债规模相当巨大，而且自 2008 年全球金融危机爆发之后，这一指标有不断上升的趋势。

以印度为例，印度长期面临经常账户和财政"双赤字"。印度经常账户长期处于赤字状态，经常项目大量逆差的存在一直困扰印度经济的发展。尤其是自 2008 年全球金融危机以来，印度经常项目赤字保持较高的增长速度，年均增速超过 40％，在 2010 年更是超过 60％。可以说，贸易逆差的快速增长对印度经济均衡、稳定增长产生了严重不利影响。

与绝大多数发展中国家一样，印度经济发展也面临资本不足的问题。因此，印度的财政赤字水平居高不下。在 2008 年全球金融危机之后，印度就实施了扩张性财政政策，这使得印度公共财政支出占 GDP 的比重大幅上升，随后，这种趋势一直延续下去。根据 IMF 的统计，2016 年印度实现财政收入 32.40 万亿卢比，占印度 GDP 总量的 21.33％，较上年增长 16.20％。印度财政收入的主要来源是税收收入，近年来印度税收收入占财政收入的比重一直保持在 80％以上，财政收入稳定性较高。由于印度多年来为了刺激经济推行扩张性财政政策，用于农村、社保和基建领域的支出大幅增加，因而印度财政赤字规模偏大。截至 2016 年末，印度财政支出为 42.38 万亿卢比，财政赤字为 9.98 万亿卢比。

印度财政收支平衡能力弱，财政缺口主要通过政府发行债券来弥补，因此政府债务水平较高。近 5 年来，印度一般政府债务总额占 GDP 比重持续保持在 66％以上，2016 年高达 69.54％，显著高于亚洲发展中经济体 48.37％的平均水平。2013—2016 年印度一般政府债务总额均为其政府财政收入的 3 倍以上，每年的政府利息支出占财政收入的四分之一以上，财政收入对利息支付的保障程度较低。印度政府将继续实施扩张性财政政策，增加财政支出支持基础建设，降低税率并提升民众福利。而增支和减税将会导致印度政府的财政收支缺口继续扩大，预计未来印度政府的债务融资规模和债务压力将持续上升。

7. 吸引外资规模不断扩大

自 2000 年以来，印度的外国直接投资增长极快，从其自 1980 年开始的累计额来看，2009 年印度获得的 FDI 1 640 亿美元已是 2000 年的 10 倍。印度外资的迅速增长导致南亚外资累计额占世界的份额快速上升。

自 1991 年开始实施经济自由化改革以来，国内投资驱动力不足一直是制约印度经济快速发展的因素。因此，印度政府一直鼓励通过吸引外商直接投资来促进国内经济发展。在瓦杰帕伊政府执政期间，印度一共实施了近 30 项有关吸引外资的改革措施；在辛格政府执政时期，印度政府一共颁布了近 40 项关于吸引外资的举措；自 2014 年莫迪政府执政以来，外资政策更是成为印度政府重点改革的目标，在短短几年时间里，莫迪政府实施的 FDI 改革措施就已经超过历届印度政府。

自莫迪政府执政以来，印度通过推行 FDI 改革措施来吸引外国资本流入，从而对印度经济发展起到巨大的推动作用，具体表现在两个方面。一方面，外国资本对印度重点行业的投资增加，这些重点行业包括印度政府提出的与"印度制造""数字印度"等战略相关的产业。另一方面，营商环境得到大幅度改善，从而使投资者信心更加坚定。在行政审批方面，印度政府针对外商投资行业实行降低准入门槛、简化行政审批程序等措施，这些投资便利化措施极大地提高了外国投资者的投资意愿。这些与外资相关的改革措施极大地改善了印度的营商环境，坚定了投资者的信心，使得外国投资者更加方便、自由地在印度投资。然而，随着改革的深入，进一步的改革将面临巨大阻力。由于印度国内存在土地政策、劳动制度等多方面的制约因素，上述一系列 FDI 改革政策的具体落实将面临巨大困难，这从某种程度上说也是外国投资者有所顾虑的主要原因。印度政府近期的改革对经济的最终影响还有待进一步观察。

UNCTAD 发布的 2016 年《世界投资报告》显示，巴基斯坦外资的主要来源地为中国、中国香港、瑞士、美国、英国，以上国家和地区约占巴基斯坦吸引外国直接净投资的 90%，其中中国继续成为巴基斯坦 FDI 的最大来源国，占巴吸引 FDI 总量的 49%。巴基斯坦吸引的 FDI 主要集中在能源领域，具体行业分布有：油气开发业、通信业、化工业、交通运输业、贸易、金融业和纺织业。除此之外，巴基斯坦每年还接受来自美国、英国、中国、日本、世界银行、亚洲开发银行、德国等国家和国际机构的援助，援助金额达数十亿美元，援助方式主要有无偿援助、援助式贷款和商业贷款等。

从南亚地区范围来看，孟加拉国已成为该地区吸引外资第二大国，仅次于印度。根据孟加拉国央行公布的数据，在过去 5 年内，外商在孟加拉国直接投资的增长率达到 80%，有效地缓解了孟加拉国外资短缺的状况。此外，外国资本大量投资于孟加拉国的制衣业。孟加拉国主要的直接投资国为美国、英国、马来西亚、日本、中国、沙特阿拉伯、新加坡、挪威、德国、韩国等。

3.1.2 南亚国家社会发展现状分析

从某种程度上说，经济增长不等同于经济发展。经济增长更侧重于总量的提高，而经济发展更侧重于质的提升。从发展经济学的角度来看，经济发展不仅要考虑经济总量的增长，而且要兼顾社会公平。接下来我们将对南亚国家社会发展的情况进行分析。

1. 社会失业率及贫困率较高

虽然南亚地区近 20 年里经济呈发展态势，但该地区仍然是世界上贫困人口最多、人类发展指数等一系列指标最低的地区之一。贫困问题引发诸多矛盾，致使南亚国家政局不稳，进而影响经济增长。因此，消除贫困一直是南亚国家面临的共同任务。

图 3-9 显示的是 1998—2022 年南亚各国失业率水平及其变化趋势，从中可以看出，自 2004 年以来，各国的失业率水平呈下降趋势，特别是尼泊尔和

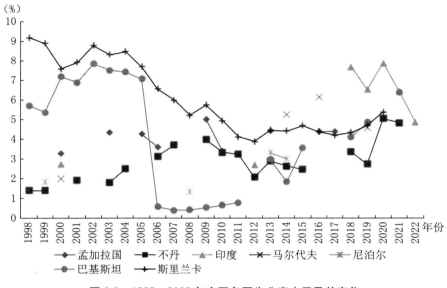

图 3-9   1998—2022 年南亚各国失业率水平及其变化

资料来源：WDI。

斯里兰卡的失业率明显好转。印度和孟加拉国的失业率一直比较稳定地维持在低于 5％的水平上。与印度略有不同的是，自 2016 年以来，孟加拉国的失业率稍有恶化，但变化幅度不是很大。

图 3-10 显示的是 1998—2020 年南亚各国的贫困率及其变化趋势[①]，从中可以看出，南亚国家在减少贫困方面都取得了较大成效，各国的贫困率都呈明显下降趋势。虽然从整体上看，南亚国家都实现了一定程度的减贫目标，但从绝对水平来看，南亚国家的贫困率数值还是比较高的，这说明，贫困问题仍然是这些国家面临的重要议题，减贫依旧是这些国家经济和社会发展的长期目标。

2. 社会不平等问题依旧存在

图 3-11 显示的是 1998—2020 年南亚各国的基尼系数及变化趋势，从中可

---

①   我们采用的是世界银行于 2015 年公布的最新贫困线标准，即每日生活费低于 1.9 美元。贫困率即一个国家处于贫困线以下的人口占总人口的比重。

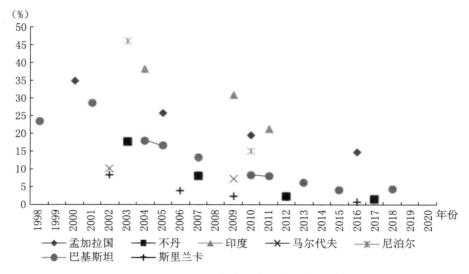

图 3-10　1998—2020 年南亚各国贫困率及其变化

资料来源：WDI。

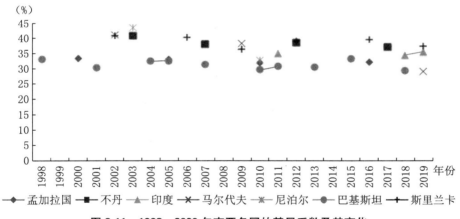

图 3-11　1998—2020 年南亚各国的基尼系数及其变化

资料来源：WDI。

以看出，南亚国家的基尼系数一直维持在较高水平，这说明南亚地区近年来的经济快速增长并没有带来社会公平的显著提升。在题为"解决南亚平等问题"的报告中，世界银行指出，南亚地区的许多国家在"人类机会指数"（human opportunity index，HOI）方面的排名很靠后。世界银行还表示，高额投资福利计划并不能解决南亚地区存在的贫富差距问题，因为"这些社会救济项目并没有落到实处，很大部分资源仍被富人所操控"。

　　值得注意的是，南亚各国都是发展中国家，在发展过程中都面临相似的国际社会环境，都普遍存在贫富差距过大、腐败、恐怖主义以及社会治安等问题。正是因为有着众多的由社会不公、贫富悬殊等矛盾引发的分歧和争端，经济更快发展受到严重阻碍。一些国家比如说印度正在着手解决问题，例如，印度首都新德里每年投入数十亿美元来刺激就业，以保证在过去 10 年的经济腾飞中受益最少的那类群体能够获得足够的粮食、燃料和肥料供应。

3.2　南亚经济发展历程

　　近年来，南亚国家（尤其是印度）在经济上取得了巨大的成功，使得南亚日益引起世人的关注。本节将对南亚经济发展的历史进程进行回顾和总结。

3.2.1　从摆脱殖民统治到寻求本国特色的探索：1947—1990 年

　　二战结束后，英国殖民者逐步撤出南亚地区，印度、巴基斯坦、斯里兰卡等国家先后独立，并开启现代化进程。这些国家独立后，在经济上面临两大历史性任务。（1）改善和提高本国人民的生活水平。由于受到英国长期的殖民统治和殖民掠夺，独立前的南亚国家经济发展水平极其落后，不断爆发饥荒和瘟疫，人民生活非常困苦，让人民过上幸福日子自然成为独立后南亚各国政府追求的首要目标。（2）建立一个独立自主的经济体系。由于长期的殖民经历，南亚地区精英人士对外国资本非常警惕。以南亚大国印度为例，印度的许多有识之士认为，要摆脱殖民统治从而获得政治经济上真正意义上的独立，就应该大力提高本国的工业化水平。因此，独立后的印度政府就致力于建立一个不受国际资本控制、不依赖国际市场的经济体系，而且这种思想一直延续到今天，并仍有重要影响。

以始于 20 世纪 90 年代初的印度的改革开放为界限，此前的印度经济模式可以看作民主政治加计划经济的试验田。这是因为，独立之后的印度虽然在政治上实行西方的议会民主制，但在经济上既没有实行西方的市场经济模式，也没有完全实行计划经济模式，而是建立一种混合经济模式，这种模式被称为"尼赫鲁模式"。自 20 世纪 90 年代以来，印度在经济上开始实行改革开放政策，[①] 但也走出一条与众不同的发展道路。因为印度并没有走传统的循序渐进的经济发展道路，而是选择典型的高科技产业信息产业作为突破口，走出一条跳跃式发展道路，所以印度第三产业特别是现代服务业发展迅速，并取得巨大成就，引起世人瞩目，也使印度成为人们追捧的对象。

从本质上看，印度建立的这种混合经济模式仍然是一种以集中全社会资源、优先发展基础工业和公营部门为重点的发展道路（文富德，2003），这仍然是一种典型的赶超战略。这种赶超战略的一个重要特征就是，在初期阶段可能会取得比较快的发展速度，但长期趋势上却并不能实现经济的可持续发展，最终与发达国家的差距不仅不会缩小，反而会逐步扩大。

3.2.2 改革开放促进经济稳定适度增长：1991—2008 年

自 20 世纪 80 年代中期以来，伴随着亚洲"四小龙"的经济快速增长，亚太地区的经济发展水平不断提高，越来越多亚太地区的发展中国家采取经济改革措施以促进经济增长。1990 年的海湾石油危机推高了国际油价，南亚国家由于外汇储备不足，突然爆发国际收支危机；此外，20 世纪 90 年代初苏联和东欧的政治解体和经济崩溃，以及资本主义世界持续的经济衰退，也给南亚国

---

① 实际上从 20 世纪 80 年代末开始，印度就开始进行经济改革，但改革力度并不大，成效也不明显，而始于 90 年代的改革力度更大、更为彻底，取得的成就也更大，所以目前学术界普遍把始于 90 年代的这次改革看作印度经济的分水岭。

家造成不少困难。这使得南亚国家在发展道路上面临严峻挑战，改革成了迫在眉睫的事情。因此，大多数南亚国家在 20 世纪 90 年代初经历了政局动荡，新上台的政府几乎都采取开放改革措施来促进经济发展。

早在 1977 年，斯里兰卡就开始实行市场化改革，这次改革的主要特征是：（1）在继续抓好种植园经济以确保传统产业保持优势地位，继续抓好农业生产以确保粮食自给的同时，实行对外开放政策，大力发展旅游业并进行劳务输出；（2）重点对斯里兰卡经济实行市场化改革，把发展方向转向工业化经济，重点发展食品加工、纺织、通信和金融等现代产业，推动斯里兰卡经济向着自由化、全球化方向发展。1987 年、1994 年新的政党执政后，继续采取对外开放政策和市场化改革，使得斯里兰卡的经济发展取得积极进展。

1991 年 4 月，巴基斯坦政府提出一整套改革方案，主要内容包括：取消外汇和进口管制，大力促进出口，吸引外国直接投资，实行私有化战略并加强私营经济的作用，等等。

1991 年 3 月，在结束长期的政治动乱之后，孟加拉国新政府推行经济改革。这些改革措施的主要方向是：促进经济发展，充分利用国际贸易和世界市场带来的机遇，努力提高人民的生活水平。

1991 年上台的尼泊尔新政府也开始实行经济改革和对外开放政策，这些改革开放措施主要包括：实行市场经济，放松政府管制，鼓励私营经济，吸引外国直接投资，改革国营企业，大幅降低关税及贸易壁垒，放松外汇管制。除此之外，彼时尼泊尔政府还对金融领域进行了改革，除了成立各种银行和专业金融机构外，还计划于 1992 年建立该国第一家股票交易所。

饱受战争苦难的阿富汗自 2002 年开始恢复重建，重建初期的阿富汗经济呈现较好的增长态势。2002—2007 年，其年均 GDP 增长率高达 8％以上，2007—2008 年，其经济增长率甚至达到 12％左右。

1991 年 6 月，印度举行大选，新上台的拉奥政府面对传统经济模式已经难以解决的经济困境，痛下决心摆脱传统的尼赫鲁模式，实施经济改革计划，对经济结构进行大幅度调整。以拉奥政府的改革为标志，20 世纪 90 年代以后印度经济开始走上改革开放的道路，从此印度经济走上快车道，逐渐成为世界上经济增速最快的国家之一，同时，伴随经济总量的不断增长，其在世界经济中的地位也不断提高。

（1）经济保持高速增长。由于爆发了独立以来最严重的国际收支危机，1991—1992 年印度经济发展严重受挫，GDP 仅增加 0.5%。在拉奥政府采取一系列改革措施之后，印度经济迅速恢复并加快发展。1992—1996 年，经济年均增速为 6.2%，1997—2002 年（印度"九五"计划期间）的年均增速为 5.5%，2002—2007 年（印度"十五"计划期间）的增长率分别为 3.8%、8.5%、7.5%、9.4% 和 9.6%，年均增长率为 7.8%，高于其"九五"计划期间的 5.5%。总的来看，自拉奥政府改革以来，除 2002 年印度 GDP 增长率曾跌至 4% 以下，其他年份增速都保持在 6% 以上，在新兴经济体中这一增速仅次于中国的增速。

（2）对外贸易发展迅速。印度经济的另一个亮点是对外贸易发展迅速。自 20 世纪 90 年代以来，印度在商品及服务贸易方面取得迅猛发展。伴随对外贸易的迅速发展，印度的国际收支状况也有显著提高，这直接促进其外汇储备迅速增加——从 1991 年的 10 亿美元增加到 1997 年的 240 亿美元。[①]2003 年 12 月，印度的外汇储备首次突破 1 000 亿美元，2006 年则达到 2 000 亿美元。

从外贸依存度来看，印度的对外贸易总额占 GDP 的比重也保持不断上升的趋势，这表明印度经济与世界经济的关联性已显著增强。

（3）外资引进后来居上。自 20 世纪 90 年代初实行市场化经济改革以来，南亚地区的投资环境有了较大改善，这促进了外国资本的不断流入。据统计，印度在整个 80 年代平均每年的外资流入不到 1 亿美元，1993—1994 年、1994—1995 年和 1995—1996 年则分别达到 42 亿、48 亿和 43 亿美元，比改革前增加了 40 多倍。[②]印度所吸收的外国直接投资占世界流入发展中国家外资总

---

① 印度政府：《1996—1997 印度经济调查》，第 88 页。
② 印度政府：《1997—1998 年度印度国情》，第 14 页。

额比重从 1992 年的 0.6％上升到 1996 年的 2.2％（陈继东、晏世经，1998）。

（4）产业结构逐步调整。印度的产业结构在近 20 年里发生了很大变化。最明显的就是农业在 GDP 中的占比越来越低，而这一点通常被认为是现代经济的重要特征之一。据印度政府统计，自 1991 年以来，农业在 GDP 中所占的比重从 32％下降为 18.5％，而服务业的比重越来越高，已从 1991 年的 41％提高到 2021 年的 47.5％。同一时期，世界服务业的平均增长率仅为 10％，而印度服务业增长率却达到惊人的 30％。与服务业快速增长的势头相比，印度的工业发展却明显滞后，这也是印度经济发展正在面临的重大问题。

3.2.3　危机短暂冲击后的经济高速增长：2009 年至今

在 2008 年全球金融危机的持续冲击下，南亚各国的经济发展受到不同程度的影响，整个地区经济增长率普遍下降。由于各国面临的国内政治经济形势以及外部环境不同，加上各国面对危机采取的应对措施也不一样，南亚各国的经济发展形势也产生了分化趋势。印度、斯里兰卡和孟加拉国等国家的经济在短暂下滑之后获得恢复，很快便呈现出快速增长的趋势；而巴基斯坦、尼泊尔和阿富汗等国的经济则未能从危机的影响中快速走出，依旧处于缓慢增长的态势。

2014 年至今，在世界经济整体增长复苏乏力的大背景下，南亚地区经济保持高速增长，其主要原因是这段时期以来地区大国印度的经济增长迅速，尤其是 2014 年莫迪政府上台之后推行一系列改革开放措施，有效地刺激了印度经济的发展，并对地区经济的增长起到积极的带动作用。2014 年莫迪就任印度总理以来，积极推动印度经济体制改革，直面印度长期存在的制度性痼疾，围绕"印度制造""数字印度""创业印度"、环印工业走廊等重大战略重构印度经济格局，发掘经济增长潜力和培育新的国际竞争力。事实证明，莫迪政府大刀阔斧的经济改革已初见成效，改革红利持续释放。根据世界银行公布的世界发展指数（world development indicators，WDI），自 2008 年金融危机以来，印度 GDP 增速的最高点是 2010 年，达到 10.26％，此后一路下跌，2011 年和 2012 年分别是 6.64％和 5.62％。2014—2017 年，印度的 GDP 增速分别达 7.41％、8.15％、7.11％和 6.62％，印度成为世界经济增长最快的大型经济体，也成为推动世界经济增长的主要引擎之一。从 GDP 总量来看，2017 年印度的 GDP 为 2.597 万亿美元，正式超越法国的 2.582 万亿，2022 年印度的 GDP 总量力压英国，成为世界第五大经济体。

近年来，孟加拉国的经济也保持高速增长，GDP 增速紧随印度。同时，孟加拉国也是"一带一路"沿线的重要国家，是孟中印缅经济走廊的重要成员，加上该国政府采取积极的改革开放和吸引外资政策，其良好的增长势头将得以延续。巴基斯坦的经济增速虽然没有印度和孟加拉国那么快，但是其经济增长呈现平稳态势，增速保持在 4％以上。推动巴基斯坦经济增长的因素主要包括：巴基斯坦政局保持稳定；巴基斯坦政府出台一系列鼓励出口、改善投资环境的政策；政府积极增加财政支出，支持纺织、农业等重点行业发展；中巴经济走廊建设稳步推进；等等。南亚地区的各国虽然经济增长有起伏，但由于自身经济体量较小，对南亚整体经济水平的影响较小。

总体来看，南亚地区各国在开放改革的道路上既面临巨大的挑战和困难，也存在机遇，只要南亚地区各国长期保持政局稳定并创造出良好的增长环境，同时坚持不断地开放和改革，该地区经济发展的前景就是乐观的。

3.3　南亚经济发展模式

经济增长受多重因素的影响，而且是一个动态过程，同一国家的经济增长在不同时期会受到不同因素的影响。从南亚国家的经济发展进程来看，其经济增长一直处于较低水平，甚至出现负增长。20 世纪 90 年代，南亚主要国家如印度进行了一系列改革，这些制度变革解放和发展了生产力，促进了生产要素的投入，提高了劳动生产率，从而推动了印度经济快速增长，同时也带动了整个南亚地区的经济增长。

3.3.1　人力资本和物质资本积累是南亚经济发展的基础

发展经济学非常重视和强调人力资本形成对经济增长的推动作用。南亚地区人口众多，劳动力供给充足，丰富的人力资源为其经济增长提供了良好的支撑。随着近几十年来南亚地区各国对教育的投入不断加大，该地区的人力资本形成过程不断加快。可以说，南亚地区快速提升的人力资本为该地区独具特色的发展模式提供了良好的基础。

近年来，南亚国家的劳动者素质在不断提高，高科技人才队伍也在扩大。以印度为例，印度不断加大对教育的投资力度，这促进该国人力资本加速形成。印度拥有一支强大的科研队伍，这为其第三产业的发展提供了强大的人力资本支撑。印度服务业领域的高新技术产业对经济增长的拉动作用越来越明显，服务业在印度经济增长中发挥着越来越重要的作用。

讷克斯和谨斋（1966）认为，在经济落后国家，资本形成是经济发展的主要源泉，也是影响经济发展的最重要因素，因而发展问题的核心就是资本形成。我们以南亚最大的国家印度为例，图 3-12 表示的是 1998—2021 年印度的 GDP 增长率、资本形成率和储蓄率。由此可见，在经济发展的各要素投入中，资本形成发挥着重要作用。

一直以来，印度依靠低储蓄、低投资实现了具有印度特色的经济增长模式。自 20 世纪 90 年代以来，这种具有印度特色的经济增长模式有所改变。如图 3-12 所示，1998—2008 年，印度的储蓄率和资本形成率保持快速上升趋势。自 2008 年全球金融危机以来，印度的储蓄率和资本形成率持续下降，与此相

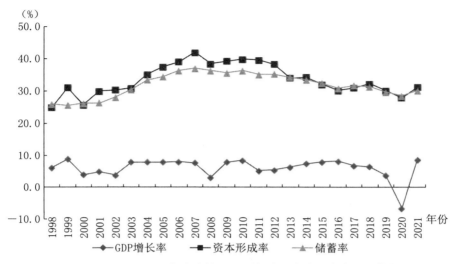

图 3-12　1998—2021 年印度的 GDP 增长率、资本形成率和储蓄率

资料来源：WDI。

对应的是，GDP 增长率亦随之起伏和波动，这一趋势直到 2014 年莫迪上台之后才得以扭转。2014 年摩的政府执政之后，印度政府推行了一系列旨在促进资本形成的措施，这些措施包括：增加经常性收入，压缩非发展性支出，通过扩大政府负债等方式增加资本形成数量。

3.3.2　科技进步是南亚经济发展的重要推动力量

发展经济学非常重视生产技术进步对经济增长的推动作用，甚至认为知识和技术是比资本和劳动更重要的生产要素。正是对技术进步、知识创新的重视和强调，才催生了知识经济概念及理论的提出和形成。我们可以通过一些产业发展的数据来论证，科技进步对南亚地区经济增长起到显著推动作用。

印度城市班加罗尔一直以来都是南亚地区高科技发展的代表，这座城市是印度科技动力源泉，它不仅拥有众多为西方跨国公司服务的大型外包企业、呼叫中心以及高端研发设施，而且在近几年里，大量互联网企业如雨后春笋般涌现出来。班加罗尔有着仅次于美国硅谷的极为丰富的编程人才库。丰富的人力资本积累为这座城市的快速发展提供了智力支持。许多世界著名的科技公司都纷纷前来投资：Twitter 正在筹划在此建立一个新的研发中心；2015 年中国智能手机制造商小米在印度开设第一家工厂，2017 年第四季度小米成为印度市场出货量排名第一位的手机制造公司。同时，一些更为传统的公司，如英国的劳斯莱斯（Rolls-Royce）也筹备在此建立研发中心。另外，高盛正在班加罗尔修建其在纽约之外最大的办公室，用于开发复杂软件程序以及为公司提供后台办公支持。

3.3.3　适度开放是南亚经济发展的重要外部条件

在经济全球化的背景下，南亚地区大多数国家从 20 世纪 90 年代开始从长期半封闭的内向型发展战略向对外开放战略转变，走上一条对内改革、对外开放，同时促进市场化改革之路。南亚国家对外开放模式是其经济发展的重要条件之一。

南亚地区主要国家先后实施贸易自由化改革，在此背景下，南亚地区的对外贸易取得较快发展。但相对于其自身的经济体量以及其他地区的发展中国家而言，印度的对外贸易规模仍然较小，其贸易依存度指标也处于较低水平。并且对于大多数南亚国家而言，其对进口的依赖程度远远高于对出口的依赖程度，这说明出口对南亚国家经济的贡献程度有限，这一点与东亚地区许多国家"为出口而进口"的模式非常不同。

除此之外，南亚地区大多数国家在国际贸易上设置的壁垒依然十分严重。与东亚地区依靠出口驱动的发展模式不同，南亚地区大多数国家在扩大对外开放的同时，依然不放弃对国内相关产业和市场的保护。这可能是因为这些国家感到自身经济实力较弱，还不足以应对外来竞争者的冲击。

南亚对外贸易发展模式的另一个特点是，服务贸易是推动南亚对外开放的主要力量。传统经济增长理论认为，经济发展遵循从农业到工业再到服务业的轨迹，工业化是经济迈向飞速增长的唯一道路。由于工业基础较为薄弱，发展中国家必然应利用后发优势加速工业化进程，进而实现产业升级和经济增长。事实上，南亚国家的发展经验恰恰与之相反。南亚许多国家跳过工业化，纷纷以服务业为切入点，积极推动信息技术等知识密集型服务业发展，并促进向其他产业扩展，并通过服务业与其他产业的互动融合实现产业结构的优化升级。南亚国家的这种通过服务业带动整体经济发展的模式，改变了传统的从农业到工业再到服务业的产业结构升级路径，走出一条有别于其他多数工业化国家的发展道路。

就外资经济发展模式而言，南亚主要国家通过经济改革与调整走上加速吸引外资的发展道路。外国直接投资对改善南亚国家国内资金不足、增强国力、加速 GDP 增长、创造就业机会、提高国内企业管理水平等起到巨大的积极作用。

进入 20 世纪 90 年代以后，一些南亚国家在大力吸引外国直接投资的同时，注意引导外国直接投资进入优先发展部门，特别是以基础设施和高科技为主的产业部门，并取得显著成效。此外，各国政府还强调国家经济安全。对于一些关系国计民生以及国防安全的部门，都限制或禁止外国资本投资。

经过多年的实践摸索和不断总结，南亚主要国家已制定一套日趋成熟的，既有利于国内经济发展，又有利于招商引资，还能规避经济风险、维护国家利益的政策。同时，这些国家也能较为熟练地运用反倾销等手段，对国内相关产业实施保护。

3.4　南亚经济发展面临的挑战与问题

3.4.1　区域内各国政治分歧严重导致区域一体化程度不高

受历史和地缘政治等因素的影响，南亚地区各个国家间存在诸多难以调和的政治分歧，这些分歧严重制约了该地区国家之间的政治互信和经济整合。印度是南亚的第一大国，在地理上也处于中心地位。它与邻国在许多领域都存在冲突与矛盾。其中，围绕克什米尔问题，印度与巴基斯坦之间爆发过三次全面战争。印度与孟加拉国在恒河水资源的利用与开发、边界及难民等问题上存在较大矛盾。印度与斯里兰卡、尼泊尔、马尔代夫等国之间则存在控制与反控制、干涉与反干涉的矛盾。可以说，南亚区域内各国的政治纷争无疑会影响该区域的一体化进程，也是区域经济合作的最大障碍。

3.4.2　部分国家政局不稳对经济发展的前景造成负面影响

南亚大部分国家的经济社会发展水平较低，属于中小发展中国家或贫困国家，大多数国家在以前都遭受殖民统治，同时，该地区民众信仰不同的宗教，政治派别林立。政党纷争、不同宗教之间的矛盾使得这些国家的政治体制十分脆弱和不稳定，从而导致南亚许多国家政局不稳。政局动荡使这些国家内部的经济发展面临巨大的障碍，也为外国资本流入带来不确定性预期，从而对该地区经济发展前景造成负面影响。

3.4.3　贫困和社会不公问题制约经济的长期增长

南亚是世界上人口增长最快、人口密度最大的地区之一。近几十年来，由于南亚各国的国内环境稳定、医疗卫生日益普及，南亚各国的人口迅猛增长，而人口增长过快和人口过多也带来一系列问题和挑战。

首先，人口过快增长会加剧社会的供养压力，并在很大程度上降低资本的积累能力并延缓生活水平的提高，进而抵消经济发展的成果。其次，人口的过快增长会对自然资源和环境形成巨大压力。由于人口增长过快，为了生存，人们被迫过度开发和利用自然资源，造成环境破坏和环境污染，从而导致气候异常和自然灾害增加。最后，人口过多造成巨大的就业压力和人力资源浪费。正如前文分析的那样，南亚各国的失业率一直居高不下，其中一个重要原因就是劳动年龄人口的急剧增加形成对劳动力市场的巨大压力，由于南亚国家的劳动力市场不足以提供如此多的工作岗位，造成这些国家失业人口众多、失业率高居不下。而与高失业率如影随形的是高贫困率。

长期以来，由于种种原因，南亚国家内部存在较为严重的贫富两极分化现象，而且两极分化问题已成为制约这些国家经济社会进一步发展的重要因素之一。缪尔达尔（2015）曾指出："经济不平等，实际上是南亚经济发展的绊脚石。"经济上的两极分化会加剧社会不平等；反过来，社会不平等又进一步加剧经济分化，最终形成恶性循环。相反，缩小经济上的两极分化，有利于缩小社会不平等，最终形成良性循环，促进经济发展。

对南亚地区各国而言，不断扩大的贫富差距及社会不平等，对该地区的经济发展有害无益。一方面，在较大的贫富差距下，本国居民储蓄不足，投资乏力，进而导致经济增长后劲不足；另一方面，南亚地区各个国家的平均经济发展本来就处于很低的水平，经济上两极分化及不平等又使得穷人无法储蓄或者在人力资本积累上投入更多资源，从而导致劳动技能低下、劳动效率难以提高，最终导致经济发展停滞不前。

3.4.4 基础设施严重滞后成为制约经济发展的短板

经济增长是人民生活的基础条件，决定了人民的生活质量和生活水平，而基础设施投资在一定程度上推动了经济增长。基础设施良好的国家，不仅能提高生产效率、降低生产成本，还能改善消费环境及投资环境，创造更多的就业机会。

一直以来，基础设施薄弱成为困扰南亚国家的难题之一。这种限制条件不仅阻碍了外国投资者前来南亚国家发展，而且成为制约其经济发展的一大瓶颈。近年来，伴随人口的不断增加、经济的快速发展以及城市化水平的提高，社会对基础设施的需求越来越大，而南亚国家对基础设施的供给明显不足，这就导致供给和需求之间的矛盾日益突出。

3.5 "一带一路" 建设与南亚经济发展新机遇

3.5.1 南亚主要国家对"一带一路"倡议的回应

根据对中国"一带一路"倡议态度的不同，可以把南亚国家分为三组。第一，全面支持并积极参与。这一组包括巴基斯坦和马尔代夫。这两个国家一直对该倡议表示支持并积极参与。第二，选择性支持并部分参与。这组包括斯里兰卡和孟加拉国。这些国家对"一带一路"倡议总体上持积极态度，认为其能为本国的发展带来重大机遇，但由于地缘政治的束缚，它们也会权衡其他影响因素，合作前景可能有反复。第三，战略竞争及有限参与。印度就属于此组，印度一直对中国参与印度洋地区事务十分敏感和警惕。本章将分析第二组和第三组国家的回应及其背后的原因。

1. 印度的回应：矛盾心态

自中国的"一带一路"倡议提出后，印度官方的反应一直比较消极。中国曾在多个场合提出与印度共建"一带一路"的倡议，均未得到印度方面的回应。由此可见，印度对中国的"一带一路"倡议是消极的，但印度也有支持举动。比如印度第一时间加入亚洲基础设施投资银行（AIIB）、金砖国家新开发银行等"一带一路"相关的融资机制。然而，印度在地缘政治上却抵制并反制"一带一路"倡议。可以说，印度对"一带一路"倡议的反应是充满矛盾的。

一方面，它对中国的"一带一路"倡议心存警惕；另一方面，印度又期待通过"一带一路"倡议的一些合作机制促进自身经济发展。

2. 斯里兰卡的回应：从支持到有限参与

总体而言，斯里兰卡对"一带一路"倡议持积极态度。在倡议提出伊始，斯里兰卡就是第一批积极回应"一带一路"倡议的国家，它接受了中国投资的科伦坡港口城项目（Colombo port city project），这也是斯里兰卡历史上外商投资规模最大的项目，该港口城还被美国《福布斯》杂志评为"影响未来的五座新城"之一。①除此之外，斯里兰卡还将与中国合作，开展多项大型基础设施项目，包括汉班托特港（Hambantota）。斯里兰卡对"一带一路"倡议的积极回应表明，其迫切期望通过该倡议积极发展本国经济并融入世界经济。

2015 年 1 月，在新一届政府上台之后，斯里兰卡对中国的态度发生了重大转变。新政府对"一带一路"倡议的支持力度开始减弱，并且试图在中国和印度之间进行权衡。随后，斯里兰卡新政府也采取许多措施修复与中国的关系。斯里兰卡对"一带一路"倡议态度上的摇摆不定表明它的矛盾心态。

3. 孟加拉国的回应：前景广阔

孟加拉国内舆论普遍支持"一带一路"倡议。在不用考虑地缘政治关切的情况下，孟加拉国认为"一带一路"倡议对自身未来的经济发展十分重要，这种考量很大程度上决定孟加拉国对"一带一路"倡议站在积极立场上。在基础设施严重不足、产业发展基础薄弱的情况下，对孟加拉国来说，"一带一路"倡议是促进其改善基础设施水平、促进国际贸易以及吸引外国直接投资的良好平台。

---

① 资料来源：http：//finance.ifeng.com/a/20190117/16694322_0.shtml。

3.5.2   "一带一路"倡议在南亚的进展

"一带一路"倡议的提出为中国与南亚之间的区域合作提供了新的强大动力，中国与南亚各国之间的合作也取得重要进展。

1. 中国—印度合作

自"一带一路"倡议提出以来，中国和印度在能源、贸易、金融及工业园区等领域开展了多项合作。2015 年 5 月，印度总理莫迪访问中国，两国企业在此期间签署了 20 多项合作协议，合同总金额高达 200 多亿美元。2015 年 7 月，印度内政部批准华为公司在印度生产电信设备的申请，这是双方在高科技领域的又一合作成果。2015 年 9 月，中铁集团中标印度新德里至孟买高铁可行性研究项目，双方在基础设施领域的合作更进一步。2015 年 9 月，中国科技巨头阿里巴巴集团以 6.8 亿美元投资印度支付平台 PayTM 公司，该公司被誉为"印度的支付宝"，该笔投资是中印双方在金融基础设施领域的重要合作成果。

可以说，中国与印度拥有广阔的合作前景。首先，中印两国都是发展中国家，都拥有巨大的市场和发展潜力。其次，中印两国都追求独立自主的发展道路，在追求多极化的世界和推动建立平等的国际政治经济新秩序方面具有相似的目标。最后，中印两国在经济、安全及地区稳定方面怀有相似的目标和诉求。这些都为两国进一步合作奠定了良好的基础。

2. 中国—巴基斯坦合作

在"一带一路"倡议下，中巴战略合作正在有序展开和不断推进。2015 年 4 月，中国国家主席习近平访问巴基斯坦，中巴双方签署了 50 多项协议，合作范围涵盖基础设施、能源、港口和产业合作等。瓜达尔港的建设开发是双方合作的重头戏。自 2015 年以来，中国和巴基斯坦积极推进瓜达尔港的开发和建设，这也是中巴经济走廊的最后一站。2016 年 11 月，瓜达尔港中资港口正式开航。2015 年 2 月，中国工商银行与巴基斯坦相关公司签署撒察尔（Sachal）风电项目贷款协议，这是中巴经济走廊所签署的第一单融资项目。除此之外，中巴双方还合作建设了多个能源项目，包括：旁遮普省 100 兆瓦太阳能光伏发电项目、中国长江三峡集团承建的卡洛特水电站、卡西姆港燃煤电站、大沃 5 万千瓦风电及联合能源 10 万千瓦风电等。

3. 中国—尼泊尔合作

中国是尼泊尔重要的贸易伙伴和投资来源国。自"一带一路"倡议提出以来，中尼两国在经贸和人文等领域的交流合作不断深化。2015 年 3 月底，尼泊尔总统访问中国，两国领导人就加强双边多领域、深层次的合作达成共识。尼泊尔总统亚达夫表达了尼泊尔坚定支持和积极参与"一带一路"倡议的意愿与决心。随后，在 2015 年 4 月尼泊尔遭受地震灾害之后，中国为尼泊尔提供了宝贵的支援和帮助，这也为"一带一路"倡议在尼泊尔的推进赢得民意基础。2017 年 5 月，中国和尼泊尔签署"一带一路"合作备忘录，双方在基础设施、贸易投资以及人文交流方面的合作不断推进和深化。2019 年 10 月，中国国家主席习近平对尼泊尔进行国事访问。中尼两国领导人的高层互动为双方合作奠定了良好的基础。当前，中国已成为尼泊尔第一大投资来源国、第二大贸易伙伴以及第二大游客来源国。中尼双边关系的稳定发展为维护地区的繁荣和稳定作出重要贡献。

4. 中国—孟加拉国合作

中国和孟加拉国是传统的友好邻邦。建交以来，中孟两国的经贸和投资关系不断发展和深化，人文交流也保持良好的发展势头。自"一带一路"倡议提出以来，中国和孟加拉国对合作推动建设"一带一路"达成共识。2016 年 10

月，中国国家主席习近平对孟加拉国进行国事访问。在此期间，双方签订"一带一路"合作谅解备忘录，这是中国与南亚国家政府间签订的第一个"一带一路"合作备忘文件，具有积极的示范效应和标志性意义。同时，中孟双方也一致同意把双边关系升级为战略合作伙伴关系，这为以后"一带一路"倡议的落实和深化奠定了坚实的基础。

中国已成为孟加拉国最大的贸易伙伴，除了经贸关系不断深化外，中国也在"一带一路"倡议下积极参与孟加拉国的基础设施建设，许多关系孟加拉国国计民生的重要工程和项目取得积极进展，这些项目包括：帕德玛大桥、卡纳普里河河底隧道、帕亚拉 1 320 MW 燃煤电站、达舍尔甘地污水处理厂以及第四代国家数据处理中心等。可以预见，在不久的将来，中孟两国的合作将有力地提升当地民众的福祉并促进区域合作的进一步深化。

5. 中国—斯里兰卡合作

中国和斯里兰卡的双边关系自建交以来一直稳定发展。双方领导人多次互访，也借助许多多边平台进行对话交流。高层的良性互动为双边关系的深入发展奠定了良好的政治基础。2014 年 9 月，中国国家主席习近平对斯里兰卡进行国事访问。2015 年 3 月，刚刚就任斯里兰卡总统的西里塞纳访问中国并参加博鳌亚洲论坛。2016 年 4 月，斯里兰卡总理访问中国时重申，斯里兰卡愿意积极参与"一带一路"倡议。2017 年 5 月，斯里兰卡总理来华参加"一带一路"国际合作高峰论坛，并与中国领导人进行双边会晤。总体而言，在双方高层的推动下，中国和斯里兰卡在经贸、投资、基础设施、农业、科技、文化、卫生等领域进行了广泛合作，给两国人民带来了实实在在的利益。

6. 中国—马尔代夫合作

马尔代夫是印度洋地区的重要国家，也是古代海上丝绸之路的重要国家，中国和马尔代夫的交流源远流长。而今，在"一带一路"倡议的框架下，在遵循相互尊重和互利的原则下，中马双边合作不断取得新进展。2014 年 9 月，中国国家主席习近平对马尔代夫进行国事访问，双方表示将积极参与"一带一路"倡议，深化双方的互利合作，这标志着中马关系发展进入新阶段。

中国和马尔代夫的双边贸易额不断增长，双方在基础设施及其他民生建设领域的合作也不断扩大。中马友谊大桥是马尔代夫首座在珊瑚礁上建造的跨海大桥，中方在建造过程中克服了许多工程技术难题。马累国际机场改扩建工程将极大地缓解马尔代夫旅游业发展的基础设施短板制约，将进一步促进旅游及相关产业的发展。中国已经连续七年成为马尔代夫最大的游客来源国，中国游客数量占马尔代夫游客总量的三分之一左右。此外，中马双方也在卫生等民生领域也开展合作。2017 年 9 月，中国"光明行"医疗队赴马尔代夫提供免费医疗服务，为超过两百名眼疾患者带来光明。可以说，在"一带一路"倡议下中国和马尔代夫的合作正在全面深入推进，中马关系也成为国家之间平等相待、互利合作共赢的典范。

7. 中国—阿富汗合作

阿富汗是连接东西方的桥梁，也是较早明确表态支持"一带一路"倡议的国家。实际上，自"一带一路"倡议提出以来，中国和阿富汗双边高层交流频繁，成果显著。具体表现在，中阿两国达成多项战略友好共识，中国为阿富汗提供多项援助，两国在基础设施建设、矿产开采等方面的合作不断加深，中国和阿富汗之间实现直航，随着中国和阿富汗货运班列的开通，越来越多的阿富汗商品进入中国市场。与此同时，中阿双方在文化、教育及卫生领域的交流也在不断深化。

3.5.3　"一带一路"倡议下中国与南亚合作前景广泛

南亚是"一带一路"倡议推进的重要方向，"一带一路"倡议在南亚各国的推进和实践为双方带来了互利共赢的前景。中国在基础设施建设的投资和建设方面积累了丰富的经验，具有较大的比较优势。而南亚地区的大多数国家存在基础设施投资严重不足等问题，在这些国家面临资金、技术、人才等约束的情况下，双方在"一带一路"倡议下进行相关领域的合作，对于改善当地的基础设施状况、优化投资环境以及提高民众的福祉具有重要作用。

此外，中国和南亚国家的双边经贸关系增长迅速。从总额来看，中国已成为南亚地区最大的贸易伙伴；从贸易结构来看，中国和南亚地区各国的贸易存在不平衡，中国与南亚地区的贸易始终处于顺差状态。随着"一带一路"倡议的推进以及中方扩大进口举措的实行，中国和南亚地区贸易不平衡的状况有所改善。此外，中国已成为南亚地区一些国家最大的投资来源国之一，特别是在基础设施领域。在境外合作园区方面，中方积极在南亚一些国家设立工业园区，为促进当地经济发展和民生的提高作出积极的贡献。

总之，中国和南亚地区各国拥有巨大的共同利益，双方合作前景广泛。在"一带一路"倡议的推进过程中，中国和南亚地区各国的双边关系也将迈上新的台阶。

3.6　南亚经济发展前景展望

3.6.1　经济变革提速，助推经济增长

随着南亚地区各国持续进行市场化的经济变革，对内改革税收、土地等制度，对外扩大开放、吸引外国资本流入，又凭借其广阔的市场前景和人力资源基础，近十几年来，南亚地区的经济增长一直维持较高水平。

以南亚地区第一大国印度为例，随着关键领域改革不断落地，印度营商环

境不断优化，国际贸易、FDI、外汇储备、失业率等经济社会指标均位于合理区间，经济增长趋于稳定。除印度之外，其他南亚国家也保持较快的增长势头。孟加拉国的经济运行较为稳健，其 GDP 增速一直保持在 6% 以上。随着巴基斯坦国内安全形势有所好转，以及中巴在经济走廊项目上的合作，巴基斯坦的基础设施得以改善，其经济增速有望达到 5% 左右。斯里兰卡政府也采用市场经济政策，重点增加机场、港口等基础设施投资，推进工业园区建设。整体而言，南亚地区整体增长势头强劲。

3.6.2　政治转型深化，转型进程分化明显

伴随经济体制转型不断深化的是南亚地区政治转型的深化，但受历史沿革、民族宗教及国内政党格局的影响，南亚地区各国的政治转型进程并不一致。在印度，自 2014 年莫迪上台执政以来，其所领导的人民党在政府和议会中不断巩固优势地位，并在 2019 年 5 月的大选中再次当选总理，这说明莫迪政府的执政地位稳固，印度国内的政治局面较为稳定。孟加拉国的政局比较稳定，2018 年 12 月，孟加拉国执政联盟在大选中再次获胜，哈西娜总理开启她的第三个任期，稳定的政治局面为经济发展和吸引投资创造了稳定的预期。长期以来，巴基斯坦政局波动较大，安全形势不清，转型进展迟缓。随着巴基斯坦国内政治派别之间的对话顺利进行，近年来，巴基斯坦国内的安全形势和政治局势趋于好转。巴基斯坦与印度和阿富汗之间的紧张关系有所缓解。2017 年，尼泊尔执政的七党联盟达成协议，这使得尼泊尔国内的和平进程更进一步。尼泊尔通过新宪法初步搭建起联邦制的政治体制，国内政治转型取得重要进展。总而言之，南亚地区人民寻求政治稳定、追求经济发展的目标使得各国的强势政党或政治强人上台执政，这可能有助于各国政治局势的稳定，但是在处理地区分歧及国家之间的摩擦时，各国的强势政府也为地区稳定带来较大的不确定性。

3.6.3　安全形势依然严峻，安全合作艰难推进

一直以来，南亚是世界上经济比较落后、政治较为动荡的地区之一。印度和巴基斯坦之间的长期冲突具有复杂的民族、宗教、文化根源。1947 年，印度和巴基斯坦分别独立，此后克什米尔地区的归属问题一直悬而未决。南亚地区的这两个国家为此长期对立，其间还爆发过大规模战争及多次武装冲突，这是造成南亚地区不稳定的重要因素。宗教意识和民族矛盾使得南亚地区逐渐成为极端恐怖主义的温床。随着南亚地区战略地位的提升，大国尤其是美国的介入使得该地区的安全局势进一步恶化。南亚地区内部各国的矛盾和对立又使得各国政府各自为政，地区安全领域的合作无法有效展开。可以说，安全问题已成为南亚各国需要共同面对的难题。除此之外，各国还面临诸如资源短缺、生态恶化、流行病蔓延等非传统安全问题的威胁，这些都需要南亚地区各国加强合作、携手解决。

第4章
中亚经济发展及其模式

　　不论从经济总量还是人口规模来看，中亚五国的经济都属于小国经济，但因其特殊的地理位置和地缘关系，中亚经济却往往引起各界的广泛关注。在1991年获得独立后，中亚五国先后经历了独立初期的经济困境，由大宗商品价格推动的经济快速增长，以及国际金融危机后的经济失速三个阶段。经过30余年的建设，中亚五国在经济发展上取得显著成绩，并在国际经济格局中积极推进地区一体化进程，与世界主要大国保持密切的联系。通过对中亚经济增长因素的分析，本章研究认为劳动力和技术要素对中亚经济发展的贡献不明显，投资和制度转型对中亚经济发展具有部分贡献，中亚的增长模式为能源资源出口驱动型增长模式。此外，本章关注中亚经济发展的结构性特征，包括产业结构、收入分配、资源环境等方面。"资源诅咒"阻碍产业多元化、城市化进度缓慢、市场化改革滞后及区域内外政治动荡频发构成中亚经济发展的挑战。但随着对"一带一路"倡议的积极响应和积极对接，中亚国家迎来新的发展机遇，双方的贸易合作继续拓展，基础设施建设助力互联互通，金融合作稳步扩大，在互联互通现实需要和产业结构互补的优势下，双方合作拥有广阔前景。中亚经济在短期和中长期内会继续取得稳步发展，但长期的经济发展则取决于持续的经济改革以及稳定的内外部环境。

4.1 中亚经济发展概况

中亚位于欧亚大陆的中心位置，是东亚在陆上通向欧洲和西亚的重要中间通道，向来为世界大国必争之地。早在西汉时期，中亚地区就被中国称为西域，到东汉时期中国已对该区域形成有效的官方统治，包括驻扎军队和实施经济管理等。到清朝末期（19 世纪末），该部分领土归入苏联。德国地质学家亚历山大·冯·洪堡于 1843 年正式首次提出"中亚"的概念。后来，苏联将哈萨克斯坦、乌兹别克斯坦、土库曼斯坦、吉尔吉斯斯坦和塔吉克斯坦这五个加盟国家称为中亚，这一范围后来渐渐被国际社会所接受。

尽管五个国家在苏联解体后宣布独立，但中亚的概念并未因此而改变，时至今日，各大国际组织都将中亚地区定义为以上五个国家，如世界银行、IMF、亚洲开发银行等。因此，本章也将中亚界定为这五个国家，对其经济发展模式和未来前景进行探讨。

4.1.1 中亚五国经济发展的基本现状与特点

不论从经济总量还是人口规模来看，中亚五国的经济都属于小国经济，但近年来其经济增长速度较快，加之特殊的地缘特征，引起各界广泛关注。

1. 经济波动明显，人均 GDP 差距大

从总量上看，中亚五国经济规模较小。如图 4-1 所示，用名义 GDP 来衡

量，2022 年中亚五国经济总量为 4 053 亿美元。哈萨克斯坦在五国中经济总量最大，为 2 258 亿美元，占到五国经济总量的 56%；其次是乌兹别克斯坦，其2022 年的经济总量为 804 亿美元，在五国经济总量的占比为 20%；土库曼斯坦以 780 亿美元规模位居第三位，吉尔吉斯斯坦和塔吉克斯坦分别以 111 亿美元和 100 亿美元位列第四位和第五位。作为对比，仅中国香港地区 2022 年的GDP 就达到 3 610 亿美元。中国 2022 年 GDP 超过 18 万亿美元，约为中亚五国经济总量的 45 倍。

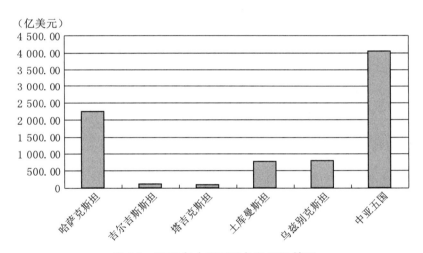

图 4-1　2022 年中亚五国名义 GDP 情况

资料来源：IMF 发布的《世界经济展望》。

从实际 GDP 的增速来看，中亚五国经济增长速度波动较大，例如，吉尔吉斯斯坦 2012 年的经济增速为负，但到 2013 年又迅速取得超过 10% 的经济增长率，2020 年则衰退为 8.6%；再如，哈萨克斯坦 2013 年取得接近 6%的经济增长率，但 2015—2016 年经济增速均不超过 1%，2020 年衰退为2.9%（图 4-2）。总体来看，2014 年以后，中亚五国都经历了经济减速，主要原因可能在于克里米亚危机爆发后俄罗斯经济因制裁而陷入低迷，连带中亚五国经济减速。自 2017 年以来，中亚五国的经济增长率逐步恢复平稳，但 2020 年遭遇新冠疫情冲击后，中亚五国经济增速普遍下滑，哈萨克斯坦、

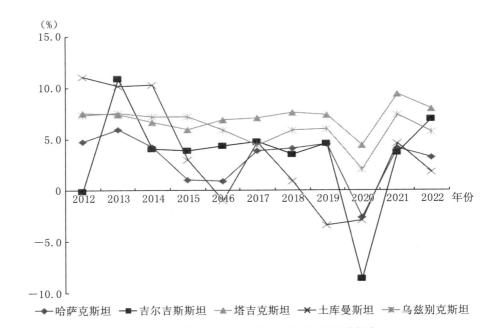

图 4-2　2012—2022 年中亚五国实际 GDP 增长率

资料来源：IMF 发布的《世界经济展望》。

吉尔吉斯斯坦和土库曼斯坦都经历了经济衰退。在经历 2021 年的经济反弹后，2022 年中亚五国经济再次减速，主要可能受到俄乌冲突爆发带来的一系列影响。

中亚五国人均 GDP 水平差距明显。从 2022 年的数据来看，五国中最为富裕的是土库曼斯坦，其人均 GDP 高达 12 500 美元，仅略低于中国的人均 GDP（12 810 美元）。第二富裕的是哈萨克斯坦，其人均 GDP 为 11 440 美元。需要说明的是，2000—2020 年，哈萨克斯坦的人均 GDP 水平在五国中一直是最高的，直到 2021 年才被土库曼斯坦超越。并且，哈萨克斯坦的人均 GDP 水平在 2015 年前也一直高于中国，2013 年曾达到 13 891 美元，远高于同年中国的人均 GDP 水平。乌兹别克斯坦和吉尔吉斯斯坦分别以 2 280 美元和 1 630 美元的人均 GDP 水平位居第三位和第四位，塔吉克斯坦人均 GDP 最低，仅为 1 060 美元。可见，五国在人均 GDP 指标上水平差异较大。

表 4-1　2000—2022 年中亚五国及中国人均 GDP 情况

人均 GDP（美元）	2000 年	2005 年	2010 年	2015 年	2020 年	2022 年
哈萨克斯坦	1 229	3 771	9 071	10 512	9 060	11 440
吉尔吉斯斯坦	281	479	885	1 133	1 200	1 630
塔吉克斯坦	139	341	750	979	858	1 060
土库曼斯坦	1 092	3 612	4 439	6 443	8 780	12 500
乌兹别克斯坦	558	550	1 384	2 615	1 780	2 280
中　　国	956	1 748	4 550	8 049	10 530	12 810
中国香港	25 757	26 650	32 550	42 432	46 450	49 230

资料来源：亚洲开发银行及 IMF。

2. 人口增长较快，失业率较低

根据亚洲开发银行的数据，中亚五国的人口基数并不大，2021 年五国总人口约为 7 640 万，人口最多的是乌兹别克斯坦，其人口数为 3 490 万人，其次是哈萨克斯坦，为 1 900 万人，其余三国人口均不到 1 000 万人。相较而言，中国香港地区 2021 年的人口规模约为 740 万人，而中国 2021 年人口已超过 14 亿。但是，从增长速度来看，中亚国家的人口增长速度普遍较高，尤其自 2010 年以来，各国人口年均增长率均高于 1%，其中吉尔吉斯斯坦和塔吉克斯坦自 2015 年以来的人口增长率都超过 1.7%，乌兹别克斯坦近年的人口增长率也接近 2%。

表 4-2　中亚五国人口情况

	人口（百万）				人口增长率（%）			
	2000 年	2010 年	2015 年	2021 年	2000 年	2010 年	2015 年	2021 年
哈萨克斯坦	14.9	16.3	17.5	19.0	− 0.3	1.4	1.5	1.3
吉尔吉斯斯坦	4.9	5.4	5.9	6.6	1.4	1.3	2.1	1.7
塔吉克斯坦	6.2	7.5	8.5	9.8	2.3	2.5	2.4	1.7
土库曼斯坦	4.5	5.1	5.6	6.1	1.1	1.6	1.8	1.4
乌兹别克斯坦	24.7	28.6	31.3	34.9	1.4	2.9	1.8	2.0

注：吉尔吉斯斯坦人口数据为当年年初值，塔吉克斯坦 2021 年数据为亚洲开发银行估计值，人口增长率为当年较上年的年增长率。

资料来源：亚洲开发银行发布的《亚太地区主要指标 2022》。

如图 4-3 所示,中亚五国的失业率水平同样具有明显的差异:吉尔吉斯斯坦和哈萨克斯坦的失业率较高,2020 年失业率分别为 5.8% 和 4.9%,其他三国的失业率较低,土库曼斯坦 2020 年以前的失业率长期低于 5%,但在新冠疫情影响下在 2020 年达到 5%,塔吉克斯坦 2020 年失业率仅为 2.1%,乌兹别克斯坦的失业率则接近 0。从 2000 年以来的失业率数据走势来看,两个失业率较高的国家失业率具有明显的下降趋势,哈萨克斯坦的趋势尤其明显,自 2000 年高达 12.9% 的失业率一直下降到 2020 年 4.9% 的失业率。吉尔吉斯斯坦虽在早些时候有一些波动,但自 2002 年以来也呈现明显的下降趋势。三个处于低位的国家失业率都比较平稳,可见,中亚五国的失业率总体较低。

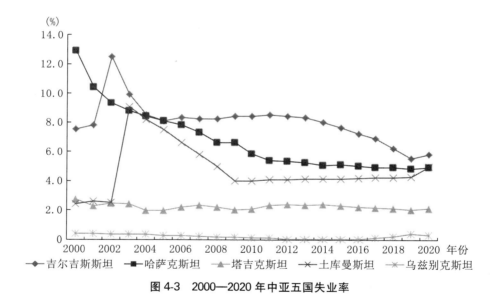

图 4-3　2000—2020 年中亚五国失业率

资料来源:亚洲开发银行。

3. 产业结构升级明显,但各国处于不同阶段

从三次产业间的产值占比来看,近 20 年来,中亚五国都存在不同程度的产业结构升级趋势。如表 4-3 所示,哈萨克斯坦的产业结构升级最为明显,2000—2020 年,农业产值占比从 8.6% 下降至 5.7%,工业产值占比从 40.1% 下降至 35%,服务业产值占比从 51.3% 上升至 59.3%,具有较为明显的后工业化

特征。不过从初期来看，哈萨克斯坦也具有较好的产业结构，在过去 20 年里这一结构得到进一步优化。吉尔吉斯斯坦的期初结构则相对落后，三次产业平均分布，但经过 20 年的发展已取得明显进步，农业产值占比大幅下降，工业产值占比基本保持不变，而服务业产值占比则大幅上升。不过吉尔吉斯斯坦的初期工业产值占比较低，近年也未实现大幅增长，所以具有一定的工业化停滞特征。但吉尔吉斯斯坦服务经济的快速发展为其经济增长提供了动力，总体可以概括为工业化停滞兼服务化特征。

表 4-3 中亚五国产业结构变动情况（%）

国　　别	产业	2000 年	2005 年	2010 年	2015 年	2020 年
哈萨克斯坦	农业	8.6	6.6	4.7	5.0	5.7
	工业	40.1	39.2	41.9	32.5	35
	服务业	51.3	54.2	53.4	62.5	59.3
吉尔吉斯斯坦	农业	36.6	31.3	18.7	15.4	14.7
	工业	31.3	22.0	28.2	27.5	31.5
	服务业	32.1	46.7	53.1	57.1	53.8
塔吉克斯坦	农业	27.3	23.8	21.8	24.7	24.7
	工业	38.4	30.7	27.9	27.5	36.8
	服务业	34.3	45.6	50.3	47.8	38.4
土库曼斯坦	农业	22.9	18.8	14.5	9.3	—
	工业	41.8	37.6	48.4	56.9	—
	服务业	35.2	43.6	37.0	33.8	—
乌兹别克斯坦	农业	34.4	29.5	19.8	18.3	27.1
	工业	23.1	29.1	33.3	33.0	34.2
	服务业	42.5	41.4	46.9	48.8	38.7

注：土库曼斯坦自 2016 年起不再公布各产业占 GDP 比重的数据，表中年份以 5 年为间隔。
资料来源：亚洲开发银行发布的《亚太地区主要指标 2022》。

塔吉克斯坦农业在初期的占比虽低于吉尔吉斯斯坦，但其占比下降速度却较慢，近年还存在一定反弹，工业占比略有下降，服务业占比有明显上升。塔吉克斯坦 2020 年的农业占比为 24.7%，是中亚五国中农业产值占比较高的国家，所以尽管其工业产值和服务业产值高于农业产值，但仍具有显著的农业经济特征。土库曼斯坦具有良好的工业化基础，且至 2015 年实现了农业产值占

比的显著下降，工业产值出现明显的上升，服务经济产值占比则略有下降，具
有明显的工业化特征。乌兹别克斯坦在初期工业基础较弱，农业占比较高，过
去 20 年来其农业占比有所下降，工业占比上升明显，服务业出现一定上升，
具有明显的工业化特征，只是还处于工业化起步阶段，可能将其特征称为工业
化起步特征更为贴切。

总体而言，哈萨克斯坦起步结构较好，产业结构升级明显，具有明显的后
工业化特征；土库曼斯坦次之，拥有较好的工业基础，产业结构进一步升级，
具有明显的工业化特征，但其服务经济发展缓慢；吉尔吉斯斯坦拥有一定的工
业基础，但重服务业而轻工业，虽然存在产业结构升级，但具有工业化停滞兼
服务化特征；乌兹别克斯坦工业基础最弱，存在较为明显的产业结构升级，具
备工业化起步特征；塔吉克斯坦虽然拥有较好的工业基础，但升级表现为工业
向服务业的转变，农业占比仍然较高，呈现出明显的农业经济特征。

4.1.2　世界经济发展格局中的中亚经济

由于特殊的地理位置和地缘经济与政治关系，中亚虽然本身规模并不大，
但受到国际社会的普遍关注。从地图上看，中亚地处欧亚大陆中间，深处内陆
且远离经济快速增长的区域，如北美、西欧、东亚和南亚，因此经济上一直没
有能够取得快速增长。加上中亚五国均为内陆锁定国家，虽然哈萨克斯坦和土
库曼斯坦毗邻里海，但并没有对外打通海路的出海口，因此对外经济长期
受阻。

从重要性来看，中亚不仅处于连接东亚和欧洲的通道位置，而且与俄罗斯
和中国这两个区域大国接壤，西面靠近欧盟，南邻伊朗和阿富汗。因此，美
国、欧盟和俄罗斯都注重在该区域增加影响力，这增强了该区域在国际经济发
展格局中的地位。中亚五国中最大的国家哈萨克斯坦紧邻俄罗斯，加上中亚五
国曾是苏联的加盟共和国，所以俄罗斯对其具有长期的影响力。

自中亚五国独立后，它们就积极推进经济一体化进程，尤其是哈萨克斯坦长期热衷于探索中亚经济一体化，并积极参与其他国家主导的经济一体化进程。中亚参与经济一体化的过程主要呈现四个方面的特点。

1. 中亚国家内部一体化进展缓慢

在独立初期，中亚五国都经历了经济困难，为了扭转经济困局，中亚五国先后签署一系列协议。1993 年，五个国家签署经济联盟条约，1994 年进一步签署一系列自由贸易协议，1995 年签署海关协议，1996 年签署海关准则等协议（钱宗旗，2008）。但众多协议的签署并没有对五国内部贸易产生明显促进作用，内部贸易比例反而明显下降，例如，哈萨克斯坦对其他四国的出口自 1990 年的 15.4％下降至 1996 年的 6.5％。1994 年，哈萨克斯坦提出中亚联盟构想，试图通过中亚一体化和政治协商机制加速中亚各国的经济发展，并加强中亚国家的主权，于是 1998 年成立中亚经济共同体，2002 年正式更名为中亚合作组织。2004 年俄罗斯加入该组织，2005 年该组织并入由俄罗斯主导的欧亚经济共同体，中亚国家主导的经济一体化进程被搁置。2005 年，哈萨克斯坦又提出中亚国家联盟构想，但遭到中亚人口第一大国乌兹别克斯坦和区域大国俄罗斯的强烈反对，油气大国土库曼斯坦则一直保持中立，塔吉克斯坦并未明确表态，只有吉尔吉斯斯坦和域外大国美国强力支持。2014 年，在哈萨克斯坦加入俄罗斯主导的欧亚经济联盟（欧亚经济共同体内部分成员国的进一步一体化组织）后，该方案最终搁浅。

由此可见，中亚内部一体化的过程非常困难，这是由很多方面造成的，如各国政治经济模式和观念的差异、五国内部存在的复杂领土争端和民族矛盾、处在上游的塔吉克斯坦和吉尔吉斯斯坦与处在下游的哈萨克斯坦和乌兹别克斯坦之间关于水资源利用的矛盾、哈萨克斯坦和乌兹别克斯坦之间的主导权争夺，以及域外大国的影响等。

不过，自 2018 年以来，中亚内部一体化取得了一些新进展。2018 年 3 月，在乌兹别克斯坦的提议和哈萨克斯坦的支持下，五国领导人实现了 20 年内的首次单独会晤。同年 8 月，哈萨克斯坦提出建议，号召所有斯坦国家联合起来组建像欧盟一样的国家联盟，范围除了中亚五国外，还涉及巴基斯坦和巴勒斯坦。2019 年 11 月，中亚五国总统全部参加第二次会晤，并确定会议名称为"中亚国家领导人协商会议"，中亚峰会形成机制化会晤机制。原定于 2020 年举行的第三次会晤因新冠肺炎疫情爆发推迟至 2021 年 8 月召开。尽管塔吉两国边境于 2021 年 4 月爆发冲突，连带两国的边境贸易都出现困境，但并未影响中亚峰会的召开。最近一次中亚峰会于 2022 年 7 月在吉尔吉斯斯坦的乔尔蓬阿塔举行，会议签署了"为了 21 世纪中亚发展的睦邻友好合作条约"。机制化的领导人会晤对中亚内部一体化起到重要推动作用，不过，目前各方还未提出标志性的一体化方案，因此一体化进程还有待观察。

2. 部分融入欧亚经济联盟

欧亚经济联盟成立于 2014 年 5 月 29 日，彼时俄罗斯、白俄罗斯和哈萨克斯坦三个国家签署了《欧亚经济联盟条约》，随后，亚美尼亚和吉尔吉斯斯坦相继加入。该联盟于 2015 年 1 月 1 日正式启动。塔吉克斯坦作为候选国，目前仍在研究是否加入该联盟。

欧亚经济联盟试图在处于欧亚地区的独联体国家之间建立经济联盟。其前身是 2001 年成立的欧亚经济共同体，由俄罗斯、白俄罗斯、哈萨克斯坦、吉尔吉斯斯坦和塔吉克斯坦五个国家成立。但这五国对于建立关税同盟、统一海关空间并未达成一致意见，所以后来只有俄罗斯、白俄罗斯和哈萨克斯坦三国建立了关税同盟。在经历了经济共同体和关税同盟后，三国继续推进一体化进程，并于 2014 年签订《欧亚经济联盟条约》，朝着统一大市场的目标推进。由于乌兹别克斯坦 2008 年申请退出当时的欧亚经济共同体，所以，目前中亚五国中的两国已明确不加入该联盟，一个是乌兹别克斯坦，另一个是土库曼斯坦。

　　根据《欧亚经济联盟条约》的设计，欧亚经济联盟将在 2025 年前实现商品、服务、资金和劳动力的自由流动，最终建立类似于欧盟的经济联盟，形成一个拥有 1.7 亿人口的统一大市场。该条约涉及能源、交通、工业、农业等多个产业，对关税、贸易和政府采购等领域列出条款，并附有自由贸易商品清单。根据该条约，欧亚经济联盟的性质是国际性组织，俄罗斯、白俄罗斯和哈萨克斯坦三个国家在联盟所属机构中拥有平等的表决权。[①]

　　欧亚经济联盟内部各成员国存在不同的利益诉求，俄罗斯作为联盟的主要推动力量，试图在联盟的各个领域谋求掌控力，而哈萨克斯坦对此颇有意见，以至于在很多议题上无法达成一致，例如，欧亚经济联盟在成立时本欲统一贸易政策，但在哈萨克斯坦的反对下最终行文改为增强政策协调；而有关国际合作、共同国籍、移民政策、出口监管、边界安全等内容也因遭到哈萨克斯坦的拒绝而未能加入条约。吉尔吉斯斯坦曾一度退出欧亚经济一体化进程，但又在欧亚经济联盟建立后加入，其与俄罗斯在 2012 年因水电站建设事件关系恶化，同时与乌兹别克斯坦存在水源争端。所以欧亚经济联盟内部的诸多矛盾对今后联盟的发展都会存在影响，值得关注。

　　从数据来看，自 2018 年欧亚经济联盟实施统一海关法以来，在关税壁垒大幅下降以后，其内部贸易取得快速增长，当年的内部贸易额较上年增长 9.2%，达到 600 亿美元，2019 年也维持在 610.3 亿美元，2020 年则因新冠肺炎疫情的冲击下降至 548.6 亿美元。[②]根据欧亚经济委员会数据，随着新冠疫情的缓解，2021 年欧亚经济联盟成员国相互贸易额达 726.1 亿美元，同比增长 31.9%。

　　3. 积极参与上海合作组织并响应"一带一路"倡议

　　进入 21 世纪以来，中国主导的国际合作组织也渐渐受到中亚国家的认可。

---

　　①　资料来源：《背景资料：欧亚经济联盟》，新华网，2015 年 5 月 29 日，http：//news. xinhuanet. com/world/2014-05/29/c_1110926236.htm。

　　②　数据来源：欧亚经济委员会网站。

2001 年，中国、俄罗斯、哈萨克斯坦、吉尔吉斯斯坦、塔吉克斯坦、乌兹别克斯坦六国共同宣布在中国上海成立永久性政府间国际组织——上海合作组织。该组织起源于 1996 年，前身是中国、俄罗斯、哈萨克斯坦、吉尔吉斯斯坦和塔吉克斯坦五个国家关于加强边境地区信任和裁军谈判进程的组织。因此，上海合作组织不仅重视经济合作，而且重视地区安全与稳定。中亚五国中的四国为其正式成员国，中立国土库曼斯坦则是观察员国。2017 年 6 月 9 日，上海合作组织首次扩员，印度和巴基斯坦加入，使得上海合作组织的正式成员增加至 8 个。目前，上海合作组织已经成为世界上最大的跨区域国际组织。

上海合作组织在促进中亚地区的经济发展和消除贫困中发挥了积极作用。根据上海合作组织的协定，中国每年向中亚国家提供投资，用于基础设施等地区发展领域，效果较为明显。上海合作组织还成立了实业家委员会和银行联合体，以促进多边经济合作。2018 年 6 月，上海合作组织峰会在中国青岛召开，共通过 23 份合作文件，创历次峰会之最。该峰会强调围绕新的大型互利合作项目加强合作，成立上海合作组织开发银行和发展基金等金融机构以支持合作，推动设立优先合作项目融资机制，简化进出口流程，开展多边地区合作。除此以外，推行现代化创新技术和促进农业合作也是未来合作的重点方向。

2013 年，中国提出的"一带一路"倡议就是在中国国家主席习近平访问哈萨克斯坦时提出的，中亚国家对"一带一路"倡议高度重视并积极响应。具体内容在后面的章节中会有具体分析。中亚地区同中国的贸易近年来也大幅增长，中国企业拥有哈萨克斯坦近四分之一的石油产品，占土库曼斯坦天然气出口的一半以上。为了进一步推进双方的沟通与合作，中国自 2012 年起每年举办一次"中国—中亚合作论坛"，最近一次即第九次论坛已于 2022 年 7 月举办。

4. 与欧美保持密切的经济联系

中亚国家独立后，美国和欧盟都积极进入该地区，试图通过经济投资施加影响，进而推行西方价值观和民主制度。所以，中亚地区是其全球战略的一部分。美国对于中亚地区的投资一直较高，但对其政治体制施加影响力的努力基本失败。另外，阿富汗战争爆发后，美国视中亚地区为其稳定中东的重要支点，先后在吉尔吉斯斯坦、乌兹别克斯坦、土库曼斯坦设有军事基地。美国曾于 2005 年起推行"大中亚计划"以通过经济合作平衡俄罗斯和中国对该地区的影响，该计划强调在大中亚地区建立涉及政治、经济和安全的多边机制，以阿富汗为战略据点，通过共同利益与共同需求将阿富汗与其周边的中亚五国、印度、土耳其连接成一个地缘板块，以促进该地区发展和民主化，帮助美国应对极端主义。2011 年美国提出"新丝绸之路愿景"，从内容和地域范围上看，该愿景都是大东亚计划的升级版，意在整合中亚南亚板块。2019 年，特朗普政府出台《中亚战略 2019—2025：促进主权与经济繁荣》，同样聚焦政治、安全和经济三大议题。拜登政府同样重视中亚战略，2021 年 1 月，美国宣布与乌兹别克斯坦和哈萨克斯坦建立中亚投资伙伴关系；在 2022 年 9 月 23 日第 77 届联合国大会期间，美国与中亚五国举行了"C5＋1"部长级会议。

　　欧盟与中亚的联系可以分为几个阶段。第一阶段是中亚国家独立至"9·11"事件爆发之前，欧盟对中亚国家的政策较多地依赖于欧俄关系，因此并未将中亚国家单独拎出来制定战略，往往都是以独联体国家为大范围制定相应战略。第二阶段是"9·11"事件爆发到欧债危机爆发之前。在这一阶段安全问题是欧盟的首要关切，"9·11"事件的发生使得欧盟开始关注中亚地区，促使欧盟决定推进同中亚五国在贸易、反恐、打击毒品走私及水资源管理等问题上的合作。加上欧盟对石油资源的依赖及对中东稳定的关注，中亚治理便引起欧盟越来越多的重视。2002 年，欧盟出台《关于中亚的 2002—2006 年战略》，这是其对该地区的首份战略文件。2005 年，欧盟设立驻中亚特别代表，并于 2007 年通过《欧盟与中亚：新伙伴关系战略》，试图更大程度地介入中亚事务。不过数据显示，1991—2006 年，欧盟对中亚地区的援助金额远低于美国（曾向红，2008）。第三阶段是欧债危机爆发至克里米亚危机之前。欧债危机爆发后，欧盟经济遭遇重创，欧洲一体化进程受阻，欧盟的关注点从全球战略回归对内治理上，对于中亚的战略有所疏离。第四个阶段是克里米亚危机爆发以来，2014年克里米亚危机爆发后，欧俄关系转冷，欧盟急于改善其能源供应状况，开始重新重视中亚地区。2015 年，在中国对中亚五国大举投资的影响下，欧盟决定重申其中亚战略，但欧洲难民危机的爆发及随后欧盟内部产生的民粹主义使得欧盟多国遭遇政治困境，直到 2017 年平稳渡过这一重要选举关口后才稍微平静。2018 年 9 月 19 日，欧盟委员会发布政策文件《连接欧洲与亚洲——对欧盟战略的设想》，将其亚洲战略调整为更加积极的战略。2019 年 6 月，欧盟发布《欧盟与中亚：更坚实伙伴关系的新机遇》，进一步提出新的中亚战略，包括形成资助中亚区域发展的一揽子计划，以支持环境、气候、可持续消费和生产、能源、性别平等、反恐和教育等领域的具体行动。2021 年，欧盟提出"全球门户"计划，与中亚国家建立互联互通网络也是其中的重要内容。在俄乌冲突爆发后，欧盟进一步推进同中亚国家的沟通，2022 年 10 月 27 日，首届中亚—欧盟领导人会晤在哈萨克斯坦首都阿斯塔纳举行。

4.2 中亚经济发展历程

中亚地区历史久远，至今已有 3 000 多年历史，其经济发展历史则可以追溯到 1 000 年前那段被称为"黄金时代"的岁月，也就是在 13 世纪之前的近500 年里。作为当时欧亚大陆的贸易中心，中亚地区的贸易伙伴为欧亚大陆上其他主要的经济中心和文化中心：中东、欧洲、印度和中国。处于欧亚大陆交叉中心的区位优势，拥有开放贸易的先进理念，加之较为先进的技术，使得中亚经济一度繁荣鼎盛（Starr，2013）。不过，在随后的历史中，周边势力的纷争及地区内的动荡使得该地区逐渐黯淡，先后经历了几百年的汗国时期、近

130 年的沙皇俄国统治时期及苏联加盟国时期。苏联解体后，中亚五国才开始独立发展经济，开启现代经济进程，其发展包括以下三个阶段。

4.2.1　独立初期的经济困境：1991—1999 年

虽然中亚国家大多拥有工业基础，但基本都是在苏联时期建立起来的重工业和军事工业，而苏联解体使得新独立的中亚国家的工业面临困境：且不提企业结构扭曲和效率低下，关键是市场需求消失，在新的市场环境下缺乏竞争力。旧体系经济动力的突然停滞和新经济动力的空白，使得中亚国家经历了长期的经济困境。如图 4-4 所示，1991—1999 年中亚五国的 GDP 环比年增长率在大多年份都为负值，可以说它们经历了长达 9 年的经济困境。

具体来看，1991—1995 年，中亚五国经历了严重的经济衰退，例如，塔吉克斯坦 1992 年经历了高达 29% 的衰退率，吉尔吉斯斯坦 1994 年的衰退率高

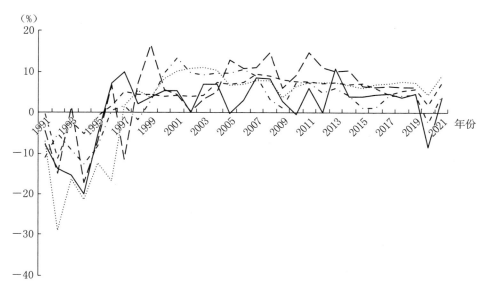

图 4-4　1991—2021 年中亚五国 GDP 环比年增长率

注：土库曼斯坦 2020—2021 年数据不可得，故图中缺失。
资料来源：世界银行。

达 20%，土库曼斯坦 1994 年也经历了 14% 的衰退低谷，哈萨克斯坦和乌兹别克斯坦也分别在 1991 年和 1992 年经历了高达 11% 的经济衰退。衰退最严重的是塔吉克斯坦，其衰退幅度最大，且持续时间最长，到 1996 年其他四国均已实现经济增长，而塔吉克斯坦仍处于高达 17% 的经济衰退中，直到 1997 年才勉强实现经济增长。导致衰退的原因主要是突然的政治更迭，这使得中亚国家不得不面临市场缺失和来自苏联转移支付的终止，由此该地区经历了对宏观经济失衡及结构扭曲的艰难调整。具体而言，例如，这些国家长期实行低价能源政策，并对运输等行业进行补贴，但价格自由化后家庭和公司都必须以国际价格买卖商品，因此很多企业难以为继，再加上在中央计划经济体制下原本由组织安排生产和贸易，但苏联解体后不再安排了，中亚五国经济体一度处于停滞状态。

自 1996 年起，中亚地区的经济渐有起色，但经济增速仍然较慢，而且存在个别国家在个别年份仍然陷入衰退的情况，如 1996 年的塔吉克斯坦、1997 年的土库曼斯坦以及 1998 年的哈萨克斯坦，直到 1999 年五国才同步实现经济复苏。

这一阶段的经济特征还可以通过其他经济指标来观察，如通货膨胀率和政府债务占比等。苏联解体后，中亚国家普遍经历了恶性通货膨胀，其中塔吉克斯坦和土库曼斯坦在这段时期曾经历高达三位数甚至四位数的通货膨胀率。不断上升的政府债务和收缩的经济总量导致中亚五国的政府债务占 GDP 比重大幅上升。吉尔吉斯斯坦和塔吉克斯坦的政府债务占 GDP 的比重则曾高达三位数，也就是说政府债务超过自身 GDP 的规模，债权人主要是俄罗斯和世界银行，以及其他的国际发展机构。

4.2.2   大宗商品驱动经济快速增长：2000—2008 年

经过了长期艰难的经济转型后，中亚国家自 2000 年起逐渐实现以大宗商品出口为驱动的经济增长，包括石油和天然气资源（哈萨克斯坦、塔吉克斯坦和乌兹别克斯）、有色金属（塔吉克斯坦的铝及吉尔吉斯斯坦的黄金），以及棉花（塔吉克斯坦和乌兹别克斯坦）等。

中亚地区在这一阶段的主要特征是快速的经济增长及人均 GDP 的增长。如图 4-5 所示，以购买力平价衡量的人均 GDP 数据显示，此阶段中亚国家取得显著的财富积累。哈萨克斯坦和土库曼斯坦在油气资源的出口驱动下，取得快速的经济增长，其人均 GDP 的增长速度甚至快于中国。而哈萨克斯坦的人均 GDP 水平在 21 世纪初就超过土耳其，并在 2015 年赶上俄罗斯（Batsaikhan and Dabrowski，2017）。乌兹别克斯坦、吉尔吉斯斯坦和塔吉克斯坦的经济增速则相对较慢，所以在观察的年份里，两组国家的人均 GDP 差距逐渐拉大。中亚五国 1995—2022 年的通货膨胀率较前一阶段大幅下降，但其水平仍然较高，在五国中，通货膨胀率最低的是吉尔吉斯斯坦，大部分年份其通货膨胀率都低于 6％，但 2020 年以来出现显著上升，最高的是乌兹别克斯坦，大多数年份其通货膨胀率都高于 10％，最大经济体哈萨克斯坦的通货膨胀率略高于吉尔吉斯斯坦（图 4-6）。

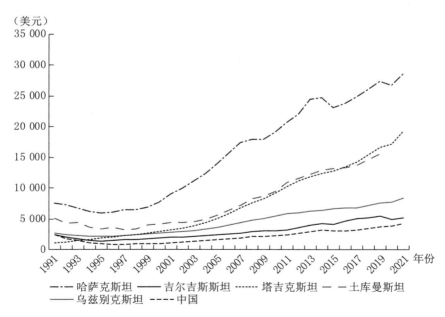

图 4-5　1991—2021 年中亚五国和中国的人均 GDP 水平

注：图中人均 GDP 为购买力平价算法下的数值。土库曼斯坦 2020—2021 年数据不可得，故图中缺失。
资料来源：世界银行。

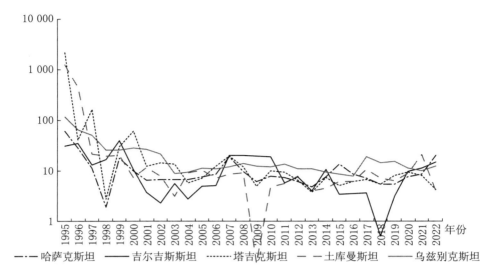

图 4-6　1995—2022 年中亚五国的通货膨胀率

注：数据为期末消费者价格的变动比，为了可对比性，图中以对数值形式呈现。
资料来源：IMF。

　　这一阶段中亚五国经济取得快速增长的原因，大部分经济学家都认为是石油及其他大宗商品的价格上涨，促使采取能源出口战略的中亚国家由于出口收入大增而日益富有。从这个意义上讲，中亚国家的经济增长是无法持续的，且具有价格现象的特征。后来大宗商品的价格下跌导致中亚经济失速也正是这一观点的有力说明。不过，这里还有两个原因可能被忽略了。一是中亚国家自身的经济改革渐有成效。历经 9 年的经济转型和探索，尤其是哈萨克斯坦进行的市场化改革，中亚五国内部经济活力渐渐释放，再加上计划经济取消后服务经济快速发展，这些都大大促进了中亚国家此阶段的经济成就。当然，土库曼斯坦和乌兹别克斯坦的市场化速度较慢，但不能否定其存在市场化经济的探索及其带来的经济活力释放。其工业虽然经历了前期痛苦的去工业化阶段，但其背后是对扭曲经济结构的调整以及由此带来的企业竞争力提高，于此阶段及长期的经济增长而言实则有利。二是来自美国和欧盟的投资。"9·11"事件爆发后，美国发动阿富汗战争并在紧邻阿富汗的中亚地区建立军事基地，加大投入。欧盟也同样重视对该区域的建设，以建立安全缓冲区域，同时获得油气资源。自此，中亚获得大量来自欧美的经济援助及直接投资。

4.2.3　危机冲击下的经济失速：2009—2022 年

如前所述，以资源出口战略驱动的经济增长必然因大宗商品价格的下跌而陷入困境。2008 年全球金融危机爆发后，大宗商品价格大幅下跌，致使包括中亚在内的以资源出口战略为导向的新兴经济体普遍遭遇经济下滑。而新冠疫情和俄乌冲突的相继爆发也进一步加剧中亚经济的困境。

经济失速主要是相对于上一阶段的高速增长而言的。从具体数据来看，2009 年，同世界其他国家一样，中亚国家经历了经济增速的大幅下滑，但仍取得缓慢的经济增长；2010—2013 年经济增长有所恢复；2014—2016 年则出现增速下滑，哈萨克斯坦在 2015 年和 2016 年的 GDP 增长率分别仅为 1.2％和 1.1％，土库曼斯坦的经济增长率也由之前的两位数下降为个位数。这一状况直到 2017 年才略有恢复，在维持两年较为稳定的经济增长后，2020 年新冠疫情冲击使得中亚经济增速再次下滑，哈萨克斯坦和吉尔吉斯斯坦都经历了显著的衰退，直到 2021 年其经济才逐渐恢复增长。2022 年俄乌冲突的爆发使中亚经济一度受到冲击，随着能源价格的上涨，其经济困境有所改善，增速并未出现大幅下滑。

究其原因，经济增速放缓主要是因为大宗商品的价格下跌，进而导致出口收入增速放缓。中亚国家获得的能源出口收入大多花了出去，并没有太多的外汇储备。例如，哈萨克斯坦将能源出口收入用作长期的基础设施建设和公共投资，以及当期的政府支出，根据 IMF 的计算，其保持财政收支平衡的边际油价在 2009—2013 年为每桶 65.4 美元，到 2015 年则上升至 88.1 美元，然而 2014 年以来大宗商品的价格下跌导致油价在 2015 年跌至每桶仅 50 美元。结果是哈萨克斯坦的财政状况恶化，进而导致其货币坚戈大幅贬值，哈萨克斯坦政府不得不在 2015 年 8 月 20 日宣布从当天起取消汇率波动区间限制，实行浮动汇率。2014—2017 年初，坚戈对美元的贬值幅度超过 50％。根据哈萨克斯坦央行的统计数据，2020 年坚戈兑美元的汇率从 382.6 降至 420.91，全年贬值约 10％。若同 2009 年的币值相比，2021 年坚戈兑美元的贬值幅度已超 70％。

实际上，新兴经济体普遍遭遇了 2014 年以来的经济下滑，一方面是大宗商品价格下跌所致，另一方面则是美国退出量化宽松货币政策，致使这些国家资本外流及货币贬值。对于中亚国家来说，有一个重要因素造成自身比其他新兴经济体更为严峻的经济困境：2014 年初，克里米亚事件爆发后美欧对俄罗斯采取经济制裁，俄罗斯经济大幅下滑，使得严重依赖俄罗斯经济的中亚国家，尤其哈萨克斯坦经济受累。此外，中亚国家内部也因水资源利用而遭遇紧张局势，自 2009 年以来乌兹别克斯坦和塔吉克斯坦双方关系几度恶化，前者对后者发起能源战、铁路战、边境战、海关战并引发其他问题和矛盾，甚至有发生局部军事冲突的危险，直到 2016 年领导人更迭后双方关系才逐渐回暖，中亚内部贸易自此才逐渐恢复。

2017—2019 年，中亚国家经济逐步恢复，并显现出平稳特征（图 4-2），然而其经济增长率普遍较低，未能达到过去高速增长的水平，因此仍归于经济失速阶段。自 2020 年以来，在新冠疫情的持续冲击下，中亚国家同样遇到经济波动甚至产生衰退，2021 年虽实现增长，但大多属于衰退后的经济恢复。在新冠疫情严重期间，大宗商品价格也曾大幅下跌，因此这一阶段中亚各国普遍遭受经济困难。

4.3   中亚经济发展模式

与传统西方经济学强调经济增长不同，发展经济学主要研究贫困落后的农业国家或发展中国家如何实现工业化、摆脱贫困并走向富裕，主要关注的是更为全面的经济发展问题。2018 年诺贝尔经济学奖被授予发展经济学家诺德豪斯和罗默，传递了经济学应该关注可持续发展并重视经济增长代价，这也正是经济发展同简单经济增长的重要区别所在。

具体而言，经济发展除了经济增长的内容外，还关注经济结构的变化、环境治理及收入分配等方面。中亚国家在独立初期就是落后的农业国家，在过去30 年里探索实现现代化的道路，这恰恰就是发展经济学所关注的经济发展问题。对其经济发展模式的分析可沿着经济发展的内涵来展开。

4.3.1　中亚经济增长的资源驱动模式

西方经济学理论对经济增长方式进行了大量研究，并涌现出了多个经典的经济增长理论，以试图解释经济增长的原因。现代经济学中较早的经济增长理论是哈罗德—多马增长理论，强调资本积累尤其是储蓄对经济增长的贡献。随后，索洛增长理论提出，在劳动力和资本的投入外，技术进步是驱动经济长期增长的因素，强调其代理变量全要素生产率的提高。之后就是罗默和卢卡斯等人提出的内生经济增长理论，这一理论认为可以通过人力资本的投入和制度设计的完善来提高规模投资，并且不受制于自然环境的影响，实现可持续的内生增长。

1. 投资驱动部分解释经济增长

以上述理论来分析中亚经济 2000 年以后所取得的增长，可以得出以下结论。首先，在 2000—2009 年的经济增长阶段，中亚国家中除了吉尔吉斯斯坦外，其余国家都表现出储蓄率的稳步上升，这一点与中国的情形类似，它们均采用通过储蓄进而投资驱动经济增长的模式。相应地，2012—2016 年，哈萨克斯坦和乌兹别克斯坦都呈现出储蓄率增速的下降，吉尔吉斯斯坦则表现出储蓄规模的减少，与经济增速的下滑形成一致，2017—2018 年储蓄率有所回升，与经济的回暖趋势一致。2019—2020 年，主要中亚国家的储蓄率再次下探，但吉尔吉斯斯坦则出现上升，与自身经济走势基本一致（表 4-4）。可见，传统理论对于中亚经济增长具有一定的解释作用。事实上，中亚国家也长期推行大规模投资，其对经济的拉动作用不可忽视。

表 4-4　中亚五国及中国的国内总储蓄占 GDP 的比重

	2000 年	2003 年	2006 年	2009 年	2012 年	2015 年	2018 年	2020 年
哈萨克斯坦	26.0	34.3	44.1	40.8	43.5	34.6	39.6	34.3
吉尔吉斯斯坦	14.3	5.3	− 13.1	3.3	− 15.9	− 8.3	0.3	5.5
塔吉克斯坦	0.6	9.3	6.0	1.2	− 13.5	17.2	12.4	10.8
土库曼斯坦	48.4	31.1	57.7	76.0	76.1	—	—	—
乌兹别克斯坦	19.4	26.9	36.5	35.8	29.2	24.3	30.0	25.2
中　　国	35.9	41.8	47.5	49.7	48.9	46.5	44.6	44.7

注：土库曼斯坦自 2014 年起不再发布相应数据造成数据中断，中国数据在此作对比之用。
资料来源：亚洲开发银行发布的《亚太地区主要指标 2022》。

2. 劳动和技术的促进作用不显著

劳动要素投入可以用劳动参与率来衡量，即一国的就业人口占适龄劳动总人口的比例。如表 4-5 所示，哈萨克斯坦的劳动参与率基本稳定在 70％ 左右，吉尔吉斯斯坦则表现为先上升后下降，在 2006 年达到 65.5％ 的高位后，逐渐下降至 2018 年的 59.8％。与自身经济增长规律一致，塔吉克斯坦的劳动参与率略有下降，从 2006 年的 53.9％ 下降至 2018 年的 45.7％。土库曼斯坦是中亚五国中唯一持续上升的国家，从 2003 年的 62.5％ 逐渐上升至 2018 年的 64.6％，不过上升幅度比起其经济增长幅度来说几乎可以忽略，但在新冠疫情冲击下这一数据出现下滑。乌兹别克斯坦不仅保持了较高的劳动参与率（70％ 左右），而且总体保持上升趋势。可见，劳动要素投入增加引致经济增长的理论在中亚地区表现得并不明显，这可能证明了索洛提出的问题，即劳动力等要素投入在长期来看趋于稳定。不过，索洛提出的技术进步在中亚地区也没有明显的证据，至少中亚经济增长的主要因素并非技术进步。

表 4-5　2003—2021 年中亚国家劳动参与率情况

	2003 年	2006 年	2009 年	2012 年	2015 年	2018 年	2021 年
哈萨克斯坦	70.0	69.7	70.7	71.7	69.7	70.0	69.3
吉尔吉斯斯坦	64.0	65.5	64.4	64.2	62.4	59.8	—
塔吉克斯坦	52.8	53.9	51.0	48.9	47.7	45.7	—
土库曼斯坦	62.5	62.7	63.1	63.8	64.6	64.6	45.8
乌兹别克斯坦	67.7	67.9	73.4	70.0	71.9	74.3	74.1

注：塔吉两国 2021 年数据尚未更新。
资料来源：亚洲开发银行。

可能也正是因为以上这些不足之处，对于中亚国家自 21 世纪以来取得经济成就的原因，大多数研究还是将其归于资源出口型增长。中亚五国拥有令人艳羡的资源禀赋，油气、石油、煤炭、铁等矿种的储量和产量均居世界前列。中亚五国石油探明储量为 42.8 亿吨，占世界总量的 2.1％；天然气探明储量为 11.8 万亿立方米，占世界总量的 6.2％；煤矿探明储量为 336 亿吨，居全球第八位；黑色金属矿产以铁、锰和铬三种矿产为优势矿产，探明其储量为 83 亿吨，居世界第五位。所以，用资源出口型经济增长模式来概括中亚五国的经济增长模式可能更为贴切。

4.3.2　大国影响下的转型经济模式

内生增长理论强调人力资本的投入和制度条件的优化。人力资本是比普通劳动力更加高级的生产要素，表现为知识密集型人才或技术熟练劳动力，这在现有统计中尚无直接数据，一个间接的衡量标准是教育相关指标；不过，近些年来，中亚地区的教育水平并没有显著上升。

西方经济学家对中亚国家经济的关注普遍聚焦于其制度的转变，称为转型经济体，该称谓所指的是近几十年来经济社会从计划经济向市场经济转变的国家。随着经济社会的转型，原来在计划经济模式下被束缚的生产力在市场经济条件下被充分释放，结果带来国内生产总值的大幅增加及人民生活水平的提高。如图 4-6 所示，中亚国家以购买力平价衡量的人均 GDP 在 1991—2017 年取得显著增长。因此，西方经济学界普遍认为，中亚国家取得的经济增长同其经济社会的转型高度相关。

不过，在制度转型之外，转型之前这些国家所具备的经济基础同样重要。在作为苏联的加盟共和国时期，中亚国家在重工业方面打下了很好的基础，在苏联内部的产业规划及转移支付体制下，中亚国家普遍实现了从农业经济向工业经济的快速升级，这也正是中亚国家在独立初期都拥有较高的工业产值占比的原因。这一苏联遗产为后期的经济转型提供了良好的基础。

当然，这种重化工业基础在转型初期也带来巨大的阵痛，苏联解体导致工业产品的市场突然消失，加上运输体系的分割导致运输成本上升，使得所有中亚国家都遭受转型衰退时严重的产能下降。但由于各国在经济结构和政策环境方面各不相同，自中亚国家独立 30 年以来，中亚各国复苏的程度和时长相互之间差别很大。尤其是吉尔吉斯斯坦和塔吉克斯坦，这两个中亚国家的衰退程度严重且持续时间很长。

目前，中亚五国分别处在从计划经济向市场经济转型的不同位置。吉尔吉斯斯坦在转型之路上走得最远，哈萨克斯坦紧跟其后。在较落后的国家中，乌兹别克斯坦的改革进程最为缓慢，且有所反复，而土库曼斯坦仍保留大量计划经济的关键元素（拉贾特等，2018）。那么，哈萨克斯坦的经济增长可以理解为源自制度转型完成得较好，而土库曼斯坦并没有完成较好的经济转型，但在五国的经济表现中仅次于哈萨克斯坦，所以说制度优化的内生增长只能部分解释中亚经济增长的情形。

在理解中亚经济发展模式时，无法忽略的一个因素就是俄罗斯的大国影响。俄罗斯对于中亚具有天然的地缘优势：中亚的西部和北部与俄罗斯接壤，东部毗邻中国，南部的邻国为伊朗和阿富汗。伊朗和阿富汗自身对中亚地区的影响力较小，而且由于战争、制裁、恐怖主义势力等因素对中亚地区的威胁大于帮助；中国与中亚接壤的部分是新疆地区，在"一带一路"倡议实施之前发展相对落后。因此，俄罗斯由于地缘优势而对中亚存在长期的影响力，中亚国家需要依靠俄罗斯维护自身安全与稳定。加上中亚国家内部也常常因水资源问题、领土纠纷或民族冲突等而陷入纷争，俄罗斯的大国影响就具有重要的稳定作用。在经济上，中亚地区对俄罗斯的依赖同样突出，长期以来，俄罗斯都是中亚国家最重要的进出口目的地。因此，中亚国家与其他转型经济体有所区别的特征就在于俄罗斯的大国影响，我们将这种模式称为大国影响下的转型经济模式。

4.3.3　中亚经济发展模式的结构性特征

除了总量上的经济增长外，经济发展还需要从结构上进行优化，包括产业结构、收入分配、资源环境等方面。对于中亚国家及其他发展中国家而言，经济发展比单纯的经济增长还要重要，经济增长未必带来经济发展，而经济发展则可以通过各个方面的结构优化内化成为经济长期可持续增长的动力。

1. 产业结构：农业和工业向服务业升级的趋势明显

表 4-3 已经详细介绍自 2000 年以来中亚五国的产业结构变动情况，产业结构则主要通过三次产业的产值占比来衡量。主要结论是：哈萨克斯坦起步结构较好，产业结构升级明显，具有明显的后工业化特征；土库曼斯坦次之，拥有较好的工业基础，产业结构进一步升级，具有明显的工业化特征，但其服务经济发展缓慢；吉尔吉斯斯坦拥有一定的工业基础，但重服务业而轻工业，虽然存在产业结构升级，但具有工业化停滞兼服务化特征；乌兹别克斯坦工业基础最弱，存在较为明显的产业结构升级，具备工业化起步特征；塔吉克斯坦虽然拥有较好的工业基础，但升级表现为工业向服务业的转变，农业占比仍然较高，呈现出明显的农业经济特征。各产业的就业人口对比情况与产值情况类似，也存在农业人口逐步减少和服务业人口逐渐增多的趋势。

2. 收入分配：差距较低且呈下降趋势

收入差距不仅存在于中亚五国之间——哈萨克斯坦和土库曼斯坦进入中上收入阶层，其他三国则处于中下收入水平，在同一国家内部也存在明显的收入差距。国际上通常用基尼系数来衡量一个国家或地区的居民收入差距。基尼系数的数值大于 0 而小于 1，数值越大说明不平等程度越高。通常将 0.4 作为贫富差距的警戒值，当基尼系数大于这一数值时容易出现社会动荡。

如图 4-7 所示，世界银行提供的基尼系数显示，哈萨克斯坦和吉尔吉斯斯坦的基尼系数都处在 40％以下，自 2006 年以来，哈萨克斯坦的基尼系数甚至低于 30％，这一水平基本相当于德国的水平，而且低于美国 40％左右的水平。可见，以这两国衡量的中亚地区收入差距较小。其他几个国家虽然数据不连续，但基本情况类似，如乌兹别克斯坦 2003 年的基尼系数为 35.3％，塔吉克斯坦 2009 年的基尼系数为 30.8％。土库曼斯坦仅有 1998 年的数据，其值为 40.8％，也是比较低的水平。

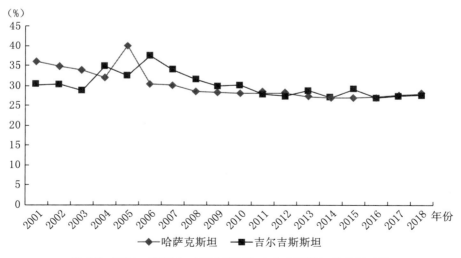

图 4-7　2001—2018 年哈萨克斯坦与吉尔吉斯斯坦的基尼系数

注：在世界银行数据库中，中亚五国的基尼系数数据缺失严重，为整齐起见，图中只选取两国的数据，时间段选取也基于数据整齐原则。

资料来源：世界银行。

3. 资源环境：过度开发利用，缺乏保护

同其他起步的发展中国家一样，中亚国家在经济快速发展的同时，没有及时关注对资源的节约和对环境的保护。虽然说咸海的消失不能完全归因于中亚国家的粗放式经济增长，但它们也难辞其咎。早在 1987 年咸海就开始出现干涸迹象，当时中亚国家还未获得独立；然而，如果说苏联时期在中亚区域进行的工业使得咸海被过度利用，那么在中亚国家获得独立后如果对咸海加以积极保护，则存在于地球 550 万年的咸海也不至于濒临干涸消失。水资源的利用问题一直困扰着中亚地区，中亚国家内部也常常因为水资源的争夺而关系恶化，处在上游的塔吉克斯坦和吉尔吉斯斯坦与处在下游的哈萨克斯坦和乌兹别克斯坦长期存在对水资源利用的争议。另外，中亚五国基本都严重依赖资源能源的开发和出口，采矿业在 2000 年以后获得空前发展，问题也随之而来，过度的开采不仅造成资源利用效率的下降，而且对环境也造成不可逆的伤害，比如对土地资源和地下水资源的破坏，以及对环境的污染。

4.4　中亚经济发展面临的挑战与问题

自独立以来的 30 年里，尤其是自 2000 年以来，中亚国家的经济发展取得令人瞩目的成绩。但在 2008 年全球金融危机爆发后，随着国际大宗商品价格的下跌，中亚国家的经济增速一度锐减，至今仍未达到 21 世纪初期的经济增速。如果这种低速经济增长成为常态，则中亚国家有可能陷入中等收入陷阱。从长期来看，中亚国家至少在四个方面存在挑战。

4.4.1 "资源诅咒"阻碍产业多元化

"资源诅咒"，也称为"荷兰病"，是指自然资源丰富的国家反而比资源稀缺的国家经济增长更慢的现象。最典型的例子就是 17 世纪的强国荷兰在 20 世纪发现大量天然气储量，在石油危机时坐享能源价格上涨带来的经济增长，但汇率及劳动力成本的上升导致其产业国际竞争力下滑，最终荷兰经济恶化。"资源诅咒"更多用于石油国家，如伊拉克、尼日利亚等国，虽然它们因石油出口一度富有，但自身经济发展速度却远低于依靠贸易和科技发展的国家。

中亚国家也具有类似的情况，在大宗商品价格上升时一度富有，但随着金融危机后大宗商品的价格下跌面临经济减速。虽然中亚国家尤其是哈萨克斯坦强调产业多元化发展，但要建立多元化的、有竞争力的产业还需要其他要素的配合，如充足的人力资本和稳定的政治环境等。况且，其他四个国家的产业多元化进程也相对较慢。

4.4.2 城市化速度较慢

中亚地区经过近 30 年的经济发展，农村社会仍占很大比例。从城市人口占总人口之比可以看出，中亚五国的城市人口虽然明显大于 1960 年时的水平，但自独立以来，五个国家城市人口占比基本没有大幅变化；相比之下，同为发展中国家的中国则实现城市人口的大幅增加，从 1991 年的 27％增加至 2019 年的 60％（表 4-6），即使发达如美国，也在这一时期实现城市化率的进一步提升。塔吉克斯坦的城市人口占比反而从 1991 年的 31％下降至 2019 年的 27％。实际上，在转型初期，由于工业的萎缩和经济的下降，失业工人回到农村，中亚五国曾存在一定的城市化逆转现象。但自 2000 年以来的经济增长，也并没有显著地促进中亚五国的城市化进程，这在长期内显然不利于消费人群的形成

表 4-6　中亚五国及中国、美国的城市化情况及农业就业情况

	城市人口占比（%）			农业就业男性占比（%）		农业就业女性占比（%）	
	1960 年	1991 年	2019 年	1991 年	2019 年	1991 年	2019 年
哈萨克斯坦	44	56	58	38	16	35	13
吉尔吉斯斯坦	34	37	37	34	20	37	19
塔吉克斯坦	33	31	27	41	35	78	60
土库曼斯坦	46	45	52	38	22	26	19
乌兹别克斯坦	34	42	50	40	27	55	22
中　国	16	27	60	64	28	41	24
美　国	70	76	82	3	2	1	1

注：城市人口占比是城市人口占总人口之比，农业就业男性占比指就业于农业的男性人数占全部男性就业人口的比例，农业就业女性占比指就业于农业的女性人数占全部女性就业人口的比例。中国与美国的数据在此作对比之用。

资料来源：世界银行。

和劳动生产率的提升。

城市化率低的另一个结果是多余的劳动力闲散于农村，而不利于一国潜在产出的实现，人力资本的缺乏也使得国内经济对外国投资的吸收能力较弱，进而无法实现长期增长。表 4-6 中后两组数据显示了农业就业人口在总就业人口中的占比情况。在哈萨克斯坦男性和女性就业数据中，都表现出明显的农业就业人口占比下降趋势，且其下降幅度超过 50%。对于土库曼斯坦而言，在原本较低的农业人口占比之下该比例进一步下降，且下降幅度明显。在乌兹别克斯坦农业中，就业男性占比在过去 30 年间从 40% 下降至 27%，吉尔吉斯斯坦农业就业男性占比也取得相近的下降幅度。塔吉克斯坦一直是五国中农业就业人口占比最高的国家，尤其女性就业占比，1991 年曾高达 78%，至 2019 年也仅下降至 60%，降幅非常有限。可见，哈萨克斯坦和土库曼斯坦的城市化率相对较高，而塔吉克斯坦和吉尔吉斯斯坦的城市化水平相对更低。

4.4.3　市场化改革滞后

转型国家进行市场化改革可以充分释放生产力，在这一点上，中亚五国取

得的进展差异很大。哈萨克斯坦和吉尔吉斯斯坦的市场化程度较高，而乌兹别克斯坦和塔吉克斯坦相对较低，土库曼斯坦则仍保留大量的计划经济部分。

对于市场化改革可以采用经济自由指数来衡量。美国传统基金会每年会发布经济自由度指数，以法治程度、管理效率、政府规模和市场开放度为标准，对世界上 180 多个国家和地区的经济自由指数进行打分和排名，并将这些排名划分为五个档次，依次为经济抑制、很不自由、中度自由、高度自由和完全自由（表 4-7）。

表 4-7 中亚五国在经济自由指数世界排名中的情况

	2015 年		2018 年		2020 年	
	排名	档次	排名	档次	排名	档次
哈萨克斯坦	69	中度自由	41	中度自由	34	高度自由
吉尔吉斯斯坦	82	中度自由	78	中度自由	78	中度自由
塔吉克斯坦	140	很不自由	106	很不自由	134	很不自由
土库曼斯坦	172	经济抑制	169	经济抑制	167	经济抑制
乌兹别克斯坦	160	经济抑制	152	很不自由	108	很不自由

资料来源：美国传统基金会。

在 2020 年的经济自由指数排名中，哈萨克斯坦已经进入高度自由的行列，吉尔吉斯斯坦一直保持在中度自由的行列，塔吉克斯坦和乌兹别克斯坦的经济自由指数仍然较低，属于很不自由的等级，土库曼斯坦的经济自由指数等级为经济抑制。将近年来的情况进行纵向比较可以发现，中亚国家近年来普遍存在经济自由指数的提高，哈萨克斯坦由 2015 年的第 69 位提高至 2018 年的第 41 位及 2020 年的第 34 位，乌兹别克斯坦从 160 提高至 2018 年的第 152 位及 2020 年的第 108 位，可见近年来这两个国家的市场化改革取得的进展较多。塔吉克斯坦的情况有些反复，虽然在 2018 年排名有所上升，但在 2020 年的排名中又有所下降。土库曼斯坦则进步很小，而且还是属于经济自由指数最低的国家之一。

经济自由化指数低的国家往往腐败盛行，这会进一步阻碍私营经济，尤其中小企业的发展。在德国非营利组织"透明国际"发布的"2020 年全球清廉度排名"中，哈萨克斯坦在总共 180 个国家和地区中排名第 94 位，较 2018 年的第 122 位明显上升，而其在 2016 年的排名还要靠后 9 位，中亚其他四国的排名则均在哈萨克斯坦之后。

4.4.4　区内及周边政治动荡频发

中亚五国内部由于民族问题、领土争端、水资源争夺等问题常常纷争不断，近年来其周边如阿富汗、伊朗等国家和地区也开始出现动荡。这些情况对其经济的稳定发展会造成严重威胁，也成为随时可能打乱其经济增长最大的不确定性。

中亚国家内部民族复杂，哈萨克斯坦最大的民族是哈萨克族，占其总人口的 63%，吉尔吉斯斯坦的最大民族占其总人口的 72%，其余三国最大民族的占比则为 80%—85%。这种复杂的民族结构源自 15—18 世纪，许多民族之间的矛盾一直延续至今。这些民族的语言也存在不同属性，土库曼语、乌兹别克语、吉尔吉斯语和哈萨克语都属于突厥语系，而塔吉克语则属于波斯语系。此外，俄语在哈萨克斯坦和吉尔吉斯斯坦仍是通用语言。复杂的民族构成和不同的渊源导致该地区冲突频繁，如 20 世纪 90 年代爆发的塔吉克斯坦内战、1990 年和 2010 年在吉尔吉斯斯坦奥什等地爆发的民族暴动、2005 年乌兹别克斯坦爆发的安集延暴乱等。中亚内部合作往往因为这些问题而无法取得进展。

领土争端在中亚地区内部也由来已久。20 世纪二三十年代，当时作为苏联加盟共和国的中亚五国之间对领土的划分几经调整，直到 1936 年才确定边界并沿用至今。但数次调整为日后的领土争端埋下隐患，再加上最终划分的领土边界存在很多交叉甚至飞地的情况，使得领土争端更加难以避免。例如，素有"中亚火药桶"之称的费尔干纳盆地，位于乌兹别克斯坦、吉尔吉斯斯坦、和塔吉克斯坦三个国家的交界处，该盆地内不仅三国边境线交织，还形成多块飞地，情况极为复杂（徐坡岭，2016）。在该盆地内，乌兹别克斯坦有两块飞地位于吉尔吉斯斯坦境内，两块面积都不到 1 平方公里，最大的有 325 平方公里；塔吉克斯坦有两块飞地在吉尔吉斯斯坦境内，小的不到 1 平方公里，大的有 130 平方公里。另外，塔吉克斯坦和吉尔吉斯斯坦各有一块飞地在乌兹别克斯坦境内。2016 年，吉尔吉斯斯坦和乌兹别克斯坦就曾发生边境冲突，此前三年内双方还发生过数十起边境冲突。2021 年 4 月，塔吉克斯坦和吉尔吉斯斯坦发生边境冲突，就是因为双方飞地的边界不清，该冲突最终上升为军事冲突，被认为是迄今为止最严重的一次冲突。

水资源争夺问题前文已有叙述，主要发生在上游的塔吉克斯坦和吉尔吉斯斯坦与处在下游的乌兹别克斯坦和哈萨克斯坦之间，尤其是乌兹别克斯坦和塔吉克斯坦之间数次因水电站建设问题而关系恶化。目前，中亚国家关于水资源争夺的问题还没有完全解决，只是政府更迭后暂时取得了平衡，从长期来看，水资源争夺问题仍是影响中亚长期稳定的重要因素。

最后，周边国家日益紧张的局势也为中亚地区的发展增加了安全风险，受到影响的包括贸易、运输、投资和旅游等领域。除了阿富汗动荡、伊朗受制裁外，中亚其他邻国也存在动荡因素，如克什米尔地区的印巴冲突、南高加索地区的问题等。2021 年，塔利班攻占喀布尔使得阿富汗出现政权更迭情况，2022 年俄乌冲突爆发，这些都对中亚五国形成深远影响。

4.5　"一带一路" 建设与中亚经济发展新机遇

周边国家对中亚地区未来发展至关重要。中亚如何与周边国家互动，以及周边国家如何反过来影响中亚，都会影响中亚的未来发展。自 2013 年中国提出 "一带一路" 倡议尤其是 "丝绸之路经济带" 以来，中亚国家积极响应，同时也获得经济发展新机遇。

4.5.1　中亚国家对"一带一路"倡议积极响应

2013 年，中国国家主席习近平在访问哈萨克斯坦时提出共建"丝绸之路经济带"的倡议，得到中亚国家的大力支持。目前，除了土库曼斯坦作为中立国外，其余中亚四国都是亚洲基础设施投资银行的创始成员国。各国都高度重视并积极响应"一带一路"倡议。2023 年 5 月 19 日，中国—中亚峰会在西安正式召开，为中国同中亚国家的合作搭建了新平台、开辟了新前景。

1. 哈萨克斯坦：中亚国家有机会实现全新国际定位

作为中亚地区经济总量最大的国家，哈萨克斯坦对于丝绸之路经济带的热情丝毫不逊色于其他几国。实际上，哈萨克斯坦总统早在 2011 年就提出过复兴古丝绸之路的想法，建议重建那些曾经连接相关国家的道路。在中亚五国的独立过程中，哈萨克斯坦也一直试图推进中亚地区的经济一体化，以增强中亚的国际经济政治地位，但始终无法取得实质性进展。中国提出的"一带一路"倡议将中亚国家尤其是哈萨克斯坦置于重要地位——三条重要路线都会经过哈萨克斯坦，因而这一倡议一经提出就获得哈萨克斯坦的积极响应。

在中国提出"一带一路"倡议后，哈萨克斯坦 2014 年 11 月提出名为"光明之路"的新经济政策，以发展国内交通、工业以及社会等领域的基础设施建设，同时挖掘哈萨克斯坦作为中转运输枢纽的潜力。该计划共投资 5 000 亿坚戈（约合 28 亿美元），用于支持中小企业发展、解决银行坏账、加强基础设施建设等。这一政策的提出恰好呼应了"丝绸之路经济带"倡议。2016 年 9 月二十国集团杭州峰会期间，中国与哈萨克斯坦签署《"丝绸之路经济带"建设与"光明之路"新经济政策对接合作规划》。作为"一带一路"框架下的第一个双边合作规划，该规划不仅在顶层设计上加强两国发展战略对接，而且朝着构建中国—中亚—西亚国际经济合作走廊迈出重要一步。

2017 年中国举行首届"一带一路"高峰论坛，哈萨克斯坦总统参加会议并指出，环球贸易项目将会形成新的经济格局，"一带一路"项目的成功实施会给很多国家带来经济利益，惠及 440 万人民。"一带一路"倡议提出的"通过共同发展实现稳定"的国际合作形式非常有吸引力。哈萨克斯坦认为，丝绸之路倡议的实施使得整个中亚地区能够重新进行定位、恢复战略重要性并且逐渐成为世界最大市场之间的主要桥梁（刘维靖，2017）。

截至 2022 年底，中国和哈萨克斯坦共建"一带一路"已经在互联互通、投资、贸易等方面取得显著成果。两国大力发展公路、铁路过境运输和国际陆海多式联运，2022 年两国铁路货运量达 2 300 万吨，同比增长 20％，哈萨克斯坦成为中欧班列的重要节点。中国和哈萨克斯坦积极开展产能和投资合作，已形成涉及 52 个项目、总金额超 212 亿美元的项目清单，并不断向绿色、数字和科技等领域拓展，如中企参与建设的风电场、水电站及光伏电站等。在贸易方面，中国近年来稳居哈萨克斯坦第二大贸易伙伴国、第一大出口目的国和第二大进口来源国。据中国海关总署的统计，2022 年，中国和哈萨克斯坦货物贸易总额达 311.7 亿美元，同比增长 23.6％（张继业，2023）。

2. 乌兹别克斯坦：合作形式新型，发展前景广阔

作为中亚地区的人口和经济大国，乌兹别克斯坦对于"一带一路"倡议也持高度评价态度。一方面，乌兹别克斯坦肯定"一带一路"这种新型国际合作形式，认为"一带一路"倡议充分尊重国家主权，其互利互惠和互联互通的做法将多方利益融合提升到更高水平，使沿线区域与国家得以共享发展红利。另一方面，乌兹别克斯坦各界普遍看好"一带一路"倡议的前景。"一带一路"倡议自提出以来在乌兹别克斯坦取得快速进展，不仅在顶层设计上取得战略对接，而且在具体项目上也进展迅速。中国的资金、技术和生产力在中亚地区能够得到很好的发挥并与中亚地区产生更好的合作。

　　2017 年，乌兹别克斯坦总统首次到访中国并参加首届"一带一路"高峰论坛，他认为，双方合作的优先事项应是建立起"丝绸之路经济带"沿线相互联系的工业技术园区、科技创新集群和自由经济区。他还希望通过"一带一路"倡议建成中国—吉尔吉斯斯坦—乌兹别克斯坦铁路项目（简称"中吉乌铁路"项目）①。甚至，乌兹别克斯坦 2018 年发布的外交政策优先方向法令也体现了与"一带一路"倡议对接的意愿，包括落实"一带一路"倡议，在基础设施现代化、农业现代化、吸引中国资金和技术建设工业园区等领域加强合作，等等。目前，双方取得进展的项目包括 2018 年正式投入使用的中国—吉尔吉斯斯坦—乌兹别克斯坦国际公路、2016 年贯通的中国和乌兹别克斯坦合作完成的卡姆奇克隧道，以及中国—中亚天然气管道等。自 2016 年起，中国连年成为乌兹别克斯坦第一大贸易伙伴和第一大出口目的国，截至 2022 年底，在乌兹别克斯坦的中国企业超过 2 000 家。

　　在 2020 年 9 月举行的第 75 届联合国大会上，乌兹别克斯坦总统提出建立联合国框架下的"地区互联互通中心"建议，引起各方关注，并提出与"一带一路"的"五通"理念相接近的"大联通"概念（李自国，2020）。2021 年 4 月，在两国领导人的通话中，乌兹别克斯坦总统提出，乌兹别克斯坦将中国作为最重要、最可信赖的战略合作伙伴，愿意学习借鉴中国减贫经验，积极共建"一带一路"。②

　　总体而言，"一带一路"倡议对中亚地区在经济层面和地缘层面都有利。中亚五国都是内陆封锁国家，没有出海口，因此陆上交通设施的建设和联通对于中亚地区至关重要。历史上的中亚曾因陆上贸易而拥有黄金时代，但后来政权对于陆上通道的课税和封锁使得中亚迅速衰落。因此，目前"一带一路"倡

---

　　①　中吉乌铁路项目最早在 1997 年签订三国备忘录，经十余年勘探、设计及论证后，于 2008 年确定项目方案，全长约 523 公里，其中中国境内约 213 公里，吉尔吉斯斯坦境内约 260 公里，乌兹别克斯坦境内约 50 公里。但由于吉尔吉斯斯坦内部政治动荡等原因，吉尔吉斯斯坦在 2011 年开始出现反复，在 2013 年甚至质疑该项目，导致项目最终陷于停滞，至 2022 年底尚未开工。

　　②　《习近平主席同乌兹别克斯坦总统通电话》，央视网，2021 年 4 月 29 日。

议强调的欧亚大陆基础设施的互联互通，对于中亚国家而言不仅能够拉动其短期经济增长，而且对于其长期经济发展的助益更是不言而喻。这些国家的战略规划中也基本都涉及公路、铁路等重点基础设施建设，与"一带一路"倡议非常契合。

4.5.2 "一带一路"倡议在中亚取得较快进展

自"一带一路"倡议提出以来，中亚国家积极展开与"一带一路"倡议的对接，并在多个方面取得显著进展。相关基础设施领域项目的稳定开展获得当地企业和民众的认可，进而促进中亚国家同"一带一路"倡议展开其他多领域的合作。

1. 中国同中亚国家在贸易领域进一步合作

近年来，中国与中亚地区的进出口总额快速增长，2019 年双方贸易额达 463.4 亿美元。2020 年由于新冠疫情冲击，双方贸易额下降至 337 亿美元，随着新冠疫情的缓解，中国在 2021 年成为中亚最大的贸易伙伴，双方贸易额超过 500 亿美元。中国商务部数据显示，2022 年这一势头继续保持，双方贸易额达 702 亿美元，创历史新高。

"一带一路"倡议的推进使得中国同中亚国家之间的经贸合作进一步发展，从中亚地区的主要贸易伙伴排名来看，中国近年来一直处于重要位置。

如表 4-8 所示，中国在哈萨克斯坦 2021 年的对外出口目的地中排名首位，在进口来源国中保持第二位，而在乌兹别克斯坦的出口中自 2019 年以来保持第一位，在其进口中则排名第二位。土库曼斯坦的第一大出口市场和第三大进口来源地是中国。此外，中国是塔吉克斯坦和吉尔吉斯斯坦的重要进口来源地。观察表 4-8 中其他重要目的地可以发现，欧盟和俄罗斯在中亚国家的进出口贸易中同样处于重要地位，这是中亚国家的地理位置和长期的贸易习惯所决定的。

表 4-8　2021 年中亚主要国家的前十大进出口目的地

排名	哈萨克斯坦		乌兹别克斯坦		土库曼斯坦	
	出口	进口	出口	进口	出口	进口
1	**中国**	俄罗斯	**中国**	俄罗斯	**中国**	土耳其
2	意大利	**中国**	俄罗斯	**中国**	土耳其	俄罗斯
3	俄罗斯	韩国	土耳其	哈萨克斯坦	乌兹别克斯坦	**中国**
4	荷兰	德国	哈萨克斯坦	韩国	罗马尼亚	意大利
5	乌兹别克斯坦	美国	吉尔吉斯斯坦	土耳其	格鲁吉亚	德国
6	法国	意大利	阿富汗	土库曼斯坦	阿富汗	乌兹别克斯坦
7	土耳其	土耳其	塔吉克斯坦	德国	俄罗斯	美国
8	瑞士	法国	乌克兰	印度	乌克兰	荷兰
9	西班牙	乌兹别克斯坦	伊朗	立陶宛	意大利	法国
10	韩国	白俄罗斯	法国	日本	阿塞拜疆	哈萨克斯坦

资料来源：亚洲开发银行。

但是，由于近年中亚国家的经济增速下滑，以及由此引致的外贸萎缩，中国与中亚国家的双方贸易额增长并不稳定，2013—2021 年双方贸易甚至经历了外贸数额的缩小。如表 4-9 所示，哈萨克斯坦对华出口和进口都出现一定程度的下降；土库曼斯坦呈现双下降的特征；乌兹别克斯坦和塔吉克斯坦均表现为出口有所下降，但进口有所上升；吉尔吉斯斯坦则在出口和进口上都有所上升，但数额仍然较小。中亚五国同中国的总贸易额也呈现出口、进口双双下降的特点，主要是因为其经济的下滑。这一下滑程度较 2020 年已经显著改善，随着中亚国家经济的进一步恢复，相应状况会得到持续改善。

表 4-9　中亚五国同中国进出口贸易额（百万美元）

	出口额		进口额	
	2013 年	2021 年	2013 年	2021 年
哈萨克斯坦	14 168	11 687	8 193	7 050
乌兹别克斯坦	2 542	1 744	4 334	4 879
吉尔吉斯斯坦	39	64	1 432	1 464
塔吉克斯坦	388	119	395	710
土库曼斯坦	8 390	6 457	1 210	546
五国总额	25 527	20 071	15 564	14 649

资料来源：亚洲开发银行。

2. 基础设施建设助力地区互联互通

以哈萨克斯坦、吉尔吉斯斯坦和塔吉克斯坦先后同中国签署的共建"丝绸之路经济带"双边合作协议为框架，各方进一步开展众多合作，其中取得最显著进展的是基础设施领域。

中国在中亚地区承建多个公路、铁路、桥梁、隧道项目，如位于乌兹别克斯坦境内被称为"中亚第一长隧道"的安格连—帕普铁路卡姆奇克隧道及2018年正式通车的中吉乌国际公路（该公路东起中国喀什市，经过吉尔吉斯斯坦奥什市，至乌兹别克斯坦首都塔什干，全长约950公里）。[①]与此同时，产能合作项目也包括基础设施建设项目。

基础设施的建设大大促进了中亚地区的互联互通。作为第一批"一带一路"落地项目，中哈物流基地一直在升级，不仅具备多式联运监管资质，还具备保税仓库功能，信息联通水平也较为领先。中哈物流基地运往哈萨克斯坦和中亚其他国家的铁路集装箱已经实现全程可查、一次通关，运输时间较传统模式大幅缩短。中哈物流基地的建设有力推动了中欧班列的运行。中欧班列至阿拉木图最快用时仅需6天，联通了中亚五国的主要站点（王文，2018）。2009年12月投产的中国—中亚天然气管道已于2019年竣工，这是中国首条从陆路引进的天然气跨国通道，该管道全长约一万公里，是目前世界上最长的天然气管道，每年约向中国提供天然气总消费量的15％。

3. 金融合作稳步扩大

除了本币互换外，中国通过亚洲基础设施投资银行、丝路基金等为中亚国家提供优惠贷款是金融合作的重要形式。在2017年高峰论坛期间，中国进出口银行与中亚国家签订相关合作协议，例如，与乌兹别克斯坦签署电网升级改

---

① 资料来源：中国一带一路网，2018年2月24日，https://www.yidaiyilu.gov.cn/xwzx/gnxw/48695.htm。

装、燃煤电站、煤矿改造等项目贷款协议。此外，丝路基金与乌兹别克斯坦对外经济银行也签署了合作协议。

2018 年 6 月，丝路基金与哈萨克斯坦的阿斯塔纳国际金融中心签署战略合作伙伴备忘录，并与阿斯塔纳国际交易所签署框架协议，拟通过中哈产能合作基金认购阿斯塔纳国际交易所部分股权。阿斯塔纳国际金融中心是 2015 年 5 月哈萨克斯坦在首都阿斯塔纳设立的金融自由特区，该国际金融中心的核心组成部分就是阿斯塔纳国际交易所。中哈产能合作基金是丝路基金设立的首个专项国别基金，总金额达 20 亿美元，用于支持中哈产能合作等项目投资。①这种合作形式不仅有助于推动中哈经济战略的有效对接，而且对于哈萨克斯坦的资本市场发展和金融改革意义重大。近年来，阿斯塔纳国际金融中心致力于发展绿色金融，2020 年初正式注册绿色金融中心，同时还基本完成绿色金融分类目录的制定。这将成为中国和哈萨克斯坦"一带一路"金融合作的新路径。

目前亚洲基础设施投资银行在中亚地区的业务主要是和政府部门合作，以主权担保类投资项目为主，标志性项目为塔吉克斯坦—乌兹别克斯坦联通公路项目和塔吉克斯坦努列克坝水力发电站项目。随着亚洲基础设施投资银行工作的推进，非主权类投资项目可能会逐渐增加。②

4.5.3　"一带一路"倡议下中国与中亚合作前景广阔

中国与中亚在"一带一路"倡议下取得紧密合作，双方的共同需求、互补的产业结构及中国与俄罗斯的良性合作，都使得中国与中亚拥有广阔的合作前景。

1. 互联互通的现实需要

中亚国家都是内陆国家，尤其乌兹别克斯坦是双重内陆国（即除了自身是

---

①②　资料来源：驻哈萨克斯坦经商参处。

内陆国家外，还被其他内陆国家包围），五国在 Ghemawat 和 Altman（2014）的全球连通性指数排名中处于全球最低水平。当然，几个国家的情况略有不同：哈萨克斯坦是连通性最强的国家，其连通指数同土耳其相当；乌兹别克斯坦的连通性最弱；吉尔吉斯斯坦在贸易连通性上和哈萨克斯坦差不多，但其他指数低于哈萨克斯坦；塔吉克斯坦的连通指数则位于吉尔吉斯斯坦和乌兹别克斯坦之间。不过，瑞士和卢森堡虽然也同为内陆国家，但其在全球连通性指数排名中位列前十位，说明通过发展连接全球市场的制度性和实体性基础设施建设，可以解决内陆锁定的劣势（拉贾特等，2018）。"一带一路"倡议恰恰就是这样的实践性合作框架，中国也具有中亚国有所需的技术和资金，因此双方存在迫切的互联互通的现实需要。

2. 产业和贸易结构互补

从中亚五国在历史上与俄罗斯的紧密关系来看，由俄罗斯主导的欧亚经济联盟具有独特的历史基础，但俄罗斯近年来对原材料的依赖及其工业的退化给中亚五国带来巨大的冲击，加之西方对俄罗斯的制裁使得俄罗斯经济面临困难，因而俄罗斯已经无法在产业和技术上引领中亚国家的发展，同时中亚五国在资源类出口方面与俄罗斯存在竞争，所以中亚五国与俄罗斯的经济一体化并不顺利（徐坡岭，2016）。与其不同的是，中国具有产业多元化优势，而且是资源进口国，同中亚五国的产业结构正好互补，同时中国自身注重产业结构的进一步升级，有助于带动中亚国家推进产业结构多元化和结构升级。这种互补的产业和贸易结构有利于双方开展长期经济合作。

3. 欧亚经济联盟与"一带一路"对接

秉持开放的地区主义是中亚地区长期经济发展所必须持有的对外经济方向，随着中亚地区经济的不断发展，区域外的不同势力都会试图加强对中亚地区的影响力。根据传统理论，资源型小国的经济开放深受中心—外围论和经济依附论的影响，中亚地区长期的历史实践也证明了这一点。但是"一带一路"
倡议强调以尊重主权为基础的国际合作，以及许多跨区域自由贸易协定的签
署，都说明资源型小国必须依附某个经济大国的时代已经成为过去。

自 2015 年以来，欧亚经济联盟与"一带一路"在积极开展战略对接，在
中国与俄罗斯的共同推动下，战略对接已取得进展，例如，双方在交通运输基
础设施上开展合作，等等。两个区域合作机制的战略对接使得中亚受益匪浅，
不仅使其开展国际合作遇到的对抗性因素下降，而且使其更易于融入中国完备
的产业链体系。

4.6　中亚经济发展前景展望

对中亚经济体的发展前景展望可以分为三个层面，即短期、中期和长期。
短期展望是指 1—2 年的经济增长情形，中期展望一般指 5 年左右的经济增长
情形，而长期展望则是指 10 年以上的经济增长情形。

4.6.1　短期增长：延续当前复苏势头

走出 2015—2016 年经济衰退的困境后，中亚国家普遍恢复经济增长，但
其经济增速并未达到 2014 年前的水平。2020 年新冠疫情爆发，对全球经济造
成冲击，中亚也不例外，再次遭遇经济衰退。走出新冠疫情影响的中亚经济在
2022 年又受到俄乌冲突的波及，不过这一时期油价及大宗商品价格的上涨使
中亚经济保持住增长态势。

根据 IMF 2023 年 4 月的预测（图 4-8），中亚地区 2023—2024 年经济将保
持增长，乌兹别克斯坦将取得中亚地区最高的经济增长率，其 2023 年和 2024

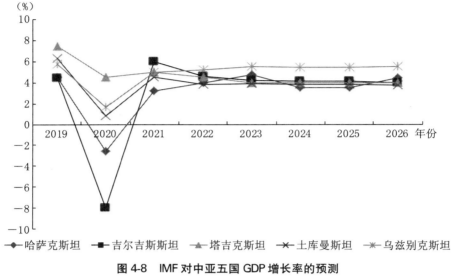

图 4-8   IMF 对中亚五国 GDP 增长率的预测

注：图中 GDP 增长率以本币计值且已剔除价格影响。
资料来源：IMF 的世界经济展望①。

年的经济增长率有望分别达到 5.3％和 5.5％；塔吉克斯坦经济增长率次之，有望分别达到 5.0％和 4.5％，哈萨克斯坦经济增长率也有望分别达到 4.3％和 4.9％，土库曼斯坦经济增速预计最低，这两年分别预计为 2.3％和 2.1％。

4.6.2   中期分化：总体平稳但塔吉克斯坦和吉尔吉斯斯坦两国倾向下滑

从中期来看，IMF 预测各国至 2026 年的经济增长率都将比较平稳。就具体国别而言，哈萨克斯坦将保持较低增速，但在 2023 年有望提速；塔吉克斯坦和吉尔吉斯斯坦的经济波动将较明显，且整体倾向于经济下滑，两国 2026 年的经济增长率均将降至 4％；乌兹别克斯坦拥有较好的中期经济增长趋势，到 2026 年有望领跑中亚经济增长，达到 6％的经济增长率，这可能与其近年来大刀阔斧的经济改革有关；土库曼斯坦的经济则将持续减速，至 2026 年降至 3.7％。

———————————

①   由于 2022 年后的世界经济展望无中长期预测，因此沿用其 2021 年的预测作为参考。

对外出口对中亚五国经济增长具有重要拉动作用，从中亚五国对外出口的数据来看，哈萨克斯坦的出口增长较为稳定，进一步显示其经济中长期动力较好；吉尔吉斯斯坦的出口预测呈现波动下降的特征，因此说明其中期经济前景有限；土库曼斯坦也存在类似趋势，但其波动性不及吉尔吉斯斯坦。塔吉克斯坦和乌兹别克斯坦的出口增长预期不仅相对较为稳定，而且显示出较高的增长率，其对于经济的贡献将值得关注（表 4-10）。

表 4-10　中亚五国货物和劳务出口量增长率预期

	2019 年	2020 年	2021 年	2022 年	2023 年	2024 年	2025 年	2026 年
哈萨克斯坦	3.0	−5.1	2.1	3.1	5.7	3.1	3.2	4.8
吉尔吉斯斯坦	16.9	−30.6	28.6	6.0	4.1	4.4	5.0	2.6
塔吉克斯坦	11.9	14.2	7.9	9.4	9.3	8.8	8.3	9.2
土库曼斯坦	−11.3	−9.2	6.3	1.8	1.9	1.8	1.7	1.7
乌兹别克斯坦	23.9	−17.9	11.9	18.0	14.6	11.7	9.9	10.3

资料来源：IMF《世界经济展望》。

4.6.3　长期：存在三种可能情形

对中亚地区经济发展的长期预测研究比较少，基于现有的经济数据我们也很难对中亚地区的长期经济发展进行预测。不过，拉贾特（2018）的研究具有一定的启发性，该研究认为中亚地区至 2050 年有可能出现三种情形。第一种情形是经过长期的高速增长后大量财富积累，使得中亚地区恢复昔日黄金时代的繁荣，跻身富裕国家行列，人均 GDP 达到美欧等国的收入水平，国际地位也跃升至欧亚大陆上的重要枢纽位置。

第二种情形是有可能陷入中等收入陷阱，照目前的经济增长率来看，其人均收入到 2050 年也无法达到发达国家的水平，产业结构调整滞后、国内改革停滞等因素都会导致中亚五国经济增速停留在较低水平，而难以回到 2008 年全球金融危机之前超过 7.5% 的增速，那么中亚五国的经济在长期缺乏快速增长的动力，陷入中等收入陷阱在所难免。

　　第三种情形则最为糟糕，即内部的政治动荡或外部动荡的影响使得中亚地区停止经济增长，甚至陷入经济衰退，那么中亚地区在未来将很难出现大幅跃升，很有可能维持目前的水平，甚至低于目前的经济水平。从 2021 年发生的塔吉克斯坦和吉尔吉斯斯坦边境冲突、2021 年阿富汗局势骤变以及俄乌冲突爆发来看，这种可能性还无法完全排除。不过，从中亚地区积极融入"一带一路"建设及其他国际合作框架的情势，以及各国国内经济改革的推进进展来看，中亚各国都在积极努力地避免这种情形。

下　篇

亚洲经济发展模式与理论创新

第5章
亚洲工业化发展模式与理论创新

工业化过程常常伴随国家经济的起飞和经济结构的转型升级，尤其是对以发展中国家为主体的亚洲而言，工业化有助于这些国家实现赶超型发展，并改善居民生活水平。工业化通常被认为是经济增长的主要引擎和源动力。近年来，亚洲不同地区的工业化水平得到不同程度的提升，分析亚洲工业化发展模式及其创新，厘清亚洲国家和地区的工业化发展路径和内在逻辑，不仅有助于进一步考察亚洲工业化的发展水平和发展模式，也有助于为世界其他国家和地区尤其是欠发达国家和地区的工业化发展提供经验和启迪。

5.1 工业化的一般理论与亚洲实践经验

5.1.1 工业化内涵的丰富与发展

早在 18 世纪后半叶，工业化思想就已经出现，其中美国重商主义学者汉密尔顿在其提交给国会的报告中强调，通过运用扶持政策来保护和发展新兴幼稚制造业，对于促进国家经济发展、增强国际竞争力具有重要作用。到 19 世纪中叶，德国经济学家李斯特首次对工业化理论进行系统研究。20 世纪 40—60 年代，发展经济学相关理论初步形成，工业化问题逐渐成为发展经济学研究的主要核心问题，许多发展经济学家从工业化的涵义、动因、发展阶段、模式和战略等方面对工业化进行研究。

刘易斯开创了"二元经济"理论，他认为工业化过程伴随农业部门的缩小、现代工业部门的扩张。钱纳里等人认为工业化程度一般可以通过计算国内生产总值中制造业份额来度量，具体表现为制造业份额的增加和农业份额的减少。库兹涅茨将工业化解释为主要领域从农业部门转向非农业部门的资源配置过程，即"产品的来源和资源的去处从农业活动转向非农业活动"。

就国内学者而言，张培刚（2008）把工业化定义为"国民经济中一系列基要生产函数（或生产要素组织方式）连续发生由低级到高级的突破性变化（变革）的过程"，具体表现为以生产工具为主的生产资料资本品的相对增加，以及消费品的相对减少。《新帕尔格雷夫经济学大词典》指出，工业化是工业增加值和工业从业人员在国民收入和就业总人口中所占比例逐步提高的过程，工业化过程的基本特征包括：一是国民收入中制造业和第二产业增加值所占比例提高，其中因经济周期造成的中断除外；二是制造业和第二产业中就业人口在总劳动力人口中所占比例有增加趋势；三是国民人均收入水平显著增加（伊特韦尔等，1996）。

随着发展经济学对工业化研究的不断深化，学者们逐渐发现工业化不再只是工业部门单独发展的一个过程，也不仅仅表现为工业在国民经济中所占份额的提高，还包括与之相伴发生的生产方式、生活方式、城市化、信息化等社会经济特征的变化。

5.1.2　工业化的相关代表性理论

目前关于工业化的代表性理论主要包括：罗森斯坦·罗丹等人的"大推进"理论、纳克斯的"贫困恶性循环"理论、刘易斯的"二元经济"理论、缪尔达尔的"循环积累因果关系"理论、赫希曼的"不平衡增长"理论、罗斯托的"起飞"理论和格申克龙的"后发展优势"理论等。

其中，"大推进"理论是由英国著名发展经济学家罗森斯坦·罗丹于 1943 年在《东欧和东南欧国家工业化的若干问题》一文中提出来的，其核心内容是发展中国家或地区应该对国民经济中几个相互补充的工业部门进行投资，主要集中于基础设施和轻工业部门，通过促进这些部门平均增长来推动整个国民经济高速增长和全面发展。

"贫困恶性循环"理论是由罗格纳·纳克斯于 1953 年在《不发达国家的资本形成》一书中提出的，他认为发展中国家人均收入水平较低，投资的资金供给和产品需求都不足，最终会限制资本形成，使得资本匮乏成为阻碍发展中国家经济发展的关键因素，并使发展中国家长期陷于贫困之中，由此形成"低收入—低购买力—低投资引诱—低资本形成—低生产率—低产出—低收入"的恶性循环。要打破这种恶性循环，必须在许多工业部门之间相互提供引诱投资，使得各部门投资都有利可图，从而促使资本形成，最终摆脱经济恶性循环。

"二元经济"理论是由著名发展经济学家刘易斯在 1954 年提出的，后经费景汉和拉尼斯等人的完善发展成为"刘易斯—费景汉—拉尼斯模型"。该模型认为发展中国家同时存在农村中以传统生产方式为主的农业部门和城市中以制造业为主的现代化部门，其中农业部门是一个强大的、存在大量过程劳动力的、低效率的部门；城市是一个弱小的、以现代化方式生产的、高效率的以工业为主体的部门，由于城市中工业部门的劳动生产率和工资水平高于农业部门，农村过剩劳动力因而不断从农业部门向工业部门转移。与此同时，随着劳动力不断从农业部门向工业部门流动，工业部门会不断壮大，农业部门劳动生产率也将不断提升，最终两部门的边际劳动生产率趋于相等，二元结构消失（郭剑雄，2009）。

"循环积累因果关系"理论是由著名经济学家缪尔达尔于 1957 年提出的，他认为在欠发达国家和地区经济发展的起飞阶段，回流效应（即劳动力、资金、技术等生产要素由于收益差异的影响从落后地区向发达地区流动）大于扩散效应（即发达国家发展到一定程度，由于人口稠密、交通拥堵、资本过剩等原因，生产成本上升，资本、劳动力等生产要素又会向落后地区扩散），会造成区域经济难以协调发展，因此需要政府进行有力干预。该理论对于发展中国家解决区域经济发展差异问题具有很好的指导价值。

"不平衡增长"理论是由美国经济学家赫希曼于 1958 年在《经济发展战略》一书中提出的，包括"引致投资最大化"原理、"联系效应"理论和优先发展"进口替代工业"原则三大部分。其主要观点是发展中国家应该集中有限资金和其他经济资源，有选择地对一些具有战略意义的核心部门进行投资，通过前向关联效应、后向关联效应和旁侧关联效应，推动其他部门不断发展，从而使得主要稀缺资源得到充分利用，最终促使经济水平不断提升。

"起飞"理论是由美国经济学家华尔特·惠特曼·罗斯托于 1960 年在《经济成长的阶段》一书中提出的，他将国家经济发展过程分为五个阶段，1971 他又在《政治和成长阶段》中把国家经济发展阶段增加到六个，依次是传统社会阶段、准备起飞阶段、起飞阶段、走向成熟阶段、大众消费阶段和超越大众消费阶段。其中第三阶段（即起飞阶段）是与生产方式急剧变革联系在一起的，它是工业化和经济发展的开始，也是所有阶段中最为关键的阶段，是经济摆脱不发达状态的分水岭（Rostow，1971）。

"后发展优势"理论是由格申克龙创造性提出的，他认为落后国家实际的经济活动状态与发展本身所抱有的高期望值之间存在一种紧张关系，这种紧张关系会成为工业化的推动力，并且落后程度越大，紧张关系越强，对经济发展的刺激也就越强。他还指出，这种不断积累的紧张关系要转化为改革的动力，需要的一个重要条件就是国家政策（程洪，2003）。

5.1.3　亚洲国家工业化发展进程

英国是世界上第一个成功工业化的国家，是当时世界经济的领导者，并且为其他国家工业化树立了很好的典范，拉开了世界工业化的帷幕。比利时、瑞典和法国紧随英国之后，主要聚焦于煤炭开采和纺织业的工业化，并结合本国具体特点进行了一些调整，比如，法国充分利用自身的手工艺和技术技巧优势，更多聚焦于高质量的奢侈品制造。到 19 世纪，美国基于自身的基本经济条件，比如，拥有丰富的土地资源和自然资源，但自身劳动力资源比较稀缺等特点，通过从英国引进技术熟练的工人大力发展本国高资本密集型产品，以弥补劳动力的短缺，这使得美国的技术水平得到快速进步，在 19 世纪末期就赶上并超越了英国。

日本是亚洲第一个开始工业化进程的国家。它主要通过充分借鉴和学习美国及其他西方国家的工业化经验，但又具有日本本国的经济特色。日本工业化始于明治维新时期，在这一时期的重要举措就是建立近代教育体制，进行教育改革，提高本国国民的文化素质。二战后，日本经过十年的恢复和发展，成功实现工业经济的重新复苏。20 世纪中叶，日本经济进入高速增长阶段，被称为"经济高速成长期"，但是这一时期日本爆发了危及公共健康的严重环境问题，包括汞中毒、镉中毒和氧化硫吸入等事件，表明日本居民的生活环境恶化，其健康和生命受到严重威胁。20 世纪 60 年代，日本政府意识到这一问题，采取一系列环境治理与保护措施，通过环保立法确保日本环境不断得到改善。到 70 年代，日本致力于解决由能源短缺、环境制约和商品生产能力过剩所造成的工业发展步伐缓慢问题。为此，日本政府积极调整产业结构，推动产业结构升级转型，比如，早在 1974 年，日本政府就针对国内工业的结构性矛盾问题及发展短暂停顿问题，提出了《产业结构长期设想》，重新确定了产业结构政策，引导资本密集型产业向知识密集型产业转变。使得日本工业很快走出低迷并进入新的发展阶段。20 世纪 80 年代，日本成为世界第二经济大国（李毅，2017）。

　　紧接着发生的是亚洲"四小龙"（新加坡、中国香港、中国台湾和韩国）的工业化。亚洲"四小龙"在经济发展初期阶段，均面临几乎相同的经济问题：地域面积不大、人口稠密、经济底子较薄弱、自然资源不丰富、科技也不十分发达等。它们在工业化过程和手段上有很多相似或相同的做法与经验，其共同特征是通过全面参与国际分工，走发展外向型经济的道路。但是在政府干预经济层面，中国香港采取的是"自由经济"政策，而新加坡非常重视政府对社会经济发展的干预作用。中国台湾和韩国虽然有许多相似之处，但两者在经济发展的起点、阶段、重点等方面有很大的不同。此外，新加坡的出口导向主要倚重于外国投资者带来的技术创新，中国香港则主要得益于金融发展与自由贸易，中国台湾是通过引进外国投资与当地企业合作的方式来获得技术，韩国则着重于购买成套技术设备，在此基础上进行模仿、改造、创新。

　　在亚洲"四小龙"之后，亚洲地区第三波工业化发生在"四小虎"（菲律宾、马来西亚、泰国和印度尼西亚）身上。20 世纪 80 年代，这四个国家积极转变原有经济发展政策，转向出口导向的经济政策，使得出口占国民经济比重持续增加，刺激本国工业化水平快速提升。其中，菲律宾在美国的扶持下曾一度成为亚洲第二富国，仅次于日本，马尼拉也被誉为"小纽约"；泰国积极调整产业结构，包括引进技术密集型产业和附加值高的中轻型工业等，都取得良好效果，其经济实现持续增长；印度尼西亚本身就是东南亚面积最大、人口最多和经济最强的国家，在调整经济结构后，其经济发展不断提速；马来西亚则大力推行出口导向型经济，电子业、制造业和服务业快速发展，从 1987 年起连续 10 年保持 8％以上的高速增长。

　　到 20 世纪 90 年代，中国主导了亚洲经济的第四波工业化。自新中国成立到 1978 年改革开放前的 30 年里，中国完成了工业化的原始积累。在 20 世纪 90 年代以后，中国在注重发展轻工业的同时，加快推进城市化进程、加大进行基础设施投资，进一步刺激中国重工业的发展。而且，在 1997 年亚洲金融危机、经济"软着陆"和国内居民消费升级等背景下，中国实施积极的财政政策，调整和升级工业结构，形成轻重工业相互促进、结构协调、同步发展的格局。中国工业化快速发展的动力源包括以下几个方面：一是国有企业内部激励机制改革，极大地解放了中国国有企业的生产力；二是私营和个体经济的发展，成为中国工业化进程的重要推动力；三是外资大量涌入以及中国对外贸易的迅速扩张，提供了工业化所短缺的资金、技术和市场空间。目前，中国已经成为世界第一大制造业国，其增加值占全球比重为 25%；在基础设施建设领域，中国高铁运营总里程、高速公路总里程和港口吞吐量均居世界第一位。

到 20 世纪 90 年代中期，由印度、越南、巴基斯坦和缅甸引领了第五波亚洲工业化浪潮。这四个国家在经济政策方面的显著特点表现为：积极转变经济发展策略，进行市场化改革，包括对国有企业进行改革等，积极融入全球化，使得经济得到快速发展。亚洲国家工业化是亚洲经济崛起的重要引擎，亚洲经济尽管受到诸如 1997 年亚洲金融危机等的冲击，但总体上仍然保持持续全面的崛起，东西方之间的经济差距在逐渐缩小，亚洲国家的政治影响力也在逐渐提高（张鹏飞，2018）。

5.2　亚洲工业化实践逻辑与亚洲经济崛起

5.2.1　划分工业化发展阶段的理论基础

一是钱纳里等基于人均收入水平的划分。钱纳里与塞尔坤基于人均收入水平将经济发展分为准工业化阶段、工业化实施阶段和后工业化阶段，并且通过对 101 个国家 1950—1970 年有关数据进行回归得到"多国模型"。该理论认为，在第一阶段，农业等初级产品生产占统治地位，资本积累低速至中速增长、劳动力加速增长、全要素生产率缓慢增长，使得经济增长速度比较缓慢；在第二阶段，初级产品生产份额大幅下降，制造业份额和社会基础设施份额上升，成为经济增长的主要动力，服务业份额几乎不变，资本在经济增长贡献中占主要地位，这一阶段经济快速增长。在第三阶段，制造业在经济和就业中的占比下降，经济增长和就业主要依赖于服务业，资本和人口增长趋缓，全要素生产率是经济增长的主要来源（陈一鸣、全海涛，2007）。

二是基于霍夫曼系数、主导产业、产业结构的划分。霍夫曼将制造业中消费资料工业和资本资料工业的比例系数作为衡量一国工业化水平的一个重要指标。在工业化进程中，霍夫曼系数是呈现下降趋势的。其中在工业化第一阶段，消费资料工业的生产在制造业中占主导地位，资本资料工业的生产并不发达。在第二阶段，资本资料工业的发展速度比消费资料工业快，但在规模上仍比消费资料工业小得多。在第三阶段，消费资料工业和资本资料工业的规模大体相当。在第四阶段，资本资料工业的规模超过消费资料工业的规模（林温环，2010）。

三是罗斯托将工业化与经济增长分为六个阶段：传统社会阶段、为"起飞"创造前提阶段、起飞阶段、走向成熟阶段、大众高消费阶段和追求生活质量阶段。约翰·科迪等学者在联合国工业发展组织和世界银行联合主持的一项研究中，根据制造业增加值在总商品生产部门增加值（第一产业增加值和第二产业增加值之和）中所占比重来衡量工业化水平，把工业化分为非工业化、正在工业化、半工业化、工业化四类。

四是库兹涅茨等学者认为工业化的演进阶段可以通过产业结构的变动过程来表现，他们根据实证研究得出工业化过程中产业结构变动的一般规律。在工业化起始阶段，第一产业的占比较高，第二产业占比较低；随着工业化的推进，第一产业占比持续下降，第二产业占比迅速上升，而第三产业占比缓慢提升；当第一产业占比降低至 20％以下，第二产业占比上升至高于第三产业占比时，工业化进入中期阶段；当第一产业占比再下降到 10％左右，第二产业占比上升到最高水平时，工业化就到了结束阶段（王小刚、鲁荣东，2012）。

此外，工业化进程不仅伴随产业结构的升级转型，而且会促使城市化水平的提升，城市化水平也是工业化水平的一个重要衡量标准。基于上述分析，在发展经济学里面，工业化阶段整体表现为：在工业化初始阶段，第一产业就业人口比重逐渐下降，第二产业和第三产业就业人口比重上升，但是工业所占比重大于服务业所占比重；随着工业化的继续推进，服务业所占比重会逐渐超过工业；到工业化后期阶段，第一产业占比持续下降，服务业成为经济的主导行业。

5.2.2　工业化发展阶段的评估指标

基于上述理论分析，为了更加直观清晰地说明亚洲国家工业化发展水平，本小节建立了亚洲国家工业化发展水平的评估指标体系，希望基于此对亚洲国家工业化发展水平有一个客观直接的判断。这里按照钱纳里的计算方法，以美国实际 GDP 和 GDP 平减指数推算出换算因子，将 1964 年的基准收入水平（人均 GDP）换算到 2021 年。并且还加入三次产业结构、人口城市化率、制造业增加值占产品总值（第一产业与第二产业增加值之和）比重、农业就业人员占比四个指标，分别从产业结构、空间结构、工业结构和就业结构四个维度构建新的工业化不同阶段评估体系（表 5-1），这将有助于我们对亚洲地区所处工业化阶段及水平作出一个综合性判断。

表 5-1   工业化不同阶段评估体系构建

	前工业化阶段	工业化阶段			后工业化阶段
		初期	中期	后期	
1964 年	100—200 美元	200—400 美元	400—800 美元	800—1 500 美元	1 500 美元以上
1982 年	364—728 美元	728—1 456 美元	1 456—2 912 美元	2 912—5 460 美元	5 460 美元以上
1996 年	620—1 240 美元	1 240—2 480 美元	2 480—4 960 美元	4 960—9 300 美元	9 300 美元以上
2000 年	660—1 320 美元	1 320—2 640 美元	2 640—5 280 美元	5 280—9 910 美元	9 910 美元以上
2005 年	743—1 486 美元	1 486—2 973 美元	2 973—5 945 美元	5 945—11 158 美元	11 158 美元以上
2010 年	818—1 636 美元	1 636—3 271 美元	3 271—6 542 美元	6 542—12 278 美元	12 278 美元以上
2015 年	889—1 778 美元	1 778—3 555 美元	3 555—7 109 美元	7 109—13 343 美元	13 343 美元以上
2021 年	1 169—2 338 美元	2 338—4 675 美元	4 675—9 348 美元	9 348—17 544 美元	17 544 美元以上
三次产业产值结构 （产业结构）	A>I	A>20%，A<I	A<20%，I>S	A<10%，I>S*	A<10%，I<S*
人口城市化率 （空间结构）	30%以下	30%—50%	50%—60%	60%—75%	75%以上
制造业增加值占比 （工业结构）	20%以下	20%—40%	40%—50%	50%—60%	60%以上
农业就业人员占比 （就业结构）	60%以下	45%—60%	30%—45%	10%—30%	10%以下

注：A、I、S 分别表示第一产业、第二产业、第三产业增加值在 GDP 中的占比。* 表示在后工业化阶段，第三产业占比已经处于支配地位。

资料来源：郭晓琼（2016）、陈佳贵等（2006）、郭克莎（2000）、苏东水（2000）。

5.2.3 亚洲工业化发展水平的地区差异明显

基于亚洲国家工业化发展水平评估指标体系，本小节主要按照地区顺序——东亚、东南亚、南亚、中亚和西亚，结合亚洲各地区具体经济指标数据，对亚洲国家工业化水平进行评估，其中选取的三个时间点分别为 1996 年、2005 年、2015 年和 2021 年。

1. 东亚国家工业化发展水平判断

对于 1996 年的东亚国家而言，结合表 5-1 和表 5-2，进行对比分析可以得到如下结论：在东亚四个国家里面，日本和韩国在 20 世纪 90 年代以前就已经是工业化国家，都是以服务业为主的经济体，并且制造业占产品总值占比接近70％。就中国而言，在工业化各项指标数据里面，只有人均收入水平处于前工业化阶段，其他指标均处于工业化初期阶段，综合分析可得：中国 1996 年处于工业化初期阶段。在蒙古国各项工业化指标里面，尤其是制造业占产品总值比重远低于 20％，判断其 1996 年还处于前工业化阶段。

表 5-2　1996 年东亚国家工业化指标数据

国　　别	人均 GDP（美元）	农业增加值占比（％）	工业增加值占比（％）	服务业增加值占比（％）	人口城市化率（％）	制造业增加值占比（％）	农业就业人口占比（％）
中　国	709	19.3	47.1	33.6	31.9	—	48.3
日　本	38 437	1.7	34.5	63.8	78.1	64.8	5.5
韩　国	13 138	5.0	34.8	60.2	78.7	60.7	11.1
蒙古国	581	38.5	23.7	37.9	56.8	12.4	56.3

资料来源：世界银行数据库。

对于 2005 年的东亚国家而言，和上面分析相同，除了日本和韩国已经是工业化国家，其服务业增加值进一步提升外，经过近十年的发展，中国的工业化发展水平得到显著提升，尽管人均收入水平仍处于工业化初期，但制造业增加值占产品总值比重处于工业化后期，其他指标都表明中国当时处于工业中期，最终确定中国 2005 年处于工业化中期阶段，但是已经在向工业化后期阶段迈进。尽管蒙古国城市化率水平增长比较快，但其人均收入水平和制造业占比近乎没有什么变化，据此判断蒙古国在 2005 年仍然处在前工业化阶段（表 5-3）。

表 5-3　2005 年东亚国家工业化指标数据

	人均 GDP（美元）	农业增加值占比（％）	工业增加值占比（％）	服务业增加值占比（％）	人口城市化率（％）	制造业增加值占比（％）	农业就业人口占比（％）
中　国	1 753	11.6	47.0	41.3	42.5	54.7	35.8
日　本	37 218	1.1	30.2	68.7	86.0	69.1	4.5
韩　国	18 640	2.8	33.8	63.3	81.3	69.6	7.9
蒙古国	999	19.8	32.5	47.7	62.5	11.0	45.7

资料来源：世界银行数据库。

在 2015 年，韩国制造业占比一直在上升，已经高达 73.3％；日本制造业占比近 10 年来变化不是很明显。就中国的各项工业化指标而言，2005—2015 年，人均收入水平提升幅度非常大，服务业增加值占比增长也非常快，2015 年已经超过 50％，中国成为以服务业主体的经济体，但其制造业占比和城市化率等指标尚处于工业中后期，综合分析得出中国 2015 年处于工业化后期阶段，并且和日本、韩国相比，差距明显。尽管蒙古国的人均收入水平和城市化率提升比较快，但是其制造业占比仍然很低，综合判定蒙古国 2015 年处于工业化初期阶段（表 5-4）。

表 5-4　2015 年东亚国家工业化指标数据

	人均 GDP（美元）	农业增加值占比（％）	工业增加值占比（％）	服务业增加值占比（％）	人口城市化率（％）	制造业增加值占比（％）	农业就业人口占比（％）
中　国	8 069	8.8	40.9	50.2	55.5	59.0	19.5
日　本	34 568	1.1	28.9	70.0	91.4	69.0	3.6
韩　国	27 105	2.1	34.9	63.0	81.6	73.3	5.2
蒙古国	3 947	13.4	31.0	55.6	68.2	17.2	28.5

资料来源：世界银行数据库。

在 2021 年，日本和韩国已经进入工业化后期，和 2015 年相比，这两国的各项指标变化不大。但是蒙古国工业占比、制造业占比等指标增长明显，尽管目前来看，蒙古仍然处于工业化初期，但是未来几年，蒙古国将很快进入工业化中期。而中国人均 GDP 规模已经超过 1 万美元，制造业占比超过 60％，表明中国已处于工业化后期，且正在向后工业阶段过渡。（表 5-5）

表 5-5　2021 年东亚国家工业化指标数据

	人均 GDP（美元）	农业增加值占比（％）	工业增加值占比（％）	服务业增加值占比（％）	人口城市化率（％）	制造业增加值占比（％）	农业就业人口占比（％）
中　国	12 556	7.7	37.8	54.3	61.3	69.2	25.3
日　本	39 312	1.1	29.2	69.3	91.8	71.3	3.5
韩　国	34 997	1.8	32.8	58.0	81.4	76.2	5.1
蒙古国	4 566	12.5	38.3	40.0	68.7	27.9	25.9

资料来源：世界银行数据库。

2. 东南亚国家工业化发展水平判断

对于 1996 年的东南亚国家而言，通过比对表 5-1 和表 5-6 可以明显看到，在东南亚国家中，人均收入水平比较高的两个国家分别是新加坡和文莱，其中新加坡在 20 世纪 90 年代以前就已经是工业化国家，而文莱拥有较高的人均收入水平主要依赖于石油和天然气出口，而制造业占比很低，表明其工业化尚处于初期阶段。老挝和柬埔寨的农业就业占比在 80% 左右，人均收入在 400 美元以下，制造业增加值占比也低于 20%，据此判断两国根本就没有开始工业化，完全处于农业社会状态。越南情况要比老挝和柬埔寨好些，尽管其人均收入水平和农业就业人口占比与缅甸、柬埔寨相差不大，但其制造业增加值占比高于 20%，并且服务业占比高于工业占比，可以明确越南此时处于工业化初期阶段。菲律宾、泰国、马来西亚和印度尼西亚比较相似，多项指标表明它们都处于工业化中期阶段，但是马来西亚工业化水平要高于其他三国（表 5-6）。

在 2005 年，经过近 10 年的发展，新加坡仍然是成熟的工业化国家，而老挝和柬埔寨的工业化水平提升缓慢，两国均处于前工业化阶段。缅甸和上述两国比较相似，也处于前工业化阶段。越南各项工业化指标改进比较明显，

表 5-6　1996 年东南亚国家工业化指标数据

	人均 GDP（美元）	农业增加值占比（%）	工业增加值占比（%）	服务业增加值占比（%）	人口城市化率（%）	制造业增加值占比（%）	农业就业人口占比（%）
越　　南	323	27.8	29.7	42.5	22.6	26.4	70.0
老　　挝	378	40.5	20.6	38.9	18.2	10.8	84.7
柬埔寨	319	44.5	15.0	40.5	17.7	17.0	79.5
泰　　国	3 043	9.1	37.3	53.6	30.4	55.9	50.1
马来西亚	4 797	11.7	43.5	44.8	57.0	50.4	19.4
新加坡	26 263	0.1	31.5	68.3	100.0	73.1	0.2
印度尼西亚	1 137	16.7	43.5	39.9	37.2	42.6	44.0
文　　莱	16 789	1.1	56.3	42.6	69.2	22.2	1.7
菲律宾	1 160	20.6	32.1	47.3	46.5	43.3	41.7

资料来源：世界银行数据库。

除了人均收入水平较低外，其他各项指标均综合表明其已经迈入工业化初期阶段。泰国、马来西亚、印度尼西亚和菲律宾在制造业占比上进步比较明显，但是其他指标变化不大，表明四国正在迈向工业化后期阶段，但是还没有进入工业化后期阶段。文莱依然主要依赖石油和天然气出口来维持较高的人均收入水平，但其制造业呈现萎缩态势，表明文莱仍然处于工业化初期阶段。而东帝汶几乎没有制造业，其经济也主要依赖能源出口，是一个能源型经济体（表5-7）。

表 5-7　2005 年东南亚国家工业化指标数据

	人均 GDP（美元）	农业增加值占比（%）	工业增加值占比（%）	服务业增加值占比（%）	人口城市化率（%）	制造业增加值占比（%）	农业就业人口占比（%）
越　　南	684	19.3	38.1	42.6	27.3	32.8	54.6
老　　挝	475	28.3	23.2	48.5	27.2	18.7	78.5
柬埔寨	474	30.7	25.0	44.3	19.2	32.0	70.8
泰　　国	2 894	9.2	38.6	52.2	37.4	62.3	42.6
缅　　甸	247	46.7	17.5	35.8	27.9	19.9	69.5
马来西亚	5 594	8.3	45.9	45.8	66.6	50.8	14.6
新加坡	29 870	0.1	30.9	69.0	100.0	85.7	0.9
印度尼西亚	1 261	13.1	46.5	40.3	45.9	45.9	44.0
文　　莱	26 102	0.9	71.6	27.5	73.2	17.0	1.0
菲律宾	1 195	12.7	33.8	53.5	45.7	51.7	36.0
东帝汶	465	7.4	75.3	17.3	26.0	0.8	60.4

资料来源：世界银行数据库。

在 2015 年，新加坡人均 GDP 进一步提高，越南、老挝、柬埔寨和缅甸的服务业增加值占比提升比较快；在制造业增加值占比层面，除老挝比值较低以外，其他三国都已经超过 20%，老挝农业就业人口也大幅度下降，据此判断老挝仍处于前工业化阶段，而越南、柬埔寨和缅甸处于工业化初期阶段。根据各项工业化评估指标，马来西亚的工业化发展比较快，处于工业化后期阶段，但是泰国、印度尼西亚和菲律宾仍然处于工业化中期阶段。文莱和东帝汶则没有变化（表5-8）。

表 5-8　2015 年东南亚国家工业化指标数据

	人均 GDP（美元）	农业增加值占比（%）	工业增加值占比（%）	服务业增加值占比（%）	人口城市化率（%）	制造业增加值占比（%）	农业就业人口占比（%）
越　南	2 065	17.0	33.3	49.8	33.8	27.3	43.9
老　挝	2 159	17.6	27.7	54.7	33.1	18.1	63.1
柬埔寨	1 163	26.6	27.7	45.7	22.2	29.5	28.8
泰　国	5 846	9.0	36.2	54.8	47.7	60.8	32.3
缅　甸	1 139	26.8	34.5	38.8	29.9	34.0	51.8
马来西亚	9 649	8.5	39.1	52.4	74.2	47.8	12.5
新加坡	54 941	0.0	24.2	75.7	100.0	74.0	0.9
印度尼西亚	3 335	13.5	40.0	46.5	53.3	39.2	33.0
文　莱	30 968	1.1	61.4	37.5	76.7	23.3	0.6
菲律宾	2 878	10.3	30.9	58.8	46.3	48.7	29.2
东帝汶	1 333	8.9	56.9	34.2	29.5	0.8	39.1

资料来源：世界银行数据库。

在 2021 年，越南、老挝、柬埔寨、泰国、缅甸的制造业增加值占比持续快速提升，其中越南和柬埔寨已经处于工业化中期阶段，老挝处于工业初期阶段，而泰国和缅甸的制造业增加值占比则更高，已超过 60%。与此同时，结合四国的人均收入水平等指标，综合研判如下：越南和老挝均处于工业化初期阶段，但是越南工业化进程快于老挝；柬埔寨和缅甸仍然处于前工业化阶段，但是两者将会在 2022 年快速进入工业化阶段；泰国处于工业化中期向后期过渡阶段。剩余几个国家如马来西亚、新加坡、印度尼西亚、文莱、菲律宾、东帝汶，其中新加坡、东帝汶和文莱的变化不大，但是结合制造业增加值占比等指标，马来西亚会快速进入后工业化阶段，而菲律宾和印度尼西亚则会快速进入工业中后期阶段（表 5-9）。

表 5-9　2021 年东南亚国家工业化指标数据

	人均 GDP（美元）	农业增加值占比（%）	工业增加值占比（%）	服务业增加值占比（%）	人口城市化率（%）	制造业增加值占比（%）	农业就业人口占比（%）
越　南	3 756	14.9	33.7	41.6	37.3	49.6	37.2
老　挝	2 535	16.5	32.1	40.6	36.3	25.7	61.5

	人均 GDP（美元）	农业增加值占比（%）	工业增加值占比（%）	服务业增加值占比（%）	人口城市化率（%）	制造业增加值占比（%）	农业就业人口占比（%）
柬埔寨	1 625	22.8	34.9	36.2	24.1	47.6	34.5
泰国	7 066	8.6	33.1	58.3	51.4	76.2	31.4
缅甸	1 209	22.2	35.8	41.4	31.1	69.3	48.8
马来西亚	11 109	8.2	37.1	54.8	78.2	65.1	10.7
新加坡	72 794	0.03	24.4	70.9	100.0	84.0	0.03
印度尼西亚	4 332	13.7	48.3	44.4	56.7	43.2	28.5
文莱	31 449	1.2	59.1	41.5	78.3	26.7	3.0
菲律宾	3 460	10.1	29.2	61.4	47.4	62.3	22.9
东帝汶	2 741	14.2	29.4	56.8	31.3	6.1	39.1

资料来源：世界银行数据库。

3. 南亚国家工业化发展水平判断

对于 1996 年的南亚国家而言，通过比对表 5-1 和表 5-10 发现，南亚国家工业化发展水平普遍不高，其中尼泊尔和不丹的制造业增加值占比都低于 20%，农业就业人口占比高达 80% 以上，表明这两国是完全的农业社会。印度、巴基斯坦、孟加拉国、斯里兰卡和马尔代夫五国制造业增加值占比都在 30% 左右，表明它们均处于工业化初期阶段，其中马尔代夫是一个以旅游业为主体的服务型经济体，印度、巴基斯坦、孟加拉国和斯里兰卡都是农业经济社会。

表 5-10　1996 年南亚国家工业化指标数据

	人均 GDP（美元）	农业增加值占比（%）	工业增加值占比（%）	服务业增加值占比（%）	人口城市化率（%）	制造业增加值占比（%）	第一产业就业人口占比（%）
尼泊尔	206	38.9	21.5	39.6	11.4	14.9	80.5
不 丹	609	30.2	32.7	37.2	21.5	17.9	82.4
印 度	396	25.7	29.0	45.3	26.8	33.4	61.4
巴基斯坦	497	23.2	22.0	54.8	32.1	32.3	46.8
孟加拉国	383	23.3	21.7	55.0	22.1	31.2	64.6
斯里兰卡	756	22.5	26.6	50.9	18.4	29.9	36.5
马尔代夫	1 737	10.7	12.8	76.5	26.0	30.6	23.6

资料来源：世界银行数据库。

在 2005 年，经过近十年的发展，尼泊尔工业化发展水平提升缓慢，仍然处于农业社会。不丹工业化水平有了一定的改善，综合判断其处于前工业化阶段。印度、巴基斯坦和孟加拉的工业化水平只有些微提升，变化不大，仍然处于工业化初期阶段。斯里兰卡的工业化发展水平提升较快，其制造业增加值占比高达 46.5%，表明其已处于工业化中期阶段。马尔代夫还是旅游业高度发达的国家，仍然处于工业化初期阶段（表 5-11）。

表 5-11　2005 年南亚国家工业化指标数据

	人均 GDP（美元）	农业增加值占比（%）	工业增加值占比（%）	服务业增加值占比（%）	人口城市化率（%）	制造业增加值占比（%）	第一产业就业人口占比（%）
尼泊尔	317	33.8	16.5	49.7	15.1	15.1	76.0
不　丹	1 247	22.3	35.9	41.7	31.0	12.2	70.3
印　度	707	17.8	30.7	51.4	29.2	34.2	56.0
巴基斯坦	748	20.2	25.5	54.3	34.0	38.2	43.1
孟加拉国	484	18.6	23.3	58.1	26.8	35.2	48.1
斯里兰卡	1 250	11.8	30.2	58.0	18.3	46.5	33.8
马尔代夫	3 649	7.7	11.7	80.5	33.8	24.1	14.4

资料来源：世界银行数据库。

在 2015 年，尼泊尔工业化发展水平仍然没有太大的改善，其制造业增加值占比仅为 13%；不丹依靠服务业水平提升和水电出口，其人均收入水平显著提升，而工业化发展水平变化不明显；这两国都处于前工业化阶段。印度、巴基斯坦和孟加拉国工业化提升缓慢，三国还处于工业初期阶段。斯里兰卡尽管工业化水平相比 10 年前有所提升，但总体而言变化不大，还处于工业化中期阶段。马尔代夫还是一个以旅游业为支撑的经济体（表 5-12）。

表 5-12　2015 年南亚国家工业化指标数据

	人均 GDP（美元）	农业增加值占比（%）	工业增加值占比（%）	服务业增加值占比（%）	人口城市化率（%）	制造业增加值占比（%）	第一产业就业人口占比（%）
尼泊尔	747	29.4	13.7	56.9	18.6	13.0	72.3
不　丹	2 615	16.7	41.3	41.9	38.7	13.7	58.0

	人均GDP（美元）	农业增加值占比（%）	工业增加值占比（%）	服务业增加值占比（%）	人口城市化率（%）	制造业增加值占比（%）	第一产业就业人口占比（%）
印　度	1 606	16.2	27.2	56.6	32.8	35.4	44.4
巴基斯坦	1 356	23.8	19.1	57.1	36.0	29.8	41.0
孟加拉国	1 210	14.8	26.8	58.4	34.3	40.3	42.7
斯里兰卡	3 842	8.2	27.2	64.6	18.3	52.4	28.1
马尔代夫	9 576	5.7	9.1	85.2	38.5	12.5	8.0

资料来源：世界银行数据库。

在 2021 年，从整体来看，整个南亚国家的工业化水平变化不大。其中，得益于全球旅游业的复苏，马尔代夫 2021 年的人均 GDP 增长较快，但是其工业增加值占比等指标变化不大，表明马尔代夫依然处于工业中期阶段；斯里兰卡和不丹依然处于工业化初期阶段，而尼泊尔、印度、巴基斯坦、孟加拉国则依然处于前工业化阶段。但是结合制造业增加值占比等指标，可以推测未来印度、巴基斯坦、孟加拉国、斯里兰卡将会快速推进工业化进程，而马尔代夫、不丹和尼泊尔的工业化进程会相对较慢。

表 5-13　2021 年南亚国家工业化指标数据

	人均GDP（美元）	农业增加值占比（%）	工业增加值占比（%）	服务业增加值占比（%）	人口城市化率（%）	制造业增加值占比（%）	第一产业就业人口占比（%）
尼泊尔	1 208	23.1	11.8	53.3	20.6	37.3	64.4
不　丹	3 266	15.8	36.1	43.4	42.3	20.6	55.9
印　度	2 256	18.3	23.1	49.1	34.9	56.0	42.6
巴基斯坦	1 505	22.9	17.7	52.8	39.2	65.0	36.9
孟加拉国	2 457	12.6	28.8	54.6	38.2	67.1	39.3
斯里兰卡	4 013	8.1	26.9	59.7	18.7	61.8	27.0
马尔代夫	10 366	5.7	11.7	70.0	41.7	17.2	8.5

资料来源：世界银行数据库。

4. 中亚国家工业化发展水平判断

对于 1996 年的中亚国家而言，通过比对表 5-1 和表 5-14 可以发现，中亚五国的工业化水平整体不高，由于都是独联体国家，其工业化比较相似。其中，哈萨克斯坦、土库曼斯坦和乌兹别克斯坦相对较好，处于工业化初期阶段；而吉尔吉斯斯坦和塔吉克斯坦的工业化水平较低，前者处于农业社会，后者则处在前工业化阶段。

表 5-14 1996 年中亚国家工业化指标数据

	人均 GDP（美元）	农业增加值占比（%）	工业增加值占比（%）	服务业增加值占比（%）	人口城市化率（%）	制造业增加值占比（%）	第一产业就业人口占比（%）
哈萨克斯坦	1 350	12.2	25.6	62.3	55.9	35.1	40.4
吉尔吉斯斯坦	395	46.3	17.0	36.7	36.1	12.5	57.7
塔吉克斯坦	178	36.0	29.2	34.8	28.3	28.9	65.2
乌兹别克斯坦	601	22.4	26.1	51.6	44.2	—	34.8
土库曼斯坦	555	12.6	65.2	22.2	45.0	31.1	19.6

资料来源：世界银行数据库。

在 2005 年，经过近 10 年的发展，哈萨克斯坦、乌兹别克斯坦和土库曼斯坦尽管人均收入水平上升比较明显，但是主要依赖资源出口来维持，而其工业化发展水平提升不是很明显，仍然处于工业化初期阶段。吉尔吉斯斯坦和塔吉克斯坦工业化发展水平变化不大，仍然处于前工业化阶段。

表 5-15 2005 年中亚国家工业化指标数据

	人均 GDP（美元）	农业增加值占比（%）	工业增加值占比（%）	服务业增加值占比（%）	人口城市化率（%）	制造业增加值占比（%）	第一产业就业人口占比（%）
哈萨克斯坦	3 771	6.4	37.6	56.0	56.5	27.4	32.4
吉尔吉斯斯坦	477	28.5	20.0	51.5	35.3	26.5	38.5
塔吉克斯坦	337	21.2	27.4	51.4	26.5	—	56.7
乌兹别克斯坦	547	25.0	20.7	54.3	48.5	—	34.7
土库曼斯坦	1 705	18.5	37.1	44.4	47.1	—	19.1

资料来源：世界银行数据库。

在 2015 年，只有土库曼斯坦的工业化发展水平提升较快，其已经处于工业化中期阶段，其他四国的工业化水平没什么变化，由于气候等原因，中亚国

表 5-16   2015 年中亚国家工业化指标数据

	人均 GDP（美元）	农业增加值占比（%）	工业增加值占比（%）	服务业增加值占比（%）	人口城市化率（%）	制造业增加值占比（%）	第一产业就业人口占比（%）
哈萨克斯坦	10 511	4.7	30.9	64.4	57.2	28.9	18.0
吉尔吉斯斯坦	1 121	14.1	25.1	60.9	35.8	35.9	29.3
塔吉克斯坦	919	21.9	24.4	53.7	26.7	18.8	51.8
乌兹别克斯坦	2 138	16.6	31.5	51.9	50.8	—	22.8
土库曼斯坦	6 433	9.3	57.0	33.7	50.3	—	8.9

资料来源：世界银行数据库。

家的农业占比本身就比较低，而人均收入水平提升主要依赖于资源出口和服务业支撑（表 5-16）。

在 2021 年，中亚各国工业化进程也很缓慢，其中哈萨克斯坦依然处于工业化后期阶段，而土库曼斯坦依然处于工业化中期，但是两者未来的推进动力都不是很足。相较而言，乌兹别克斯坦和吉尔吉斯斯坦的工业化进程推进较快，可能会快速进入到工业化阶段。而塔吉克斯坦还处于工业化准备阶段（表 5-17）。

表 5-17   2021 年中亚国家工业化指标数据

	人均 GDP（美元）	农业增加值占比（%）	工业增加值占比（%）	服务业增加值占比（%）	人口城市化率（%）	制造业增加值占比（%）	第一产业就业人口占比（%）
哈萨克斯坦	10 373	5.3	33.1	55.8	57.7	38.4	14.9
吉尔吉斯斯坦	1 276	13.5	29.8	49.6	36.9	54.6	19.3
塔吉克斯坦	897	23.8	32.8	35.1	26.5	40.9	46.7
乌兹别克斯坦	1 983	26.1	32.1	33.9	50.4	61.3	25.7
土库曼斯坦	7 612	10.8	42.0	47.2	42.5	—	20.7

资料来源：世界银行数据库。

5. 西亚国家工业化发展水平判断

对于 1996 年的西亚国家而言，通过比对表 5-1 和表 5-18 可以发现，人均收入水平较高的几个国家为以色列、阿联酋和沙特阿拉伯，其中以色列在 20 世纪 90 年代以前已经完成工业化，沙特阿拉伯、阿联酋和塞浦路斯主要依赖石油等能源出口来维持高人均收入水平，其工业化水平比较低，处于工业化初期阶段。阿塞拜疆、伊拉克和也门几乎没有制造业，因为气候等原因，它们的农业也不发达，是传统的能源型经济体。格鲁吉亚要稍微好一些，其制造业增加值占比接近 20%，属于前工业化阶段。伊朗各项工业化发展水平指标均表明其处于工业化初期阶段。土耳其、约旦和黎巴嫩的工业发展水平相对较高，它们都处于工业化中期阶段。

表 5-18 1996 年西亚国家工业化指标数据

	人均 GDP（美元）	农业增加值占比（%）	工业增加值占比（%）	服务业增加值占比（%）	人口城市化率（%）	制造业增加值占比（%）	农业就业人口占比（%）
伊 朗	1 932	10.3	42.1	47.6	61.1	31.5	23.5
伊拉克	502	18.6	58.4	23.0	68.6	1.3	26.3
阿塞拜疆	409	24.8	35.1	40.1	51.9	17.4	46.3
格鲁吉亚	670	33.2	23.0	43.8	53.6	19.2	53.2
亚美尼亚	504	34.8	30.8	34.4	65.8	35.7	49.6
土耳其	3 054	16.9	30.6	52.5	62.7	44.5	42.8
约 旦	1 469	3.2	22.0	74.7	78.2	45.9	5.0
以色列	19 318	1.6	23.2	75.3	90.9	61.3	2.5
沙特阿拉伯	8 293	5.4	52.2	42.4	78.9	16.9	7.0
也 门	364	16.7	35.0	48.3	24.2	17.1	55.8
阿 曼	6 831	2.5	49.4	48.1	71.6	7.8	7.3
阿联酋	28 616	1.8	46.4	51.8	78.5	13.8	7.4
黎巴嫩	4 458	6.2	22.3	71.5	85.1	44.0	3.1
塞浦路斯	14 969	4.6	20.1	75.3	68.2	38.1	5.3

资料来源：世界银行数据库。

在 2005 年，由于邻近几年国际能源价格上涨较快，阿曼的人均收入水平提升较快，而制造业水平发展缓慢，两国仍处于前工业化阶段。也门仍然处于前工业化阶段。沙特和阿联酋类似于阿曼，变化最明显的是由能源价格上涨带来的人均收入水平的大幅度提升，而其工业化水平并没有提升，因而仍然处于工业化初期阶段。伊朗、亚美尼亚和塞浦路斯的工业化水平也没有提升，仍然处于工业化初期阶段。阿塞拜疆和格鲁吉亚的制造业初步发展，它们从前工业化阶段进入工业化初期阶段。土耳其、约旦和黎巴嫩主要依赖服务业来提升收

表 5-19 2005 年西亚国家工业化指标数据

	人均 GDP（美元）	农业增加值占比（%）	工业增加值占比（%）	服务业增加值占比（%）	人口城市化率（%）	制造业增加值占比（%）	第一产业就业人口占比（%）
伊 朗	3 246	6.5	49.6	43.9	67.6	26.8	24.8
伊拉克	1 855	6.9	63.6	29.5	68.8	1.9	23.0
阿塞拜疆	1 578	9.1	58.5	32.4	52.4	9.6	40.5
格鲁吉亚	1 530	14.8	23.8	61.5	53.6	31.4	54.3
亚美尼亚	1 644	19.1	41.4	39.5	63.9	22.4	40.6
土耳其	7 384	9.3	25.3	65.4	67.8	48.9	25.7
约 旦	2 203	2.8	24.9	72.3	79.5	55.5	3.9
以色列	20 557	1.6	20.6	77.9	91.5	65.4	2.0
沙 特	13 740	3.2	62.1	34.7	81.0	14.6	4.0
卡塔尔	51 488	0.1	—	—	97.4	16.6	3.1
也 门	814	10.5	49.0	40.5	28.9	12.0	30.1
阿 曼	12 377	1.6	63.5	34.8	72.4	13.2	6.8
阿联酋	39 440	1.4	55.6	43.0	82.3	18.6	4.9
黎巴嫩	5 339	3.5	14.4	82.1	86.6	40.3	3.4
塞浦路斯	25 324	2.7	17.9	79.4	68.3	33.0	4.7

资料来源：世界银行数据库

入水平，其工业化水平的提升也是非常缓慢的。此外，伊拉克虽然由国际能源价格上涨带来了人均收入的较快提升，但受到战争等因素的影响，也处于工业化初期阶段（表 5-19）。

在 2015 年，整个西亚国家的工业化水平仍然停滞不前，人均收入水平的提升还是主要依赖能源价格的上涨。此外，以色列已经进入去工业化趋势明显的阶段，其制造业增加值占比减少明显，而服务业增加占比高达 80%，已经完全是一个高度服务型经济体（表 5-20）。

表 5-20 2015 年西亚国家工业化指标数据

	人均 GDP（美元）	农业增加值占比（%）	工业增加值占比（%）	服务业增加值占比（%）	人口城市化率（%）	制造业增加值占比（%）	第一产业就业人口占比（%）
伊 朗	4 904	10.5	33.0	56.5	73.4	28.5	18.0
伊拉克	4 688	4.7	41.5	53.8	69.9	3.9	20.3
阿塞拜疆	5 500	6.2	45.0	48.8	54.7	9.8	36.4

续表

	人均 GDP（美元）	农业增加值占比（%）	工业增加值占比（%）	服务业增加值占比（%）	人口城市化率（%）	制造业增加值占比（%）	第一产业就业人口占比（%）
格鲁吉亚	3 765	7.9	21.3	70.8	57.4	37.4	41.8
亚美尼亚	3 618	17.2	25.7	57.1	63.1	21.4	35.3
土耳其	10 985	6.9	27.9	65.2	73.6	48.0	20.4
约　旦	4 096	3.7	26.1	70.2	90.3	54.6	3.7
以色列	35 691	1.2	18.8	80.0	92.2	59.0	1.0
沙　特	20 733	2.6	45.3	52.1	83.2	26.5	6.1
巴　林	22 689	0.3	40.3	59.4	89.0	42.7	0.9
卡塔尔	66 347	0.2	58.5	41.3	98.9	16.5	1.2
也　门	1 286	10.3	58.8	30.9	34.8	16.7	34.7
阿　曼	16 407	1.6	54.7	43.7	81.4	17.5	6.0
阿联酋	39 122	0.7	43.9	55.3	85.7	19.8	0.2
科威特	29 109	0.5	55.9	43.5	—	12.4	3.3
黎巴嫩	8 452	3.5	15.4	81.2	88.1	44.2	3.2
塞浦路斯	23 212	1.8	9.8	88.4	66.9	36.7	4.0

资料来源：世界银行数据库。

在 2021 年，从整体来看，大部分西亚国家已快速进入工业化中期阶段，如伊拉克、阿塞拜疆、格鲁吉亚、亚美尼亚等，但未来约旦、黎巴嫩等国得益于制造业基础较好（制造业增加值占比较高），其工业化进程会相对比较快，而以色列、沙特、阿联酋、塞浦路斯均依然处于后工业化阶段。此外，也门仍然处于工业化准备阶段，且动力不是很足（表 5-21）。

表 5-21　2021 年西亚国家工业化指标数据

	人均 GDP（美元）	农业增加值占比（%）	工业增加值占比（%）	服务业增加值占比（%）	人口城市化率（%）	制造业增加值占比（%）	农业就业人口占比（%）
伊　朗	4 091	12.8	30.6	55.8	75.9	48.4	17.4
伊拉克	4 775	6.1	44.4	45.4	70.9	6.5	18.1
阿塞拜疆	5 387	6.5	41.1	37.0	51.4	14.0	36.0
格鲁吉亚	5 023	7.3	21.6	43.1	59.5	41.0	38.2
亚美尼亚	4 966	11.7	26.4	54.2	65.8	47.0	24.0
土耳其	9 661	6.6	27.8	54.6	76.1	67.6	18.0
约　旦	4 103	5.5	23.5	61.9	91.4	72.4	2.5
以色列	52 170	1.1	18.5	71.2	92.6	53.2	0.9

	人均 GDP（美元）	农业增加值占比（%）	工业增加值占比（%）	服务业增加值占比（%）	人口城市化率（%）	制造业增加值占比（%）	农业就业人口占比（%）
沙特阿拉伯	23 185	2.6	41.4	56.2	84.3	31.4	2.6
也门	824	5.0	35.6	16.8	39.9	—	27.5
阿曼	19 509	2.1	53.9	48.1	86.3	19.6	4.0
阿联酋	44 315	0.7	46.2	53.5	85.0	18.8	1.4
黎巴嫩	4 136	2.5	7.2	71.5	88.9	35.1	11.3
塞浦路斯	31 551	1.9	12.5	72.8	61.8	43.2	2.4

资料来源：世界银行数据库。

5.2.4　亚洲国家工业化发展水平与经济增长

尽管工业化不是经济增长的唯一动力，但是就工业化本身而言，工业部门大量机械使用和新技术应用带来的规模化和集约化，使得其劳动生产率普遍高于农业部门和服务业部门，也必然会促进经济的高速增长。对于亚洲国家而言，工业化和经济增长的关系具有六大特点。

一是工业化是亚洲国家经济增长的必要条件而非充分条件。亚洲国家整体上工业化水平滞后，尤其是南亚国家和中西亚国家，它们的经济增长主要依赖于能源资源出口（如中东国家）、旅游服务业（如马尔代夫）和信息产业（如印度）等。而东南亚国家和东亚国家（如中国）主要依赖工业完成了本国经济的赶超型发展，中国曾经在长达 10 年时间里维持了 10% 以上的增长速度。因此，可以说，工业化可以促进一国经济高速发展，工业化为经济增长提供所需要的技术、资本和基础设施等经济要素。但是经济增长又由很多因素共同决定，工业化不是其唯一决定因素，所以说工业化是经济增长的必要条件而非充分条件。

二是制造业为亚洲国家经济增长提供源源不断的新动能。根据前文分析，亚洲工业化国家（如日本、韩国、新加坡等国）的制造业增加值占产品总值比重都在 60% 以上，并且持续增长，远高于同期的发展中国家。制造业领域可以依托机械化、智能化、信息化进行规模生产，形成规模效应，并且通过创新活动促进技术进步，从而提升单位产出，加速整个经济的运行效率，最终促进经济快速增长。所以说，亚洲国家工业化历程表明，制造业尤其是高端制造业为一国经济增长提供了源源不断的新动能。

三是三次产业融合发展，共同促进亚洲国家经济增长。随着大多数亚洲发展中国家工业化进程加快，一方面，其在推进工业化不断发展的同时，通过将大量工业技术应用到农业和服务业领域，促进农业和服务业劳动生产率提升，进而促进经济增长；另一方面，随着农业人口向工业部门流动，在补充工业化部门劳动力供给的同时，也减少了农业部门的劳动力人口，从而提升整个社会劳动力的配置效率，最终促进经济增长。通过三次产业之间技术、人员等经济要素的相互流动，来提升整个经济体的效率，以此促进经济增长。

四是工业化过程中对基础设施的大量投资，为经济增长奠定了坚实的基础。亚洲大多数发展中国家在工业化过程中，最显著的特点就是注重前期交通设施等基础设施的大量投资；这有助于降低交易成本，提升交易效率，促进区域贸易发展，还有助于形成区域一体化市场，提升区域配置资源的效率，提升经济要素的利用效率；最终促进经济增长。

五是工业化促进全球化，提升区域价值链，促进亚洲经济增长。亚洲大多数发展中国家在工业化过程中，为了提升本国工业化水平，采取积极的外向型经济政策，积极引进国外先进技术、设备等，并且通过制造业的前向关联、后向关联等来提升整个产业价值链。此外通过积极对外开放，倒逼国内经济体制改革，使得上层建筑更加适应经济基础，以此释放经济活力，促进国家经济快速增长。

六是工业化使得经济增长过程伴随环境污染、资源浪费、贫富差距扩大等问题。工业化意味着人类开发利用自然的能力提升了，但是由于亚洲大多数发展中国家环保意识落后、本国法律制度不健全等，其资源遭受无节制的开发利用，不仅造成资源浪费，还带来环境污染等问题。近年来，随着居民生态意识的逐渐增强，对生活环境提出了更高的要求，亚洲地区的环境问题得到一定程度的改善。

5.3　亚洲工业化模式创新与发展经济学新含义

不同经济体工业化时所面临的经济初始条件、资源禀赋和外部经济环境千差万别，它们进入全球产业价值链的时间也各不相同，这就决定其所采取的工业化发展模式也各有不同（Pollard，1990）。亚洲经济腹地广阔，各个国家所采取的工业化模式既有借鉴先前成功者的做法，又带有本国经济特色。

5.3.1　以日本为代表的政府主导工业化模式

日本作为工业化后起国家，在积极学习美国等西方国家市场主导的工业化模式基础上，结合自身经济基础和经济发展环境，强调政府对经济发展的干预作用，以此弥补因缺乏像欧美国家那样一个长期且稳定的工业技术发展过程所产生的不足。二战之后，日本经济由于军国主义扩张和战争破坏，与欧美国家相比存在较大差距，根据日本通产省工业技术厅 1949 年发布的《技术白皮书》，当时日本的技术水平至少比欧美国家落后 20—30 年。正是这种经济背景，促使日本在工业化过程中形成不同于欧美国家的经济赶超模式，其是以重点发展应用技术来推进工业化的，具体而言，就是将企业研发和开发的重点放在对实现工业化和经济增长有直接推动作用的应用技术领域上，从 20 世纪 50 年代起有步骤地推进重化工业的发展，60 年代日本将与西方国家的技术差距缩短到 10—15 年，70 年代其大部分部门的技术水平已经接近欧美发达国家，

80 年代日本在国际市场上已经处于领先地位。

5.3.2　亚洲"四小龙"的外向型工业化模式

（1）新加坡的工业化模式。新加坡工业化的成功主要基于政府干预和引进外资两个因素。在政府干预层面，新加坡模式主要有三个特点。第一，干预和调控方式是间接的而不是直接的。比如，在产业结构进行调整的时候，它一般会出台一系列税收、补贴政策，而不会以指令性规定直接干预。第二，政府注重创造良好的经济环境，其中对国民相对公平的法律体制建设是政府的工作重心，这主要是为了让每个公民都有一个获取公平待遇的机会，在新加坡，凡满18 周岁的公民只要踏入社会，政府就会提供一套舒适的公家住房。第三，保持政府较高的廉洁透明度和政府效率，新加坡政府的廉洁高效是世界公认的（王勤，2015）。

在引进外资层面，新加坡通过设立经济发展局来向全球推销新加坡，以便进行招商引资。与此同时，还在美欧等世界各地常设招商引资机构，用以吸引投资者到新加坡投资。同时，新加坡也非常注重修内功，通过不断完善基础设施建设来为外资进入提供良好的基础经济条件。此外，新加坡的政策也非常灵活，可以针对不同行业制定不同的引资政策，并且在不同时期灵活调整政策，从而帮助本国实现产业升级和结构调整。

（2）韩国的工业化模式。韩国的工业化主要具有三个显著特点。第一，大力推行企业集团化和品牌价值战略。自 20 世纪 70 年代起，韩国政府采取各种财政、信贷、贸易等优惠措施，扶持了一批大型企业集团。同时在新产品开发的技术优势上加以成功的外观设计，使得韩国不少产品成为世界著名品牌。第二，优先发展"战略产业"。1972—1979 年，韩国的产业政策倾向于重工业。韩国政府确定了钢铁、纤维、汽车等十大战略产业，保证了产业结构从轻纺工业向重工业的顺利过渡；20 世纪 80 年代以后，国际形势发生了变化，韩国政府提出发展技术和知识密集型产业；进入 21 世纪，韩国政府又把信息技术产业作为韩国的重点发展产业，并出台"促进信息化基本计划""网络韩国 21 世纪"等一系列措施。目前，半导体、液晶显示器、移动通信终端机已成为韩国的主力出口商品。第三，技术创新为韩国经济发展提供了不竭的动力，推动了韩国核心竞争力和产业结构的提升。韩国技术创新经历了由引进、消化、吸收到自主创新的历程。经过多年发展，韩国形成了较为完备的以企业为主体、产学研结合的技术创新体系（李怡、罗勇，2007）。

（3）中国台湾地区的工业化模式。中国台湾地区的工业化过程主要依靠技术进步，而工业技术研究院、科技园、引进硅谷人才、风险投资及对其的优惠政策是中国台湾地区工业化发展的五个主要因素。其中，工业技术研究院成立于 1973 年，在技术引进、人才培育、信息提供、衍生公司、育成中心、技术服务与技术移转等过程中，对于中国台湾地区中小企业的发展具有举足轻重的地位。台湾新竹科技园于 1980 年成立，是台湾高技术产业发展的孕育基地，它促使台湾地区从一个低成本的制造中心成功转变成全球创新经济的高附加值制造中心。此外，中国台湾地区也通过吸引优秀海外人才来创业以填补本地科技人才的不足，新竹科技园规定科技人员可以用其专利权或专门技术作为股份投资。另外，台湾当局通过引导基金撬动社会资本参与产业发展，其所发布的税收激励政策也很好地促进了台湾地区工业的发展（杜雪君、黄忠华，2009）。

（4）中国香港地区的工业化模式。中国香港地区工业化过程的最大特点就是奉行政府不干预的经济政策，实行高度开放的自由市场经济。比如，香港特区政府对进出口商品货物不设关税；对商品市场、生产要素市场和劳动力市场的价格形成不加干预；对所有企业一视同仁，既不出台扶持政策也不对企业生产决策施加任何干涉，企业拥有完全自主权。香港用以上办法吸引和积聚了大量来自全球的资金和人才，并形成了以本地产品出口为支柱的工贸一体化发展的外向型经济结构（马跃，2004）。

5.3.3　中国的新型工业化模式

中国工业化模式以改革开放为节点主要分为两个阶段。自新中国成立至改革开放以前，这一时期的工业化模式主要有四个特点：一是优先发展重工业；二是从工业规划到规划实现，政府都起到决定性作用；三是政府投资是工业发展的主要资金来源；四是通过工农剪刀差来保证工业和作为工业载体的城市的发展。这种长期的倾斜式发展使工业的均衡发展受到限制。此外，以公有制经济作为发展主体难以保证工业发展的效率。

中国在改革开放后开启另外一种工业化发展模式，具有四个特点。一是以沿海开放城市、经济特区和开发区等作为新载体，吸引外资和港澳台资金大举进入中国，并在许多领域出现以外资为主体的"进口替代"。二是非公有制资本成为工业发展的重要力量，有效提高了企业运行的效率和质量，形成了"投资主体替代"的局面。三是随着基础设施的不断完善以及全国统一市场的逐渐形成，中国工业布局逐渐从沿海地区向全国均衡发展，使得传统落后地区的工业化水平得到前所未有的提高。四是中国工业化、信息化和城市化形成融合发展局面，信息化不断提升工业化的效率，城市化是工业化的载体，提供了工业化所需要的劳动力、资金等经济要素。

5.3.4　以色列的外贸促进型工业化模式

以色列在建国后，经过二三十年的努力，目前已经跻身于工业化国家行列。以色列的工业化经历了两个阶段：一是 20 世纪 50 年代初至 60 年代末，主要发展传统产业，加强基础设施建设，生产进口替代的劳动密集型产品；二是从 70 年代开始，调整工业发展战略，主要生产技术密集型产品，围绕如何占领国际市场来大力发展外向型经济，通过对外贸易的长足发展来加速国内的现代化进程。以色列的工业化进程主要有三个特点。一是重视科技研发。以色列自建国以来从重视基础理论研究到重点推动应用科学研究，逐步建立以政府、高校和企业为主干的科研工作体系。二是积极有效地调整经济政策。从建国初期的国有化运动，到七八十年代推进企业私有化，减少政府干预，扩大企业自主权，增强企业活力。三是以出口带动工业增长，从 60 年代起，以色列就积极开拓国外市场，1962 年加入关贸总协定，1975 年与欧洲共同体签订自由贸易总协定，1985 年与美国签订自由贸易总协定，以此保证以色列可以自由进入比本国市场大 100 倍的欧美国际市场，使得本国的工业化水平得到快速提升。

5.4　亚洲工业化发展模式转型与前景展望

5.4.1　亚洲工业化未来发展所面临的主要挑战

一是贸易保护主义浪潮对亚洲未来工业化的挑战。近年来，以 WTO 为代表的多边贸易体制在愈演愈烈的贸易保护主义浪潮中陷入停滞，发达国家主导的双边主义和区域主义不断兴起，全球经济出现"孤岛化"。以美国等发达国家为主导的 TPP、跨大西洋贸易与投资伙伴关系协定（TTIP）等区域性投资贸易协定虽出现停滞，但以公平贸易为核心的欧日、美欧等双边自由贸易谈判正如火如荼地展开，例如，欧日签署的经济伙伴关系协定（EPA）提出，欧盟将取消 99％从日本进口商品的关税，日本将取消 94％欧盟进口商品关税，并在数年内逐步达到 99％，这些都预示着美欧日主导的新的国际贸易体系已初见雏形。而亚洲大部分发展中国家有被发达国家边缘化的风险，这将阻断全球化带来的发达国家对发展中国家在技术层面上的溢出效应，不利于这些国家进一步工业化发展。

二是新技术带来的新贸易模式对亚洲工业化的冲击。近年来，3D 打印、物联网、大数据和云计算等数字技术快速发展，正在改变传统贸易模式和贸易内容，促使数字贸易作为一种新的贸易模式快速发展，并且冲击全球价值链，改变全球分工格局。目前发达国家的数字技术相对比较成熟，发展中国家的数字贸易发展相对比较滞后，但是数字技术作为一个新兴领域，在给亚洲发展中国家的传统贸易带来挑战的同时，也为亚洲发展中国家实现弯道超车提供了战略机遇。

三是亚洲国家工业面临升级转型的挑战。根据前文分析，亚洲国家工业化发展因为初始经济条件等各不相同分为不同批次，这样可能出现的一个现象就是，这些国家顺利实现产业顺次升级转型后，把不需要的或落后的产业转移到下一批次国家，促使区域顺次实现工业化发展，从而逐步提升整个亚洲国家的工业化水平。但是，目前亚洲很多国家（比如中国）正在面临升级转型问题，也就是说其升级转型存在不确定性，这样不仅会阻断区域产业更替的正常秩序，也会挤占后发国家经济发展的市场和空间。

四是人工智能发展带来的失业问题和挑战。近年来，人工智能技术快速发展，传统流水线上的工人逐渐被机器所替代，这可能使得大量产业工人面临失业问题。随着人工智能技术的不断成熟，大量劳动力将会涌向第三产业，不仅会压低服务业工人的工资，更会促使剩余价值不断向资本所有者汇集，这会加速社会的贫富分化，进而引发大量的社会性问题。

五是气候变化对亚洲工业化带来的挑战。目前全球面临的气候形势异常严峻，而引起气候变化的碳排放与工业化进程相伴发生。亚洲大多数发展中国家由于自身工业技术等的限制，目前还主要处于粗放型工业化阶段。未来随着全球气候变暖，自然灾害可能频发，使得节能减排成为对工业化发展的新要求，这就要求亚洲工业化发展更加注重绿色、环保和可持续发展。

5.4.2　亚洲工业化发展的转型与展望

一是亚洲主要国家工业化发展阶段展望。对于亚洲已经实现工业化的国家，比如日本、韩国、新加坡和以色列，它们未来会不断通过技术进步，发展高端工业技术和工业服务业，引领区域工业的发展，但是其工业增加值在国民经济中的占比可能会下降。对处于工业化后期阶段的亚洲国家而言，未来会有两个发展趋势，一是通过技术创新，成功跨越"中等收入陷阱"，成为工业化国家；二是没有跨越"中等收入陷阱"，经济长期停滞不前。对处于工业发展初期和中期阶段的国家而言，随着经济全球化的发展，其工业化水平继续提升将是一种必然趋势。但是对一些能源型经济体而言，随着能源资源的枯竭以及新替代能源的出现，其经济转型成为必然，原来单纯依靠能源的发展模式将难以为继，它们会转而发展工业或者服务业。

二是亚洲国家工业化发展模式展望。第一，随着亚洲国家工业化发展面临的外部环境的不确定性增加，单独依靠市场力量难以实现工业化的快速发展，未来政府仍然在亚洲国家工业化进程中发挥重要作用。第二，尽管目前全球贸易保护主义兴起，但外向型发展模式仍是亚洲国家未来提升工业化发展水平的重要策略，原因在于，作为后发国家，只有扩大开放，才能通过全球技术外溢效应不断提升工业化发展水平。第三，引进外资依然是亚洲国家工业化发展的主要方式，外资不仅带来工业化发展所需的资金，还带来先进技术和管理理念等，但是外资的具体运行模式将会受到不同国家政策的影响。第四，强化本土制造业创新能力将是亚洲国家未来提升工业国际竞争力的关键所在，在俄乌冲突、中美技术脱钩等影响下，各国更加注重制造业供应链安全，强调关键核心技术的战略自主。第五，亚洲国家工业化发展会更加注重均衡发展，集中所有经济资源聚焦几个关键领域的工业化发展，在工业化初期是可行的，但是随着工业化水平的不断进步，部门之间需要均衡发展，工业水平整体提升才能提高本国工业可持续性。

　　三是亚洲国家工业化发展内涵展望。首先，全球技术水平的不断进步，尤其是数字技术如 3D 打印等的发展，未来可能会改变全球价值链分工格局，对于亚洲发展中国家来讲，这也将为其工业水平跃升提供新的机遇。其次，随着人工智能等技术不断成熟，机器替代普通产业工人将是未来工业化发展的主要趋势。最后，未来工业化发展更加需要亚洲国家注重环境生态保护、资源可持续利用和低碳绿色等技术应用。

第 6 章
亚洲城市化发展模式与理论创新

随着城市的不断发展和变迁，产业在城市中集聚发展，政治、经济、文化在城市中碰撞融合。亚洲城市化正处于经济、文化和政治急剧变革的全球化进程中，目前保持蓬勃的发展态势，城市化发展步伐加快，但新城市规划模式的出现和运用也带来各种各样的问题。本章试图探索全球和历史背景下亚洲国家的城市化发展规律与模式创新，并阐述其对发展经济学的新贡献。

6.1 亚洲城市化与经济发展理论

立足全球地理位置分析近代世界城市化的发展进程，可以发现：以欧美为代表的发达国家的城市化发展趋势较好，且拥有良好的发展前景；而亚洲、非洲和拉美等发展中国家的城市化发展速度较慢，发展前景并不明朗。20 世纪中期，发达国家成为世界城市人口的主要聚集地，拥有近五分之三的城市人口。之后，世界人口快速增长，发展中国家的人口也飞速增长，预计到 2030 年，发展中国家将成为新增人口的聚集地，截至 2030 年，世界城市人口将增长近 20 亿，世界城市总人口将达 25 亿（诺克斯、迈克卡西，2015）。

亚洲是这种趋势的突出代表，亚洲一个农村地区演变为城镇地区的速度极快。1950—2010 年，亚洲的城市人口增长到原来的 5 倍，达到约 20 亿（诺克斯、迈克卡西，2015）。根据联合国人居署（UN-Habitat）发布的《2022 年世界城市状况》报告，未来 10 年，世界将进一步城市化，城市人口占全球人口的比例将从目前的 56.2％ 达到 2030 年的 60.4％。并且 96％ 的城市化将发生在东亚、南亚和非洲的欠发达地区，其中，印度、中国和尼日利亚三个国家将占 2018—2050 年全球城市人口增长总数的 35％。亚洲高速增长的城市化水平将带来前所未有的城市发展和城市规模扩张。促进城市化发展的因素在世界各地区内部以及相互之间是各有不同的。发达国家的经验是，城市化在很大程度上是经济发展的产物。而以亚洲国家为代表的发展中国家的城市化则存在截然不同的动力机制，自 20 世纪 50 年代以来，国际学术界产生了大量关于亚洲等发展中国家城市化与经济发展两者关系的研究探索，大致可以分为三种流派。

6.1.1 基于发展主义的城市化理论

20 世纪 50 年代，亚洲等发展中国家的发展理论立足于对欧洲经验的外推。这种发展理论提出一种经济转型方案，即在持续不断的过程中实现经济转型，从农业社会转变为工业社会。例如，罗斯托的经济发展阶段模型就推崇该类理论。罗斯托的经济发展阶段模型划分了五个连续阶段，并认为这是发展中国家获得与核心经济的经济趋同的必经之路（图 6-1）。

其中，缪尔达尔的累积因果（cumulative causation）理论依据欧洲城市地区在工业革命时期的城市化模式来探讨边缘地区的发展。该理论认为一个地区的经济发展会激发强烈的需求，包括对食品、消费品和本地生产者无法完全提

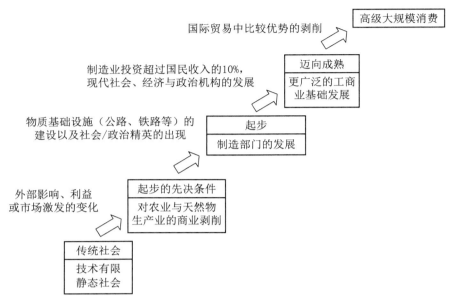

图 6-1　罗斯托的经济发展阶段模型

供的其他产品的需求。需求会提供新的发展机会从而吸引其他投资者前来投资，投资者使用当地的各类资源（劳动力和土地资源等），围绕需求满足建立新的能力。如果足够强劲，这些扩散效应（spread effect）将会促进边缘地区实现发展的良性循环累积。

　　缪尔达尔的影响力模型的后继者使用了同样的逻辑，如赫希曼的模型解释和分析涓流效应（trickle-down effect）。佩鲁深入分析了保持较快发展速度的地区的关键性产业（如工业革命时期英国的纺织业）的重要性。推进型产业发展时，会吸引其他关联产业，产生一系列集聚效应，而增长极的形成会产生一个城市发展中心。这些观念在弗里德曼的核心—边缘模型（core-periphery model）中得到空间上的表述。该模型提出，城市核心保持良好的发展态势和较快的发展速度，其经济明显领先于周边地区，靠近核心区位的农业区域保持良好的发展态势，远离核心区位的区域则处于停滞或萧条状态。

　　这些模型在过去促进了公共政策和实践的发展，时至今日则显得过于单一笼统，由于奉行发展主义，这些理论模型认为即使不同国家的经济发展水平、政治制度、科学技术等各不相同，也会步入统一的经济发展渠道，走工业化、现代化发展道路，打造出工业城市和现代社会。基于发展主义的城市化理论的一个主要弱点是，未能认识到晚起步地区的前景，以及那些拥有先发优势（initial advantage）、竞争和限制较少的地方存在众多不同之处。发展中城市和国家必须在拥挤的赛场中竞争，并越过核心地区先发者所造成的重重壁垒。而且，基于发展主义的城市化理论最大的问题是，事实胜于雄辩，发展中国家的城市化模式显然并未遵照发达国家城市化的老路，其城市发展也并没有产生所期望的经济蓬勃发展。

6.1.2 城市化发展偏向

1977 年，立顿在《为什么穷人依旧贫困：世界发展中的城市分异》（*Why Poor People Stay Poor: Urban Bias in World Development*）这一著作中创造了"城市偏向"这个术语。"城市偏向"一词描述了在发展中国家，位于权力架构顶端的精英人群会选择更加合理的资源分配政策以促进城市发展。具体而言，就是发展中国家的城市地区掌握更多的优质资源，城市化水平明显提高，但国家整体经济实力并没有显著提升；其地区发展差距过大，城乡差距明显，尽管有很多人从农村向城市转移，但大多数穷人仍然住在农村地区。这种城乡分割的观点虽然在当时很有影响力，现在也被视为一种简单化的理论，最多也只针对于那些经历了非常快速城市化进程的国家。与基于发展主义的城市化理论相似，城市偏向理论也错误地忽视了对边缘地区发展的国际限制。

大量批判性观点认为，发达国家的繁荣依赖于世界其他地区的不发达。相对不发达的地区，在世界体系中的角色已经既定（而且被更发达的国家的经济和军事力量牢牢控制着），不能"遵循"发达国家的历史经验。事实上，不公平贸易、劳动力剥削和利润压榨的全球体系造成发展中国家不但没有改善状况，反而变得越来越贫困。有学者认为，发展中国家的欠发达状况是地理上孤立或未能利用西方技术、投资和价值观的后果。弗兰克等学者批判了这种看法。相反，他认为欠发达地区的落后直接来源于世界上发达地区和不发达地区之间不平等的相互关系。

随着时间的流逝，例如，随着 19 世纪从商业资本主义（merchant capital-ism）到工业资本主义（industrial capitalism）的转变，或者随着原先受殖民统治的国家政治独立，世界经济的不平等结构和大都市对其卫星城的各种独裁权力已经发生变化。但财富从卫星城向大都市的转移仍在继续，以部分地区的利益为代价，促进其他地区的发展。弗兰克的方法是典型的依附理论，一种在解释发达和不发达的全球模式时非常盛行的理论。重要的是，依附理论认为，发达和不发达是全球进程的两个对立方面：独立发达是不可能的，因为一个地方发达就意味着另一个地方不发达。

华勒斯坦的世界体系理论对依附理论展开了一些批评。该理论认为依附理论忽视了发达国家之间的特征和进程差异，过于重视这些国家是如何被锁定在一个依赖的位置上的。从世界体系理论的视角来看，世界经济整体是一个不断演化的经济系统，形成了核心国家、半边缘国家和边缘国家组成的国家序列。发达国家利用它们在世界经济中的有利位置，剥削边缘国家和半边缘国家。半边缘国家也剥削边缘国家，但同时它们也被发达国家剥削。这观点的重要一点是，这种等级序列的组成是可变的，可能发生双向变动，包括从边缘国家到半边缘国家、从半边缘国家到核心国家。

在具体研究城市时，边缘城市化模型采用政治经济学方法来将依附理论和世界体系理论的视角扩展到发展中国家的国家城市体系，形成六阶段模型。（1）随着传统农业形式被商业化农业替代，施加于农村的财政税收和来自手工业（最初是来自廉价进口货，后来是来自国内制造商的产品的竞争压力）将传统农业形态打破，农村向城市的移民不断增加。（2）国内外商业在农村地区的生产促进了主要交通和市场中心的发展，以及国家首都和主要港口城市的快速扩张。（3）制造业的发展使生产更加集聚地分布在最大的城市中，促进了国家政府机构扩大，从而促进工业化进程，导致高收入群体集聚在主要城市中心。（4）工人为了寻求就业机会迁往最大的城市，他们的劳动和消费促进了城市更进一步的经济发展。（5）国家支持工业发展与扩张，通过在主要的中心城市提供物质基础设施、为特定集团提供社会服务，这一体系得以维持。（6）随着发展的加快，私人投资开始向外扩散，从而避开中心城市不断上升的地价、劳动力成本和交通阻塞。国家可能采取措施来鼓励大都市的去中心化过程。

六阶段模型描述了全球经济体系扩展到次发达国家的过程是如何产生强劲的城市化进程的。但和依附理论类似，这个模型被批评为过于武断；它暗示将发展中国家整合到世界经济中的过程所造成的该模型中论述的城市发展的相关问题是不可避免的。当前对城市化和经济发展的视角与早期思路有很大区别。首先，依附理论（侧重于边缘地区发展的国际限制）不再受瞩目，当前的研究重点是内在发展机会，研究使用的是发展中国家自己创造的模型、假设和目标。这个变化还伴随对当地发展的历史文脉以及发展中国家现存的经济文化关系的潜在益处的日益关注。其次，对发展中国家内部本土社会文化制度的作用和经济关系结构的兴趣开始复兴，这也导致对性别差异及其与经济发展相互影响关系的再度关注。全球尺度和发展中国家在城市可持续发展背景下的环境与发展的关系日益受到关注。

6.1.3　城市化与殖民主义

发达国家的经济发展和工业化很大程度上依赖于对发展中国家的剥削。这种关系不可避免地造成国际劳动分工不平等格局。在东亚、东南亚的历史上，许多国家和地区有遭受殖民统治的经历。殖民从根本上影响了亚洲大部分地区的城市化模式和过程。殖民者在亚洲边缘建立殖民城市来控制已殖民地区的经济和政治。殖民城市则是指殖民者精心建设、开发的行政中心或商业中心。在每个曾经遭受殖民统治的国家和地区，内外部因素会造成各自不同的城市化经历，如种族与文化、城市化的类型和水平、社会、政治、经济体系、环境条件和技术水平等，都会影响殖民地城市化的发展过程。

1. 商业殖民主义

18 世纪后期，欧洲殖民者由先前劫掠金银财富转到欧洲贸易体系中的贵重商品，如辣椒、丝绸和糖。商业殖民主义是私有公司的行为，而不是国有企业所为。这些公司能负担的仅仅是在现有的海滨中心配置有限数量的长期代表。结果，当地贸易和征收网络得以保持，并整合到新的欧洲贸易体系中。

随着利润的增加，欧洲人的殖民扩张更趋广泛。公司代表使用军队来控制当地贸易和收集网络、保护仓库。后来，对可靠品质的商品的需求迫使欧洲公司涉足生产过程本身。总的来说，商业殖民主义对单个城市和城市体系的影响有限。欧洲人通常局限在现存城市的小范围内，这些城市已经是由种族或职业分区组成的了。这一时期，亚洲本土风格殖民建筑的功能来自欧洲，但设计和材料是当地的，不存在新城市等级的创造与纯粹殖民起源的新聚落。

大约在 1800 年，欧洲人对海外商务活动的兴趣减弱，殖民城市化的性质进入转变期。在这一时期，殖民活动从贸易向生产转移，私有公司殖民活动的成本增加，迫使一些公司，尤其是英国、法国和荷兰的东印度公司停业清算、被政府接管；与此同时，欧洲工业革命使欧洲人获得了更多的利润。

2. 工业殖民主义

19 世纪 70 年代，由于欧洲工业革命的爆发，城市工人数量增加，需要大量原材料和食品，欧洲投资又开始流向海外。政府介入夺取地盘或组织生产过程，殖民影响力开始对欧洲以外的城市和城市体系产生深远的影响。

殖民城市内部功能和居住差异性得到强化。尽管为了减少与欧洲出口货物的竞争，制造业被限制，仍有大量的商业和服务业部门为殖民机构的贸易和消费需求服务。依据种族和阶层，功能专门化分工形成。欧洲人和他们的机构控制了外贸，欧洲人以外的殖民者控制了当地货物集散，本地人只从事当地生产，并且还处于殖民者的监管下。这种功能专门化分工再次强化了早期种族与阶层的分异性。

工业殖民主义影响了马来西亚等国的城市体系，导致新的城市等级产生。非洲出现了普遍的城市经济活动重新定位，从内部贸易线路转到新的海港。19世纪至 20 世纪初，这些城市控制了生产和销售，从而在世界经济演化和国际劳动分工（支撑了欧洲工业经济的发展）中占据重要地位。但经济和政治权力在特定城市集中，以其他城市为发展代价，这为目前在很多亚洲国家中发现的城市优先观念奠定了基础。

3. 新殖民主义

20 世纪 60 年代末至 70 年代初，发展中国家工人整合到世界经济体系的方式发生了戏剧性变化。新国际劳动分工，涉及发达国家的跨国公司把劳动力密集型生产过程转移到发展中国家的城市。这有四个方面的原因。

一是工资、地租、进口原材料的成本上涨，加上生产率下降、环境法规越来越严格，发达国家的城市生产成本提高。而发展中国家农村向城市的移民保持稳定，使得城市劳动力成本可控。同时，发展中国家大量非正式部门的从业者作为劳动力的预备大军，抑制了工资上涨的需求。

二是技术进步使生产与管理可以分离。电子邮件、卫星联系和集装箱运输化使生产过程的劳动密集型部分可以布局于发展中国家的城市，与此同时，公司总部机构能保留在发达国家最大的城市。国际机构和国家政府支持新国际劳动分工，为发展中国家不断发展的城市创造新的就业机会，促进其经济和政治稳定。新国际劳动分工对发展中国家的城市有广泛而复杂的影响。

三是高速经济增长的选择性很强。只有相对很少的新工业化国家和地区，如韩国和中国台湾，经历了最初的快速工业发展过程。随着这些早期新工业化国家和地区的劳动力成本上升，跨国公司试图寻找新的廉价劳动力供应地，新的工业生产者由此出现，包括马来西亚和泰国。

四是城市得到大量的外商直接投资。这导致农村向城市的移民更进一步，使得城市矛盾进一步加剧。社会阶层的形成受到很大影响。新的带薪劳动力相对保守，而非正式产业部门继续发展，也引起人们对城市不稳定性的关注。

在国家政府的支持下，发展中国家的大部分城市发生了上述变化。国家在从地方政府手中夺取对首都城市的管理权的过程中所起到的作用大大加快了外商直接投资的步伐。为了鼓励经济增长，很多政府借重贷用于建设现代化城市、新建机场和会议中心以及自由贸易区。因而许多发展中国家的政府不得不接受世界银行或 IMF 作为进一步贷款的先决条件所提出的经济结构调整项目。这些调整项目很重要的一部分是，削减政府在社会福利等领域的投入。受这些资金削减影响最大的是城市，已经存在的基本城市服务短缺现象因此而进一步加剧。

6.2　亚洲城市化实践逻辑与城市形态

亚洲城市经历了"殖民化"、从农村向城市的移民和过度城市化等过程，塑造了如今亚洲国家的城市形态。在全球化的影响下，世界各个国家和地区的城市结构存在共性，但是不同国家和地区的城市仍然保留独特性和差异性，体现在土地利用方式和城市的功能结构上，它们会受到当地科技水平、社会文化、政治环境和风俗习惯的影响。本节主要介绍南亚、东南亚以及东亚的典型城市化模式与城市形态。

6.2.1　南亚的城市化模式与城市形态

南亚国家在 20 世纪 50 年代取得独立，在之后 70 多年的城市化发展进程中，尽管南亚许多城市还只处于世界经济的边缘，但其中一些城市正在紧紧抓住与国际直接投资相联系的产业发展机遇，不仅形成了初具规模的独立工业体系，还使农业有了长足的发展，其信息产业等领域的科技水平居于世界前列。在印度，不少城市已经将重点放在培养受到良好教育的英语人才和提供完善的通信基础设施上，以此吸引跨国公司。现在，印度已经成为软件业和后端办公产业的全球中心（如会计、医学移植、薪酬管理、法律档案保管、申请保险和信用卡）。在全球经济中，印度可以通过提供低廉服务（如电话销售、帮助桌面支持系统）来吸引电信中心公司，印度提出的价格比传统提供此类服务的国家和地区如芬兰、加拿大、澳大利亚、中国香港和菲律宾等低30％—40％。

伴随着经济建设的高速发展，南亚地区城市化水平也得到显著提高。以印度为例，根据世界银行数据库的报告，1950 年印度城市人口仅占总人口的17.7％，马德拉斯、加尔各答、孟买的城市人口分别约为 140 万、290 万和 445万，全国近 15％的城市人口聚集在这三个城市中。而 20 世纪中期至今，印度城市人口净增长达 4.2 亿之多。总的来说，相较于世界其他地区，南亚各个国家的城市化平均水平较低，城市化发展速度较慢，但城市人口规模保持极快的增长速度，主要原因在于南亚国家人口规模庞大，农村人口增速明显快于城市人口增速，但农村向城市的移民加剧，导致城市人口占比偏低而其人口规模却增长迅速。

南亚城市发展呈现出城市人口集聚和特大城市等畸形发展的特点，其城市化属于典型的集中性城市化。分析对比特大城市和大城市与中城市和小城市的发展速度，可以发现前者保持较快的发展速度和发展水平，后者则处于缓慢发展甚至停滞发展的状态，从而形成倒金字塔式梯次城市规模结构。

20 世纪 80 年代，印度拥有 12 个特大城市，城市平均人口超过百万，21世纪初，印度特大城市在较短时间内实现翻倍式增长，31 个特大城市集聚全国近三分之一的城市人口。因此，虽然南亚整体城市化发展速度较慢，但是特大城市和大城市始终保持较快的发展速度。不合理、不完善的倒金字塔式城市化体系结构，会进一步扩大特大城市和大城市与中小城市的差距，无法控制特大城市和大城市的人口增长速度，也难以推动中小城市的快速发展，简单来说，中小城市成为特大城市和大城市发展的牺牲品。

南亚大陆的城市化在区域上的差异是非常明显的，包括城市布局不合理和城市发展水平差距较大等。南亚城市分布格局表现为在某些区域内集中分布特大城市和大城市，这些特大城市和大城市孤立存在，并没有与之相联系的中小城市。农村人口向城市转移带来人口分布的变化，农村地区地广人稀、人口密度较小，但是大量农村人口挤入空间狭小的城市，必然会使城市呈现高度密集的人口分布特点。虽然这会有利于发挥大城市的带头辐射作用，从而形成独特的城市体系；但由于大城市并不足以支撑整个区域经济的发展，这也会进一步扩大城乡差距。

虽然城市化水平低，但由于人口基数大，南亚地区的农村人口向大城市、特大城市流动的规模依旧很大，而且还远远超过城市经济增长所能吸纳的劳动力，最终造成大量人口失业。由于短时间内城市增加了较多的农村人口，城市现阶段的公共服务水平和基础设施并不能满足这些人口的需求，包括水电设施、就业岗位和教育医疗等，因此在城市边缘经常出现贫困人口聚集地，那里的人口无法就业，也很难享受城市提供的公共服务。以印度为例进行说明。Chatterjee 和 Eyigungor（2012）分析研究印度城市的人口增长速度后，预测印度城市贫困人口的年增长率约为总人口增长率的两倍，为 5%—6%。印度城市贫民区占地面积较小，没有必要的卫生清洁设施，垃圾随意处理，缺乏公共服务，其所处的环境也脏乱不堪。脏乱差的居住环境和必要公共基础设施的缺乏，必然会影响居民的身体健康。分析对比印度城市富裕阶层和贫困阶层的居民健康状况，可以发现贫困居民的身体素质明显低于富裕居民。相关研究指出，虽然印度大部分家庭已经脱离贫困范围，但是他们仍然面临住房难题。贫民区和非贫民区都面临住房短缺问题。

6.2.2 东南亚的城市化模式与城市形态

二战后，东南亚迅速向新兴工业化经济转型，自 20 世纪 80 年代以来，东南亚很多国家保持 7％的平均经济增速，较高的经济增速让东南亚很多国家在世界大放异彩，各国经济快速发展必然会伴随社会转型过程，如城市化等。[①] 1950—1960 年，二战结束后东南亚各国迎来经济恢复期，东南亚国家根据本国的实际情况，围绕工业现代化目标制定复苏振兴计划，马来西亚、菲律宾、泰国纷纷制定鼓励工业投资、发展替代出口工业的计划，其二三产业的发展吸引了大量农村人口进入城市，东南亚城市化开始进入快车道。在 1970—2000 年这 20 年中，东南亚地区主要国家的城市化以每年 2.1％的速度快速发展，这段时间被称为东南亚地区城市化的加速阶段。进入 21 世纪初，东南亚各国开始纷纷调整国内政策，以期获得更加均衡且可持续的发展，据 2015 年《世界发展报告》的预测，到 2030 年，大部分东南亚国家的城市化水平将达到 65％以上。

在政治体制和经济政策等的影响下，东南亚国家的首都呈现出一级化膨胀的发展特点。第一，东南亚国家拥有充足的人力资源，利用资源优势制定外向型发展战略，是经济因素共同作用的结果。东南亚地区呈现平原较少、高原山地较多的地理特征，宜居面积较少但人口数量较多，交通运输产业并不发达，很多城市的地理位置优越、区域条件良好，会吸引更多优质的生产要素汇聚于此，城市经济快速发展也会提供更多的就业岗位从而吸引人口聚集，因此城市逐渐掌握区域主导权，并保持较快的发展速度。第二，工业非集中化政策的影响。1945 年以后，东南亚国家的整体经济实力较弱，在国际产业链中的竞争力较弱，为了促进城市的现代化发展，东南亚国家实施了很多带有强烈倾向性

---

① *Aspects of Urban Water and Sanitation in the Context of Rapid Urbanization in Developing Asia*，Asian Development Bank，2010.9.

的经济政策，在其首都城市和其他城市投入大量资源进行基础设施建设，并将这些城市作为重点发展地区和第二产业、第三产业集中区，导致这些城市的人口规模不断增加。

比如，泰国首都曼谷是全国工业的心脏区，其工业产值约为全国工业总产值的 75%。泰国早期的区域规划并不合理，围绕曼谷和周边城市建设了大量的基础设施，并将工业、企业和服务业集中在这些区域，而其他地区则缺少基础建设和产业规划。与此同时，曼谷产业高度集中，汇聚大量优秀人才，拥有众多优质资源，提供高质量的社会服务，提供更多收入颇丰的就业机会，是很多人向往的移民之地；相较于泰国其他城镇来说，曼谷的城市规模较大且号召效应较强。像曼谷这样的个别城市的极化效应，导致泰国城镇化过程中出现明显的地区差异。

城市化速度较快带来一系列较为严重的问题，如城市管理混乱、产能落后、公共服务和供养能力不足等。巨型城市的人口基数较大、人口增长速度较快，远远超过其环境承载力和公共设施承受度，使得其不仅无法发挥巨型城市的辐射带动作用，甚至还会滋生犯罪现象和出现贫困区域，产生矛盾冲突并造成环境污染，等等。巨型城市的周围是作为"城市边缘"的郊区，它仍然位于城市中心通勤距离之内，这些地区的大量人口多从事农业生产，导致城市边缘的土地利用情况复杂，其中有农业种植区、屋棚工业区、工业区和居民居住区，甚至出现了"灰色"的非正式部门活动。

6.2.3 东亚的城市化模式与城市形态

东亚地区保持较强的经济发展活力，在当今世界经济体中发挥了重要作用，已经完成国家城镇化发展任务。1945—2020 年，东亚地区城镇化水平增加了 46.9%，年均增速为 0.63%。而同时期世界城镇化率平均每年仅上升 0.37个百分点。与此同时，东亚城市的内部结构出现了显著差异。20 世纪 50 年代，日本、韩国政府依赖美国援助进口了大量美国粮食，这使两国农业经济濒临破产，大批农民弃地入城，致使城市人口增长迅猛。伴随着日本和韩国在60 年代以利用外资发展的进口替代出口导向战略转变的工业化进程开始启动，国家产业体系由发展劳动密集型轻工业转变为发展钢铁、电子等的出口制造体系。1960—1980 年，日本、韩国的城市化水平分别达到 75％和 78％①，其间只用了近 30 年，日本和韩国就完成城市化快速发展阶段，城市化水平提高约45 个百分点。

总的来说，欧美等资本主义国家围绕市场机制建立城镇化模式，东亚国家的中央政府通过宏观调控引导城镇化发展进程，包括缩小城乡发展差距、合理规划城市布局、科学建设市政基础设施和促进农业的现代化发展等，比较经典的模式为日本模式。日本城市化过程中优先发展潜力较大的城市和地区，将各类资源集中投入这些城市和地区，实现城市地区的快速发展。一些中心城市的发展优先级被提高，金融、医疗、服务、经济等在中心城市聚集，吸引大量人口向城市转移。这种城市发展模式让日本都市圈的城市布局和人口集中显得更加合理，日本在太平洋沿岸围绕名古屋、大阪和东京等城市，打造以中心城市为主体的结构布局。十分之七的日本城市分布在太平洋沿海都市圈，汇聚近53％的城市人口。这些重要城市圈虽然占地面积狭小，但是承载众多的人口，开展众多的经济贸易活动，在日本经济发展和社会活动中起到关键性作用。

随着全球化速度加快，日韩等国家将经济发展重点转移到产业转型升级和转变经济模式上，将一些传统产业迅速转型到以知识为基础的发展上，用知识经济引领城市发展的未来；这一时期虽然城市化趋于减速，但通过调增技术密集型产业结构以及提升城市治理水平，这些国家顺利过渡为新兴的工业化城市化国家。与此同时，东亚地区出现了一系列用来吸引新增城市人口的大城市周边的卫星城镇、日益得到重视的城市历史地区，以及为市民提供休闲娱乐场所

---

① 根据世界银行数据库东亚五国城市化数据计算得到。

的城市开放空间体。东亚的巨型城市正在超越其城市和都市区边界，形成扩展型大都市区。

6.3　亚洲城市化模式与发展经济学新贡献

6.3.1　日益推进的亚洲城市化进程

在过去几十年内，亚洲的城市化率以前所未有的速度增长。1990 年，亚太地区的城市人口刚刚超过 10 亿，而到 2010 年，这个数字增长超过 75％，至今已达 17.6 亿，并将继续保持这个增长趋势。预计到 2030 年将有 26 亿人口居住在亚洲的城市中。联合国人居署预测未来 96％的城市人口增长将发生在东亚、南亚及非洲等地区，其中，印度、中国和尼日利亚三个国家将占 2018—2050 年全球城市人口增长总数的 35％。[①]

老龄人口增加、人口自然增长和农村居民向城市转移等，导致亚洲地区的城市化速度较快。1950 年以后，公共服务水平的提高和医疗条件的改善，极大地降低了亚洲国家的人口死亡率，人口死亡率下降近 50％，亚洲发展中国家的城市人口类型发生转变，高出生率基本保持不变，但死亡率明显下降，人口增长率有了明显提高，城市人口增长的原因之一是人口总量增长。在分析研究农村人口转移的影响因素时，发现城乡经济发展差距是导致农村人口转移的重要诱因之一，而且相较于城市来说，农村的外排性更强；与此同时，虽然城市良好的经济条件和较多的就业岗位，是吸引农村人口转移的原因之一，但是由于较大的生存压力和农村较差的经济环境，农民也被迫迁往城市。随着大量

---

① 资料来源：联合国人居署公布的《2020 年世界城市报告》。

农村人口涌入城市，城市人口数量增加，但城市的公共服务、基础设施和就业岗位并不能满足新增人口的需求，因而出现城市贫困化现象，这一问题在很多发展中国家都会出现。

经济能量的集聚会直接影响城市的发展潜力和发展前景。1945 年以后，亚洲地区保持较快的经济发展速度，在全球经济发展过程中起到重要作用，亚洲地区的城市化进程明显加快。比如，20 世纪 60 年代以后，日本在美国等西方国家的帮助下率先恢复并发展经济，取得被称为"日本奇迹"的经济成就。后来，亚洲各经济体频繁开展经济合作，形成"雁行模式"。其中，日本起到带头示范作用，亚洲"四小龙"承接了日本转移的产业，之后更为落后的国家和地区再承接这些产业。"雁行模式"让亚洲众多国家和地区保持较快的经济发展速度。西方国家的城市化花费近两个世纪的时间，但是很多亚洲国家和地区在半个世纪就已经完成城市化。很多发达国家的企业面临较大的竞争压力、高昂的环保费用、日益增长的劳动力价格、较大的市场竞争压力，因此很多知名跨国公司将传统产业和老产品转移到很多新兴城市。亚洲地区消费模式的变化和居民可支配收入的增加，也让很多发达国家厂商意识到亚洲地区的潜在消费实力，因而很多跨国公司入驻亚洲。随着全球经济一体化的发展，沿海地区成为亚洲经济贸易活动的集聚地，出现很多规模较大的新兴城市。

6.3.2 亚洲城市化发展经验对发展经济学的补充与创新

以发展中国家为主的亚洲地区的城市化，主要由人口增长先于经济发展引发，以往发展经济学对于农村人口往城市迁移通常以"人口盲目迁移论"概述，认为城乡间人口迁移的决策是非理性的。亚洲地区的城市人口增长通常可归纳为城乡移民与人口自然增长两大类。城乡移民是指很多贫困的农村居民移动到较大的城镇，以寻求更好的生活。亚洲开发银行研究发现，迁移人口十分了解迁入地的就业岗位和工作机遇等情况，他们并不是盲目随意地进行迁移，而是经过深思熟虑后作出迁移决策。迁移的驱动力是他们对就业岗位、教育、医疗、自来水和各种农村地区享受不到的公共设施与服务的渴望。与其说农村移民是被实际的工作岗位和机会吸引到城市的，毋宁说他们更多是怀抱无限希望涌入城市的。因为这些移民大部分是青壮年，城市发展的一个重要附加效应随之产生——相当高的人口自然增长率。贝克尔（2016）指出，人们受到经济刺激必然会出现迁移行为，农村人口向城市转移是一种十分正常的现象。政府长期以来密切关注人口空间分布情况，有计划地遏制农村人口向城市迁移，通过建立地区性开发区来促进中小城市的发展，同时合理控制大城市的扩张速度，以此增加中小城市对迁移人口的吸引力。即使这些措施有时不能有效减慢城市化进程，但也表明相较于违背社会经济发展规律、控制人口分布格局的限制性政策，积极的城市化管理政策能够获得更好的效果。如果国家采用限制性政策控制人口迁移，即使能稍微解决"城市病"问题，也要花费更多的成本解决其他社会问题。①

　　非正规经济在亚洲城市随处可见，通过提供成本低却十分重要的产品和服务，为正规经济的成功发展提供支撑。正规经济和非正规经济之间既有直接联系，也有间接联系，两者常常呈现相互依存的关系。城市化和非正规经济之间则显示一种积极的联系，前者的提高将带动后者的增加。非正规经济在城市化进程中之所以重要，是因为它几乎是世界上所有地区城市化的早期表征，并且常常被认为是经济发展高级化转型过程中的基础部分。根据发展经济学家刘易斯、费景汉、拉尼斯的理论，发展中国家农村劳动力向城市转移的方式是"农村农业部门──→城市现代部门"，为此，托达罗在阐述农村劳动力向城市迁移的决策和就业概率劳动力流动的行为动力机制时，认为非正规就业是农业剩余劳动力向城市转移过程中的缓冲步骤，其转移方式应为"农业部门──→城市非正规部门──→现代部门（即正规部门）"（诺克斯、迈克卡西，2015）。目前城

---

　　① 　世界银行：《2009 年世界发展报告：重塑世界经济地理》。

市化的发展并未充分考虑非正规经济及其对国家和地方经济的贡献。政策制定者以前所未有的态度关注正规经济的升级，通常认为非正规经济是个问题而忽视它革新的一面以及可观的收入贡献。除此之外，非正规经济还是那些正规就业机会有限的居民获得基本收入、就业和生存机会的重要来源。因此，它高效地吸纳了来城市寻求更多机遇的农村人口。

作为亚洲城市化的重要载体之一，都市圈是重要的资源集聚地，通过合理利用资源取得集聚经济效益，分析研究日韩等国家的城市化模式，发现这些国家都会优先集中开发某些中心城市和都市圈。例如，日本围绕名古屋、大阪和东京打造现代都市圈，其都市圈享有优先发展权，聚集大量的人口和产业，城镇化水平较高，经济贸易十分发达。韩国围绕首尔打造首都都市圈。一般而言，都市圈是各种资源和要素的集聚区，其现实承载严重超过区域的可承载力，不利于城市的可持续发展，为了解决这一问题，促进都市圈的可持续发展，日韩政府出台政策并合理规划都市圈，如实施环境保护政策、重新调整产业布局和实现基础设施共享等。如今，中国长三角都市圈不断发展，同时中国也在不断建设其他都市圈。中国都市圈规划强调独立性和自主性，要完善相应的法律法规和规章制度，科学严肃地开展都市圈规划工作，合理规划都市圈，重组优化产业链，调整空间布局，稳步提高环境承载力，走可持续发展道路。

亚洲的信息化和知识经济发展使城市功能和结构发生深刻转变。知识经济时代到来、互联网信息技术飞速发展、产业布局出现全新的变化、聚集和分散同时存在，也使得城市实现可持续发展的前景更加乐观。伴随亚洲城市由进口替代的内向型经济向出口导向的外向型经济发展战略的调整，亚洲地区传统的劳动密集型产业逐步向资本技术密集型与技术知识密集型产业结构转型。其间，处于成熟期的产业逐步从城市的中心区域向外迁移，如产业附加值较低、生产技术标准化的劳动密集型产业等。信息需求量较大、对外沟通交流频繁的产业逐渐迁移到城市中心，如高新技术服务业和知识密集型产业等。城市产业出现集中和分散共存的变化趋势，有利于优化产业的空间布局，使产业空间布局更加合理，从而影响城市的结构和功能。与此同时，大城市的经济中心从工农业生产转变为信息生产和扩散，利用互联网信息技术和网络交流平台开展经济贸易活动，以此缓解城市的公共运输压力，使城市的环境承载力提高、人口压力降低，从而促进城市的可持续发展。[①]

6.4 亚洲城市化发展的前景展望

亚洲城市正在遭遇前所未有的挑战，城市要提供适宜的生活环境、高质量的基础服务和更多的经济发展机会。在可持续发展背景下，亚洲国家的政府既要加快城市基础设施建设，增加必要服务并提高城市化管理水平，还要做好准备迎接下一阶段的增长人口。政府要做好三个方面的工作。

一是营造良好的投资环境，提供更多的投资机会，提高合作能力。国际经验提供了一系列国家和地方政府改善投资环境、提高合作能力的举措，包括：建立全国统一框架，为官员发展地方经济提供指导意见，开展培训工作并解决技术难题；重视发挥地方特色，在城市发展过程中吸收和接纳具有特色的民间团体和商业组织；完善规章制度，认真细致服务，认真执行国家的各项政策和规则，如营业证照发行、商业物流管理、公共安全维护和环境治理等；扩大城市成果的宣传范围，走出国家，走向世界。值得注意的是，当前的土地政策并不能合理利用和分配土地资源，不断提价也会影响城市发展进程并降低城市竞争力。同时，土地注册法规的漏洞会降低当地政府的私产征税收入。随着土地信息的日益完善和公开，商业领导者成为土地改革的受益者，能够拿到更加经济实惠的土地。就目前而言，中国香港等发达地区的土地管理水平较高，亚洲

---

①   亚洲发展银行：《亚洲经济发展展望报告1997》。

其他地区的土地管理水平也在逐渐提升，比如，在世界银行的支持下，泰国逐渐完善其土地管理系统。①

　　二是改善贫困情况，提高基础服务质量。如今，亚洲贫困地区越来越少，贫困人数逐渐降低，都市化在消除贫困中发挥了非常重要的作用。所以下一阶段的政策要努力改善城市贫困情况。很多城市拥有较多的贫困人口和较大面积的贫困居住地，建设城市供水系统、卫生服务系统和道路等，都能够减少贫困区面积，并改善贫困区居民的生活质量。不仅如此，这些工程还有利于延长居民寿命，形成地方经济的新增长点。有结果表明，科学的土地使用政策和良好的基础设施，能够增加贫困地区的投资吸引力。数据表明，贫困人群居住环境的改善可以有效降低犯罪率和增强居民自信心。通过推广这些工程，可以改善城市的贫困情况。国家要制定合适的协调标准，降低投资者和政府的排斥心理，才能够帮助贫困地区的居民提高生活水平。合理的规划可以减少政府的资金压力，同时贫困地区也可以通过社区捐赠获得更多的工程建设资金。

　　三是提高土地管理水平，建设必要的基础设施。完善的基础设施有利于遏制和解决城市问题。很多亚洲城市缺少必要的基础设施，即使可以满足基本需求，也需要大量的资金填补漏洞。城市保持蓬勃的发展态势，对城市基础设施的要求越来越高，包括交通设施、卫生服务、通信设备和人口控制系统等，因此基础设施的工程建设难度越来越大。建设基础设施不仅可以成为城市发展的动力，同时还有利于指导城市的扩张工作。填补基础设施建设的资金缺口，需要扩大资金来源和渠道，亚洲各国经济蓬勃发展，要求各国政府选择科学的合作模式获得更多投资资金，如利用公私合营战略等。地方部门降低私人投资门槛并提供其他服务，其组织框架更加灵活；在此基础上，地方部门还公开工作进程，完善组织机构，努力改革和创新。②

　　在世界先进经济体制中，地方政府为了获得更多的财政资金，往往会发行

---

① 世界银行：《东亚变化中的城市图景：度量十年的空间增长（2015）》。
② 世界银行：《乘浪前行——21 世纪东亚奇迹（2017）》。

公债。这些体制内的专业运作机构能够满足地方政府的资金需求，指导和帮助地方政府筹措资金。欧洲和中亚的一些发展中国家为地方政府筹措资金进行了广泛尝试：爱沙尼亚、匈牙利、波兰、俄罗斯、斯洛伐克和捷克都发行了市政国债。在东亚，中国的银行也为本国地方政府提供一些短期贷款。目前来看，许多发展中国家的政府尚未意识到债券和商业银行的价值和作用。总的来说，想要提高国内资金利用率、促进国内资金市场的发展，地方政府必须提高资金管理能力，建立科学严谨的评估机构，形成公正透明的财务预算体系，打造标准的资金流程，同时具备较强的投资管理能力；与此同时，政府要付出更多的努力以提高自身信誉。所有亚洲国家都需要改善政府拨款制度，鼓励地方政府向国内资金市场借贷款。如今，很多亚洲国家的国内经济市场借贷模式已经取得较好的实践成效。

第 7 章
亚洲市场化发展模式与理论创新

　　亚洲各国家与地区自二战以后普遍走上市场化改革道路，其中已经有许多国家与地区实现了经济的快速增长，深入考察其改革历程并总结其改革经验对于广大发展中国家与地区具有十分重要的意义。因为亚洲各国家与各地区的情况迥异，不同国家与地区的改革动因与改革方式都不尽相同，所以本章重点分析日本、亚洲"四小龙"、中国、东盟十国以及印度等市场化改革的历程。通过比较发现，从平均化到规模化的农地改革和从资源倾斜到强化竞争的工业企业改革，是上述经济体改革的共有逻辑。由此可知，这些国家与地区的市场化改革并不是一次到位的线性过程，而是政府分步骤、分层次地建立并利用市场价格机制，调整经济结构，促进经济增长的过程。在此基础上，本章依据政府角色定位的差异，将亚洲国家与地区的市场化过程归纳为三种模式：以中亚五国为代表的政府被动应对型，以印度为代表的政府被迫推动型，以及以中国、日本、韩国为代表的政府主动主导型。

7.1　市场化一般理论与亚洲实践经验

7.1.1　市场经济与经济增长的理论论述

　　资源是稀缺的，何种竞争制度能够保障资源配置的效率是传统经济学的核心论题。市场经济是以市场价格作为竞争资源的准则、以交换实现经济主体自利与利他相统一的制度安排，有别于以权力强制调配资源的计划经济。因而对于市场经济和计划经济，就有了选择的空间。这自然将话题引向经济学界经久不衰的研究主题，即经济增长。

　　现代经济增长理论是以古典增长理论为基础发展而来的，主要包含两个阶段。第一阶段是强调要素投入数量的增长理论。哈罗德—多马模型是以凯恩斯收入决定论为基础，从动态、长期角度推演而成的经济增长理论，它强调资本投入量对经济增长具有重要作用，认为发展中国家经济增长的主要制约因素是资本匮乏，应当以提高储蓄率为政策导向，争取外援以增加投资。事实上，该模型为发展中国家的经济计划提供了政策框架，如印度的"五年计划"（速水佑次郎，2003：129）。但新古典经济学家认为哈罗德—多马模型忽视了投入要素之间因相对价格变动而产生的替代问题，片面地将资本当作实现经济增长的唯一因素。索洛—斯旺模型在投入要素价格可变、要素间可相互替代的条件下，将资本投入产出、劳动投入产出与技术进步引起的产出增加均纳入考量范围，突出了市场价格机制在资源配置过程中的重要作用。进一步地，新古典经济增长研究并未局限于储蓄率外生的索洛—斯旺模型，在由 Ramsey（1928）、Cass（1965）、Koopmans（1963）共同建立的拉姆塞—卡斯—库普曼斯模型与 Diamond（1965）提出的世代交叠模型中，储蓄均为内生的，且随时间的变化而变化。但是，在资本收益率递减与技术进步外生的假设下，索洛—斯旺模型表明：技术进步率等于长期经济增长率，即长期的经济增长只由外生的技术进步唯一决定。这样的结论使得经济增长理论研究陷入困境。新剑桥经济增长模式的提出者对新古典经济增长模式的批判主要集中于两点：其一是价格变动时投入要素比例难以调整，其二是投资与技术进步存在相关性。新剑桥经济增长模式则在技术水平不变的情况下，从储蓄率的决定因素资本与劳动这两种投入要素的报酬分配比例为切入点进行分析，将经济增长问题归因于利润率与资本家、工人两个阶层的储蓄倾向，并进一步聚焦收入分配与经济增长之间的相互影响，强调消除分配比例失调对于实现经济增长的持续稳定具有重要意义。第二阶段是强调提高要素利用效率的新兴增长理论。这一理论以 Romer（1986）与 Robert 等（1988）的研究为开端。自 20 世纪 80 年代以来，通过将全要素生产率或一般意义上的效率改进内生化，有效破解了新古典主义理论中长期经济增长的研究困境。罗默以研发活动作为技术进步的内生来源，而卢卡斯则重点研究人力资本积累对于现代经济增长转型的重要作用。此外，提出"干中学"的外部性的阿罗—谢辛斯基模型、提出"创造性"毁灭的新熊彼特增长模型等，都是创新驱动型经济增长理论的重要组成部分。

在上述分析经济增长的理论演进当中，市场与政府在经济增长中所能发挥的作用一直是讨论的焦点。市场派着重于研究市场经济运行的内在机理，认为在价值规律、竞争规律与供求规律的作用下，有益于促进经济增长的因素都能够因其对私人经济的有效激励而达到最优状态，无论是资本积累还是技术进步。维护市场秩序正常运作之外的任何政府干预，都会因扭曲激励而无效甚至有害。与此相反，政府派则着重于论证在现实经济生活中存在普遍的市场失灵，政府干预有助于国民经济增长。事实上，理论上的焦灼论战来源于世界经济实践的不断发展变化，学者们总是力图解释其所在时代的经济现象。首先是在两次世界大战及 20 世纪 30 年代大危机时期，自由市场发展受创因而导致古典经济理论和新古典经济理论均备受质疑；与此同时，为应对经济危机，凯恩斯主张政府以扩张性的财政政策刺激经济；其次是 20 世纪 70 年代，西方国家的“滞胀”问题挑战了凯恩斯的经济理论，并被看作政府干预所致的恶果。在此之后，2008 年全球金融危机又再次使自由市场机制失灵问题成为学术界的焦点。

不难看出，上述影响理论论战的关键事件具有一个普遍的基础，即发达国家的市场经济运行与政府干预实践。而在世界经济的实际发展变迁过程中，许多发展中国家在二战之后才走向独立，其发展市场经济的起点是由殖民经济导致的畸形经济结构。更加值得关注的是，其间有许多国家在政府主导下实施了全面的计划经济，并在计划经济的基础上转轨发展市场经济。这时，政府与市场的关系就与传统经济学所分析的自由市场经济基础上的政府与市场关系大不一样。当然，近年来已经有许多学者关注发展中国家的经济增长问题，也提出诸如经济增长阶段论、大推进理论、不平衡增长理论、二元经济结构理论等，为理解发展中国家经济运行机理、协助发展中国家政府决策提供了理论基础。但无论是适合于发达国家的理论还是适合于发展中国家的理论，政府与市场的关系到底如何仍未有定论；进一步考察相比于发达国家，由政府在经济中发挥更为重要，也更为关键的作用的发展中国家的实践经验，或许能为这一问题的解答提供崭新的视角。

7.1.2 亚洲实践对市场化一般理论的检验

二战后，许多国家和地区逐渐摆脱殖民统治而得以独立，但仍普遍面临贫困落后与经济结构畸形发展等问题。重建经济的任务十分迫切，如何迅速恢复经济并实现增长是这些国家和地区的政府面临的头号难题。当时，世界经济分为美国、苏联两个超级大国所代表的两大阵营，前者为发达市场经济的代表，后者为计划经济的先锋。首先，成熟市场经济的建立并非朝夕之功，而市场经济的建立基础与当时新独立国家百废待兴的环境相去甚远；其次，在自由市场经济饱受大萧条质疑的同时，实行计划经济体制的苏联却以极短时间实现了远超美国的高达 10.1％的经济增长率。对比之下，经济增长的道路抉择便倾向计划经济一端，亚洲国家诸如中国、越南、朝鲜、老挝等均在此列。

　　然而，20 世纪 70 年代末 80 年代初期，苏联经济崩溃，实行计划经济的许多国家也普遍遭遇经济发展上的挫折。与之相对的是，日本、中国香港、中国台湾、新加坡和韩国等经济体获得惊人的高速增长。这些国家与地区在战后初期还是世界经济中的贫困一极，却在短短时间内跃升为中等发达经济体，其远高于 8％的年均经济增长率更是被冠以"奇迹"之称。此后经济相继崛起的是中国、东盟国家以及印度等，这些曾经在二战时期饱受创伤的亚洲国家与地区，在世界经济舞台中开始发挥越来越重要的作用。虽然这些亚洲国家与地区最终都走向市场化道路，但是在这一过程中政府的作用到底如何，学术界仍然没有定论。当时的典型案例是俄罗斯政府在计划经济失败的阴影下，迫切开始市场化改革。基于华盛顿共识的经济改革者认为，私有化、价格自由以及宏观经济稳定之间联系密切而不可分割，因此经济改革应当一步到位。但俄罗斯一次性地、彻底地、全面地放开政府管制，重建市场机制，结果却是经济再度濒危。

　　上述各经济体的实践为我们研究政府与市场关系提供了丰富且宝贵的素材。粗略来看，唯一明确的结果是在当时的经济条件下计划经济是失效的，即由行政命令全盘主导的资源配置不利于经济增长与经济发展。但与此同时，不容否认的是，政府在这些经济体的市场经济运行中普遍发挥重要作用，并且这些作用与自由市场理论中的"守夜人"角色、政府干预理论中的"相机抉择"角色都大相径庭。俄罗斯激进改革的失败或许可以用方法上的失当来加以解释，但亚洲国家与地区的政府普遍作用下的经济腾飞就使得市场经济一般理论与实际经济发展当中的鸿沟无以弥合。即使近年来这些作用已饱受学术界诟病，但研究政府在亚洲国家与地区的经济增长与发展过程中到底扮演何种角色，仍然具有重要意义。一方面，这有助于丰富和深化对政府与市场关系的认识；另一方面，这有助于进一步解释和支撑亚洲发展中经济体的政府决策。接下来将通过考察亚洲主要国家与地区的市场化实践经验来寻找这种政府作用的共性。

7.2　亚洲市场化实践逻辑与亚洲经济崛起

亚洲各国和地区的市场化背景、动因及方法都存在显著差异，综述亚洲所有国家与地区的情况显然并不现实，也易于使研究的重点模糊。为分析亚洲市场化实践的一般规律及其与经济崛起之间的关系，本节选取具有代表性的国家与地区，如日本、亚洲"四小龙"、中国、东盟十国及印度等，对其市场化改革中所表现出的主要共性进行探讨，而对亚洲整体情况的说明则留待下一节进行分析。此外，由于市场化所涉及内容极其庞杂，既包括价格改革又包括所有制结构改革，既涵盖要素市场改革又涵盖产品市场改革，既涉及产业政策又涉及开放战略；因此，本节主要分析各国家与地区在市场化改革关键节点中的导向性安排，以便进行深入探讨。

通过比较发现，从平均化到规模化经营的农业用地改革、从资源倾斜到强化竞争的工业企业改革，是上述亚洲国家与地区市场化改革路径的主要特征，并且这两者之间互为补充、相互促进。由此可见，这些国家与地区的市场化改革并非一次到位的线性过程，而是政府分步骤、分层次地建立并利用市场价格机制、调整经济结构、促进经济增长的过程。

7.2.1　亚洲市场化实践的两条基本逻辑

1. 从平均化到规模化经营的农业用地改革

亚洲国家与地区的市场化改革大多是以土地改革为序幕开启的，典型的代表有日本、中国台湾、韩国、中国、菲律宾、越南及印度等。这些国家与地区的经济在市场化改革之前都以农业发展为主，具体表现为农业部门集聚主要劳动力，农地耕种是经济收入的主要来源。在此基础上，可将这些国家与地区大致分为两种类型。一种是由于大量土地被地主及特权阶级占有，因而贫富悬殊的国家与地区。这种畸形经济结构带来的后果是，为特权阶级所剥削的劳动力大多收入低下，缺乏资本积累能力；同时收入分配严重不均导致消费能力不足，这就使得拥有大量财富的特权阶级缺乏将积累资本用于投资而非购买土地的动力。一方面，收入分配严重不均导致消费不振，从而致使积累资本向工商业流入有限；另一方面，大量劳动力集聚农业生产，导致边际生产率极其低下，这种恶性循环使得经济增长后继无力，而社会矛盾日益激化。另一种是计划经济体制下进行集体化农业生产的国家与地区。这种制度的主要特征是集体经营和平均分配，由此导致有效激励不足，结果是劳动生产率极为低下。无论是上述哪一种情况，经济发展的桎梏都在于农地经营问题。因此，这些国家和地区的市场化改革都从农业用地改革开始，或通过所有权的平均分配，或通过使用权的平均分配，都实现了生产率的大幅提高，并在一定程度上改善了收入分配问题，为工商业发展奠定了一定的基础。在此之后，随着经济的不断发展，农业经营的规模化优势日益显著，一些国家与地区的政府开始助推农地规模化经营模式。

（1）日本的农地改革。

日本早在明治维新时期就已经开始推动土地改革。1868 年，明治政府在其所建立的天皇制君主立宪的政治体制基础上，移植了西方近代资本主义经济制度。此次改革的首要内容就是土地制度和地税制度。首先，明治政府在废除幕藩封建领主土地所有制的基础上，建立了土地私有与可自由买卖的市场制度；其次，为配合落实土地私有制度，废除了传统"士、农、工、商"的等级制度，允许农民自由迁移和改行。但由于明治维新在本质上仍然主要服务于来自原有特权阶级转化形成的大资产阶级与地主阶级联盟，这就导致这次土地改革并未从根本上实现经营权的平均分配。一方面，土地被原本已敛聚大量财富的特权阶级所购买；另一方面，农民身上的重税负担并未得到实质上的减免。此次改革的不彻底导致"从 1868 年到 1878 年，即明治最初十年间，至少爆发了 190 起农民起义"（本尼迪克特，2017：86）。第二次世界大战期间，日本政府集中资源支援战争耗费，建立了战时统制经济体制。二战之后，日本接受美国援助，并在美国的主导下确立现代资产阶级民主政治体制，开始推行市场经济制度。农地改革仍是此次市场化的重要内容，自 1945 年开始，至 1949 年完成。其中，《修正农地调整法》《建立自耕农特别措施法》于 1945 年和 1946 年相继颁布，并在接下来的三年间相继在全国范围推行。一方面，征购全部租地的 80％，以低价出售给佃农，使其从 176 户地主所有变为 475 万佃农所有；另一方面，以低额货币地租替代高额实物地租（何一民，1990）。此次改革真正实现了农业用地的平均分配，提升了农业生产的效率。

（2）中国台湾地区的农地改革。

1949—1953 年，中国台湾地区实行土地所有权改革，采取"三七五减租、公地放领、耕者有其田"（唐在富，2014：98）的改革政策，通过约束租额及租期来减轻农民负担，通过低价贷款方式放领公地，通过债券股票购地引导地主进行工业投入。结果是台湾地区自耕农在总农户中的占比从 1948 年的 26.3％上升到 1953 年的 51.8％，再到 1979 的 84.7％（仲继银、胡春，1994：24），农民生产积极性得以调动，从而生产率大幅提高。但在经历 20 年的经济快速增长后，70 年代台湾地区农业发展放缓，80 年代其农业增长率不到 1％，台湾地区再次推动土地改革，主要是通过贷款支持、积极引导等方式，推动、促进和引导规模化、专业化、机械化的农业用地改革。此次改革实质上是变革农业用地的经营制度，并不改变土地所有权。自 1990 年开始，台湾地区进一步推动土地管理制度改革，主要措施包括：放松对农地农有的限制，促进土地流转，鼓励农地租借，促进企业化、集团化的农业经营。

（3）韩国的农地改革。

二战后韩国经济濒临崩溃，美国通过提供经济援助帮助韩国经济度过危机。在美国军政厅的施压及主导下，韩国政府于 1945 年开始改革土地制度。主要内容是颁布减租法令和出售日本归还的土地，土地主要出售给佃农与地主，但每户限购两公顷。1948 年韩国政府继续进行改革，废除佃农制度，由政府强制购买和售卖土地，实行"均田化"改革。1967—1976 年，韩国政府出台《农业基本法》《农村现代化促进法》《农地保护与利用法》《农地扩大开发促进法》等一系列法律，开始推动规模化土地经营，并加大相关基础设施投入。1977—1986 年间，韩国政府致力于农村土地的合理规划，针对环境保护、住宅建设、宅地开发、山林法以及农地租赁借贷等问题均出台法律加以规范。其中，家地租借和委托经营于 1980 年被列入法律予以承认，而 1986 年制定的《农地租借管理法》则进一步保护了租地人权益。

（4）中国的农地改革。

中国的土地改革始于一种"集体所有产权＋集中统一经营"的制度基础，彼时劳动高度集中和分配平均主义等因素致使激励缺失，导致生产效率低下。1978 年，安徽省凤阳县凤梨公社小岗村村民进行分田到户的尝试，此举解放了农村生产力，成为农村改革的先声。1980 年，邓小平对这种做法表示肯定，1982 年初，"包产到户"由中央一号文件明文肯定，家庭联产承包责任制在国家层面正式推行。在家庭联产承包责任制下，农地使用权在实质上为农民平均拥有，由此农民的生产积极性大幅度提高。到 2003 年，中国政府进一步通过《农村土地承包法》规范了土地使用权的流转问题。土地使用权流转的制度保障助推了农业的规模化、集约化发展。

（5）菲律宾的农地改革。

菲律宾的土地改革进程比较曲折。在脱离美国殖民统治后，菲律宾政府于 1953 年启动土地改革，并于次年颁布《农业关系法》，以保障农民更多的权利。但此次改革因领导人遇难而以失败告终。1963 年马卡帕加尔政府以租借制替代分成租佃制，并以低息贷款为支持将征用的大量地产出售给现耕佃农，结果有 4％的分成地租改换为定额地租。1971—1972 年间，菲律宾政府修订这一制度，并发布"关于解放佃农"的法令，目标是保证自耕农至少可以获得一定的土地面积。此次改革的成效明显，21 万余租户获得土地转让，大大提高了生产力。进一步地，1987 年阿基诺政府（何爱、徐宗玲，2011）通过《全面土地改革计划》允许脱离所有权的土地转让，完善了土地流转制度，并打破了前期对农作物种类的限制，丰富了作物种类。

此外，在市场化改革初期进行土地改革的还有越南及印度等。越南于 1986—1990 年间推行土地改革。1988 年越南政府以土地法保障私有形态的土地使用，并在其后停止集体化措施，代之以承包制与租借制；与此同时，越南政府废止粮食收购制度，以土质与土地面积规定分类税额。因此个体农户在实质上获得土地，并能够获得有效的激励，这使得越南的农业生产力大大提高。印度的土地改革则早在 1949 年就已经启动，印度政府通过废除大地主所有制与完善租佃市场释放了印度农业生产的活力。随着规模经营优势的不断凸显，印度已逐渐出现大土地所有者向小所有者购进、租赁土地的现象。

2. 从资源倾斜到强化竞争的工业企业改革

大多数亚洲国家与地区在市场化改革初期都存在工业发展极其落后的问题。一些国家与地区的工业发展落后是以农业发展为主所致，消费不振而积累不足是其工业发展的重要桎梏；还有一些国家因为实行计划经济产生了工业发展结构失衡的问题。总体来说，这些国家与地区的政府在市场化改革初期都通过倾斜国内资源、以国有企业作为主导的方式来发展工业，调整工业结构。这些国家与地区倾斜资源的方式既包括调整产业间产品市场价格，又包括调整要素市场价格。但在工业得到一定程度的发展之后，国有企业大多暴露出效率低下问题。为提高效率，上述政府开始弱化资源倾斜的政策，在推动国有企业私有化或私营化的同时，着力于培育中小企业竞争力。总体来说，在这些国家与地区的市场化改革过程中，政府普遍通过行政手段干预市场价格和产业政策等方式来促进工业发展。

（1）日本的工业企业改革。在明治时期，日本推行"殖产兴业"政策，即由政府集中资源创办重要产业的国营工厂企业，并出售给私人资本。在此过程中，有两点值得特别关注。其一，国家所培育的企业内普遍存在使用囚犯、"包身工制""集体住宿制"等现象，私设公堂与严刑拷打的问题屡见不鲜。其二，"明治政府处理的国营工矿企业，价格极为低廉，条件也极宽，都是无利息分期付款，实际等于无偿转让。比如六十二万日元的长崎造船厂，连同四万四千日元的库存，仅以九万一千日元一次支付交给了三菱"（顾春明，1996：300）。1931 年 9 月 18 日，日本发动侵华战争，日本市场经济开始逐步向战时统制经济转轨。日本政府颁布"关于重要产业的统制法律"，并在相应产业中设立统制委员会，提交生产计划并监督企业执行，通过收取高额费用来限制超计划生产。1936 年日本战时统制经济体制正式确立，用以促使社会生产配合战争需求。二战之后，在美国的经济援助及主导下，新的《日本国宪法》制定并颁布，日本的现代资产阶级民主政治体制得以确立。在此基础上，日本采取解散财阀的改革措施。自 1945 年起，有 28 家控股公司被解散，许多旧有财阀领导的职务被解除，其股权被拍卖并分散于职员和普通民众手中。1947 年 4 月《禁止垄断法》颁布，同年 12 月，《经济力量过度集中排除法》颁布，许多大型企业被分割并开始自主经营。在 1948 年以后，美国逐步将日本政府的改革权力交还。而日本政府甫一掌权，便立刻着手修改美国占领当局所出台的法律法规，放宽对垄断的限制，调整国内资本市场与财税制度，并逐步摆脱对美国资金援助的依赖。此外，日本政府还推行"倾斜生产方式"，即通过资金倾斜、价格倾斜、物资倾斜以及税制倾斜等方式着力复兴本国重要产业，并在此基础上逐步促进产业结构合理化。需要强调的是，20 世纪 60 年代的日本政府对促进中小企业发展仍十分重视，相继出台多项法律法规，使中小企业在市场中的竞争力提升。

（2）中国台湾地区的工业企业改革。中国台湾地区在日据时期残留了大量公营企业。这些企业都是二战时由日本政府建立而成的，主要用于军需，以重工业为主，其数量多、范围广且资产庞大。二战结束后，台湾当局推动企业经营权变更，开启民营化改革，但该项改革的进程一直十分缓慢。20 世纪 60 年代，虽然美国政府的援助从公营企业撤出转向民营企业，但由于台湾当局极力扩张公营金融企业，导致公营企业投资未减，结果是 1966 年台湾公营企业资本总额达到工商企业总资本的 58.7%（贺涛等，2009：15）。70 年代，台湾当局为应对石油危机，力推对公营企业的大规模投资，这又进一步强化了公营企业的垄断地位。80 年代，"公营事业转移民营化条例"颁布，1989 年正式成立专案小组，民营化改革这才真正拉开序幕。有关资料显示，50—80 年代（含 80 年代）间，台湾公营企业的产值占台湾全部生产总值的比重平均超过 16%，上缴的平均盈余占财政收入五分之一左右。

（3）新加坡的工业企业改革。新加坡的国有企业最早从殖民者手中承袭过来，大部分是由政府全额投资的。自 20 世纪 70 年代开始，新加坡政府通过立法拍卖政府资产，逐步降低政府投资占比。到 90 年代，许多国企发展成为政府控股的股份公司。总体来说，在新加坡的市场化改革过程中，国有企业作为产业结构升级的先锋力量，发挥了重要作用。但在产业发展壮大后，新加坡政府则将一部分国有企业交由私人资本继续发展。新加坡政府对于这些企业的管理主要涉及三个方面内容：一是管理企业的两个主要负责人（董事长、总经理）；二是管理企业的经营方向（符合政府开办此企业的目的即可）；三是管理企业盈利。若企业因经营不善而亏损，企业的两个主要负责人就要被撤换。

（4）韩国的工业企业改革。韩国国有企业源自日本殖民时期形成的公司与公共设施管理机构，主要为金融与重工业企业。这些国有企业在韩国经济发展初期承担了主导产业发展和建设基础设施的重要任务。自 1960 年开始，为落实产业政策，韩国政府又陆续投资建设多个企业，同时兴办大量子公司。在国有企业管理上，韩国政府采取私有化、绩效评估制度与积极下放经营权的方式提高企业经济效率。其中，国有企业的私有化主要以出售股票的方式开展，主要分三次进行：1968—1973 年间对 11 家国有企业实行私有化，如大韩航空公司；1981—1983 年间对 6 个政府投资企业①及子公司实行民营化，但限制购买额以防止垄断；1987 年对一些企业分类进行全部或部分私有化，但这一私有化进程因股市萧条而以失败告终（孙鲁军、张旺，1994：169—170）。

（5）中国的工业企业改革。中国的国企改革进程较为缓慢，虽然早在 1978 年便推出《关于扩大国营工业企业经营管理自主权的若干规定》，但收效不尽如人意。1987 年效法土地改革，中国推行企业承包责任制。这是政府意图建设形成一种计划内服从指挥、计划外充分自主的经营模式。但由于政府的层层监管，企业自主经营难以有效落实。就在国企改革陷入泥淖的同时，中国的乡镇企业迅速崛起，为解决失业问题开辟了新的道路，并贡献了当时工业近四分之一的总产值。总体来说，中国私营经济的发展在开始时是自下而上的，如果没有中央政府领导人果断地破除意识形态成见，私营经济在萌芽阶段仍有可能夭折，经济改革也将前途未卜。

（6）东盟国家的工业企业改革。东盟成员国马来西亚、菲律宾、泰国、印度尼西亚、新加坡普遍在政府的主导下开始市场化改革。马来西亚强调"以农业为基础，以工业为主导，实现经济多元化"，以打破对农业和矿业的单一依赖；泰国、印度尼西亚与菲律宾也已经开始在改革农业的基础上主导工业发展，并且收效良好。统计资料表明，1970—1980 年，马来西亚制造业产值的年均增长率达 11.4％，占比上升到 5.2％；泰国工业产值占比上升 9％；菲律宾工业产值占比上升 9.1％。除上述国家之外，值得一提的是作为东盟成员国的泰国。与其他东盟成员国中的国营企业在工业发展中发挥了主导力量不同，泰国国营企业在引导工业发展中表现出极差的经济效益致使财政难以为继。因此在 20 世纪 60 年代以后，除基础建设投资以外，泰国政府取消了国营企业的垄

---

① 指政府投资额占 50％以上的企业。

断地位，改为通过投资政策法令鼓励私人中小企业发展工业。

东盟成员国文莱、越南、老挝、缅甸和柬埔寨也在原有计划经济体制的转型过程中进行了国企改革，但这些国家的国有企业在市场经济中的主导作用仍然十分突出。1987 年中央管制的取消和对国有企业的商业化是越南市场化改革中的关键环节。这一改革在实质上放开了企业在日常事务、员工聘请与薪酬等方面的限制，使得企业自主权大幅提高。1991 年，越南政府又推出国有企业股份化改革，以期提高企业效率，但这并没有改变国有企业在其经济发展中发挥主导作用的局面（佩因特，2004：48—49）。老挝在 1979 年之后便开始一系列下放企业自主经营权的改革，出台了许多具体措施，如计划指标、提高海内外收入保有比例等。1988 年 3 月，老挝政府直接确定国有企业的自主原则。但上述改革并未有效改善老挝国有企业业绩，因此老挝政府在 1991 年转变政策方针，启动国有企业民营化改革，主要通过租赁方式落实国企改革，改革进程由此加快。柬埔寨与老挝类似，都以租赁方式推进国有企业的民营化。但与老挝不同的是，柬埔寨只将这种改革视为一种过渡手段，其最终目标是实现国有企业的长期改组。

（7）印度的工业企业改革。自 20 世纪 50 年代伊始，印度政府为发展重工业制定了多个五年计划。其间，国有企业发挥着主导力量，私有企业发展受"许可证"制度制约。到 1966 年，由于政权的变动，印度政府先是掀起国有化浪潮，后又转向发展私有经济，减少国家干预。结果是 1980—1988 年的印度国内生产总值较 1965—1980 年上升了 1.6%。但印度经济仍未能摆脱效率低下与结构失衡的问题。到 90 年代初，印度在经济危机之下应 IMF 的要求开始进行国企改革。具体来看，印度政府改革国企的方式方法较为丰富。其中，打破垄断、促进竞争与扩大国有企业管理人员自主权是收效比较明显的举措。到 1993 年，拉奥政府已经成功将上台前的 17 种国有经济垄断领域减少为 6 种，并逐步取消工业许可证制度。此外，拉奥政府还通过撤资方式逐步改变国有企业所有权，包括股权出售和国有企业出售（沈开艳等，2011：193）两种，但结果并不理想。值得一提的是，关、停、并、转长期亏损的国有企业这一措施因民主制度、社会保障机制、工会反对等原因实施困难。总的来说，印度国企改革的质量结果相较数量结果而言更为显著，就 1991—1992 年与 2006—2007 年两个时间段的情况比较而言，印度国有企业数量减少了 20 家，但其总营业收入却上升了 83 051 亿，达到 96 441 亿卢布，翻了近 8 倍。

7.2.2　亚洲市场化改革的成效评估

上述亚洲国家与地区通过市场化改革普遍取得良好成效，接下来将对其市场化进程与成效进行简单总结。

1. 逐步激活竞争的日本

由图 7-1 不难看出，日本的经济自由化指数①虽然有所波动但总体呈现不断上升的趋势，其在 1990—1995 年与 2005—2010 年呈现出大幅下跌态势，这与亚洲金融危机及次贷危机后政府大幅度干预市场有关。

在明治维新时期，日本政府首先通过所有制改革为私有产权的确立奠定了基础，同时等级制度以及财产特权的废除也在一定程度上保障了产权改革的有效性；其次通过政府调配资源实现了重要产业的快速发展，并扶植了一批私人资本。二战后，日本开启第二次市场化改革，放开物价，再度明确私有产权。但与第一次市场化显著不同的是，第二次市场化改革使广大佃农在实质上拥有土地所有权，使中小企业在市场中的竞争力提升，使国内经济发展逐步参与国

---

① 经济自由化指数主要由五个方面的 23 个指标组成：（1）政府规模（size of government）包含 4 个指标，用以衡量决定资源与产品分配的是个体本身还是国家；（2）法律结构和私人产权（legal structure and security of property rights）包含 7 个指标，用以反映法律保障与经济活动中的权利限定；（3）获得和使用稳健通货（access to sound money）包含 4 个指标，用以衡量稳定货币政策与较低通胀所提供的个体经济权利保障能力；（4）外贸的自由度（freedom to trade internationally）包含 5 个指标，用以测量对外贸易自由度遭受破坏的程度；（5）对信贷、劳动力和商业的管制（regulation of credit, labor, and business）包含 3 个指标，用以衡量个人从事经济活动中不受政府规制影响的程度。

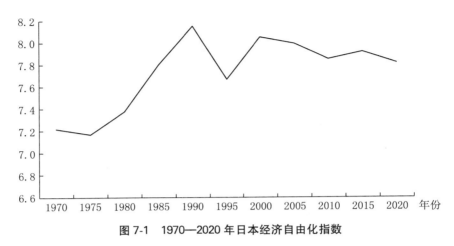

图 7-1　1970—2020 年日本经济自由化指数

资料来源：加拿大弗雷泽研究所。

际市场。由此，市场经济中价格信号主导的竞争机制真正被激活，市场配置资源的效率优势得以真正开始发挥作用。一个明显的结果是，1949 年的日本劳动生产率高于前一年的劳动生产率 30％，出口实现翻番。在此过程中，日本政府对市场的干预并不比第一次市场化改革少多少，尤其在配置不同产业间资源的问题上，政府的主导作用仍然十分突出。由图 7-1 可知，20 世纪 80 年代至1990 年，日本的经济自由化指数整体呈上升趋势；此后，日本的经济自由化指数开始下降，但下降幅度并不大。

2. 持续转变的亚洲"四小龙"

（1）中国台湾。

日据时期，日本在中国台湾地区强制推行统制经济，对物资和物价进行严格管控。二战之后，日本侵略者撤离。1945—1953 年，台湾当局致力于恢复经济，在台湾地区推行两次币制改革及土地改革。1951—1965 年，美国曾向台湾地区提供军事与经济援助，并以援助奖惩为激励，力图推动台湾当局的经济改革。典型的例证是由美国提出的八项改革建议（1955 年）与十九项财政经济改革方案（1960 年）（陈建军，2006：142）。其中，公营企业改革是美国援助激励的重要方向，但从台湾地区实际公营企业民营化的缓慢进程可知，美

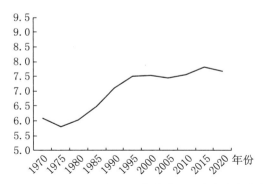

图 7-2　1970—2020 年中国台湾地区经济自由化指数

资料来源：加拿大弗雷泽研究所。

国援助的激励收效甚微。不过由图 7-2 可知，20 世纪 80 年代以后，中国台湾地区的经济自由化指数呈不断上升趋势。

（2）中国香港。

遵循区位优势原则，英国在殖民统治香港期间将其定位为自由港。其间，香港地区的经济发展以自由贸易为导向，在治安、基础设施建设以及经济法规制定三方面均秉承自由主义哲学。20 世纪初，香港地区已成为国际知名的转口港，也由此成为沟通亚洲、欧洲、大洋洲及北美洲的重要交通枢纽与主要金融中心。二战后大量资本涌入香港地区，但当时西方国家对中国内地贸易的限制使香港地区转口贸易受到影响，所以逐利的资本主要流入制造业（尤其是轻纺工业）及新兴房地产行业。在此期间，香港地区生产产品出口占比上升到近70%，经济高速增长。70 年代初，受石油危机、发达国家贸易保护主义以及发展中国家竞争的影响，香港地区出口下滑。同时由于制造业大量北移，香港地区制造业比重日益下降，多元化的经济发展成为主线。至 80 年代末，服务业逐渐主导香港经济。到 2001 年，服务业已成为香港地区经济的支柱产业，占 GDP 比重达 86.5%。但是，总体而言，在二战后的经济发展过程中，香港地区的经济政策实质上是割裂的。一方面，土地所有权归属政府，政府通过公开拍卖、招投标的方式转让土地使用权及收益权来获取收入，同时也会根据经济发展对特定产业及机构给予一定优惠甚至免费出让；另一方面，香港地区也强调由市场自由配置资源，仅在市场失灵领域由政府进行合理而有限的干预。香港地区政策的制定以确立和维护市场规则、促进基础设施建设为主要内容，并通过贸易发展局、生产力促进局等半官方机构向企业提供咨询、技术、人才服务。需要强调的是，在 20 世纪 80 年代以后，香港地区政府对经济的干预程度不断加强，主要表现在财政政策的反经济周期推行上。此外，香港地区政府还直接介入金融市场，并对产业发展进行引导协调。因此，从图 7-3 中可以看出，1970—2020 年，中国香港地区的经济自由化指数曾出现下跌，并且在这 50 年间总体上升幅度非常有限，但是与其他经济体相比，其指数排名仍然靠前，2020 年中国香港地区的经济自由化指数为8.59，位列全球第一名。

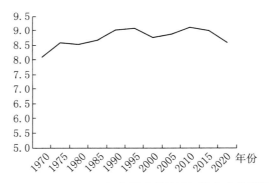

图 7-3　1970—2020 年中国香港地区经济自由化指数

资料来源：加拿大弗雷泽研究所发布的《世界经济自由化报告 2020》。

（3）新加坡。

新加坡于 1965 年才从英国的殖民统治中独立出来，此前转口贸易是新加坡经济发展的核心内容。殖民经济留给新加坡的是因长期繁荣的转口贸易而形成的完善的基础设施、成熟的贸易制度以及兴盛的服务业。但殖民经济同时也造成新加坡经济结构单一、对外部经济高度依赖等问题。独立后，在国内经济不断衰退的境况中，新加坡政府实施出口导向型发展战略，着力推动煤油、电子电器、造船修船等劳动力密集型的加工制造业发展。20 世纪 80 年代以后，新加坡政府提出"科技立国"战略，重点发展资金密集、技术密集型工业与服务业。在这一过程中，物价调节管理由政府、消费者、工会三方参与。其中，政府通过宏观经济政策及法律调控价格，消费者以舆论工具监督价格，工会组建平价合作社来平抑价格（高学敏，2006）。80 年代后政府直接定价的方式被"设定基准回报率与价格上限"两种方式所替代。新加坡的土地所有权分国有和私有两种，前者占 87％。土地使用权年限划分为三类，包括 99 年、999 年和永久使用。土地管理局根据不同用途将土地使用权低价出让给法定机构，出让期限又进一步分成多种，但不超过 99 年。被出让的土地可以在市场上流转。新加坡政府自 1960 年起连续制定并执行多个"公共住房建设五年计划"，先后以公租房、政府公屋等措施解决人民住房问题，现今新加坡住房自有率超过 85％（武光军、顾国平，2016：160）。如图 7-4 所示，新加坡对经济的干预程度是先减少后增加的。2020 年新加坡的经济自由化指数为 8.48，位列全球第二名。

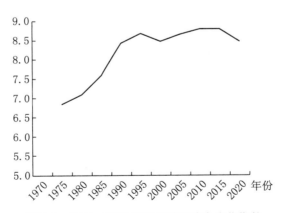

图 7-4　1970—2020 年新加坡经济自由化指数

资料来源：加拿大弗雷泽研究所。

（4）韩国。

二战后韩国经济濒临崩溃，美国主要通过提供经济援助、限制封建地主势力、培育并利用买办及官僚资本来帮助韩国度过危机。在此期间，美国军政厅施压推动韩国的两次国会选举与土地改革，但其影响仅仅体现在战后初期的经济建设当中。在 1953 年朝鲜战争结束后，韩国政府仍然依靠美国的经济援助进行投资，着力重建轻工业部门，并着手改革土地制度。到 1960 年，韩国的经济结构仍以分散的个体农业为主，经济发展十分滞后。1962 年以后，韩国政府相继制定多个五年计划，在摆脱对美国经济与军事援助依赖的同时，主导国内农业改革与工业发展。同时，韩国的经济发展战略也从进口替代战略转向出口导向战略。此外，韩国为促进重点产业发展推行税收减免、金融支持以及奖励补助等政策。如图 7-5 所示，20 世纪 80 年代以后，韩国的经济自由化指数呈持续上升趋势。

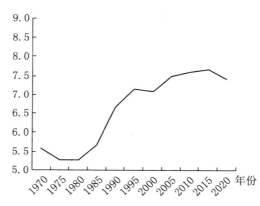

图 7-5   1970—2020 年韩国经济自由化指数

资料来源：加拿大弗雷泽研究所。

3. 实践先于制度的中国

新中国成立后，选择效仿苏联，建立了高度集中的计划经济体制。1949—1977 年在行政命令配置资源的方式下，国民经济陷入困境。自 1978 年开始，中国政府汲取经验教训迅速推动改革。如图 7-6 所示，中国的经济自由化指数自 1980 年以来，整体呈上升趋势。此外，值得提及的是经济特区的建设问题。深圳经济特区是广东省改革开放路径探索的产物，于 1979 年起步，1980 年正式出台条例。此后，在短短一年之内，珠海、厦门、汕头、海南等经济特区也相继启动。邓小平在特区运行四年后对其进行考察，判定经济特区建设的正确性，并将经济特区的建设经验向全国推广复制。1980—2008 年，五大经济特区的 GDP 产值在全国占比从 0.91％一路上涨到 4.2％，其中深圳特区的 GDP 总量在 2008 年已近 8 000 亿元。除此之外，在经济发展过程中由政府提出的特区产业结构调整战略也获得明显成效，到 2008 年，深圳经济特区第一产业占比由最初的 28.9％降至 0.09％，第三产业占比由最初的 45.1％升至51.04％，第二产业占比上升并实现向技术密集型产业的转变。华为、比亚迪等许多知名企业也涌现出来。事实上，近年来中国经济改革有许多类似的做法，保税区（港）、自贸试验区均是取自经济特区建设的思路与经验，同样也为中国市场经济改革提供了大量可复制、可推广的宝贵实践经验。可以说，经济特区是中央政府尝试对外开放的产物，是以点带面推进改革的先锋力量；经济特区模式是中国市场化改革的创新路径，也是中国市场化改革过程中实践先于制度的集中体现。

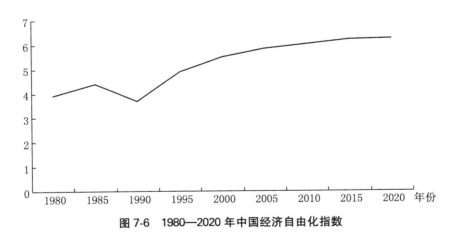

图 7-6　1980—2020 年中国经济自由化指数

资料来源：加拿大弗雷泽研究所。

4. 殊途同归的东盟

东盟成员国有马来西亚、菲律宾、泰国、印度尼西亚、新加坡、文莱、越南、老挝、缅甸和柬埔寨。其中，前五国于 1967 年正式宣布成立东南亚国家联盟，称为"东盟老五国"，后五国其后加入，称为"东盟新五国"。东盟老五国的经济或为宗主国所主导，或为外国垄断资本所侵扰，普遍呈现产业结构畸形、生产力水平低下的状态。一方面，基于长期历史因素，东盟老五国的市场经济是残缺的；另一方面，封建残余导致东盟老五国的国民收入分配不均。在成功摆脱他国对国内经济的控制之后，东盟老五国普遍在各自政府的主导下着力调整经济结构。由图 7-7 可知，东盟老五国（除新加坡外）[①]的经济自由化指数不仅呈上升趋势，还呈现趋同趋势，但总体水平仍低于日本及亚洲"四小龙"。而与东盟老五国不同的是，东盟新五国[②]普遍在战后实行计划经济体制。在计划经济走向衰败的同时又见证了中国改革开放后的经济崛起，这些国家都开始启动市场化改革。总体来看，东盟新五国在推行市场经济后都普遍实现较大幅度的经济增长，柬埔寨经济在 20 世纪 90 年代迅速增长，年均增长率平均达 60%—70%；越南历经 10 年革新恢复后，同样于 90 年代开启经济的高速增长；老挝的经济崛起历时较长，但也在 2006—2010 年实现了高达 7.9% 的经济增长率。缅甸的经济增长于 2000—2005 年最为突出，其经济增长率超越两位数。

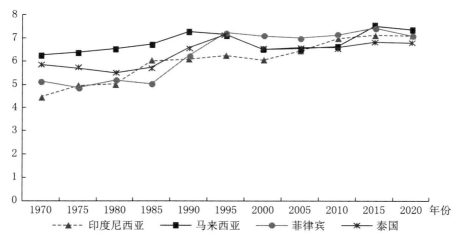

图 7-7　东盟老五国（除新加坡外）经济自由化指数

资料来源：加拿大弗雷泽研究所。

---

① 新加坡市场化情况在亚洲"四小龙"中已有讨论，这里不再赘述。
② 东盟新四国因改革较晚，其自由化指数数据难以反映趋势变动。

5. 混合体制改革的印度

自 20 世纪 50 年代伊始，印度政府便开始推进市场化改革，但效果不佳。直到 90 年代经济危机之后，拉奥政府上台进行强力改革，印度的经济自由化指数才有了显著提升（图 7-8）。早在尼赫鲁时代，印度政府就已经主导推动本国的工业化发展，并培育和发展了一批大型国有企业。这些国有企业在印度国民经济当中，一直占有较高比重。在拉奥政府上台后，激活竞争与提高生产效率就成为印度经济改革的重心。总体来说，印度市场化改革的基础是混合经济体制，既有政府培育形成的国有经济基础，也有政府逐渐放开的私有经济基础。印度政府主要的改革措施是打破原有的垄断与限制，而不再集中资源。

图 7-8　1970—2020 年印度经济自由化指数

资料来源：加拿大弗雷泽研究所。

7.3　亚洲市场化模式创新与发展经济学新贡献

市场化指的是不断缩小行政配置资源范围、逐步扩大市场配置资源领域，从而实现市场价格机制调节供求的过程。二战后，亚洲许多国家和地区从殖民侵略者手中独立出来，它们无一例外地面临当地经济因殖民摧残而畸形发展的严重问题。为调整经济结构、实现经济增长，一些国家与地区在不同程度上实行计划经济体制。然而计划经济体制因严重扭曲激励机制而造成经济效率低下，因而这些国家与地区都未能实现经济增长目标。同时，计划经济体制在调整国内经济结构方面效果也不尽如人意。较为普遍的情况是，虽然工业相对于农业有所发展，但新的经济结构失衡又出现了，并且这种失衡不仅仅体现在产业结构之间，还体现在供需结构之间。严重的经济失衡与经济衰退使得计划经济体制难以为继，亚洲许多国家和地区的政府纷纷决定向市场经济体制转型。

就亚洲国家与地区市场化转型的客观环境而言，一方面，二战之后全球化的经济发展趋势不断加强，国际经济组织的建立与国际竞争的日趋激烈都对国家和地区的市场化改革产生重要影响；另一方面，国内经济主体，尤其是相关利益集团的诉求也对国家的市场化改革具有重要作用。这些内部、外部压力都是市场化改革发展的重要推动力量，不容忽视。但与西方国家不同，亚洲国家与地区的市场化普遍是从战时统制经济体制或战后计划经济体制开始的，因而其市场化转轨的核心是要打破政府建立的集中化、统一化的经济控制制度，这决定了政府职能成为市场化改革的重要内容。同时，在这种经济体制下，由于政府对经济已经形成极强的控制力，因此政府又成为市场化改革的重要主体。此外，由于亚洲国家与地区在市场化改革时普遍面临经济结构畸形的问题，这就不可避免地使其市场化改革在结构上有所侧重，因此政府在经济结构调整中均发挥了十分突出的作用。由此可见，政府在亚洲国家与地区的市场化转型中扮演的角色至为重要。政府角色定位的不同往往决定着该国家或地区在市场化转型中主要目标与方案制度的差异，进而成为影响市场化效果的重要因素。

通过对亚洲国家与地区的市场化转型进行研究，根据政府在市场化转型中的角色定位不同，将其简单概括为三种模式：政府被动应对型市场化改革模式、政府被迫推动型市场化改革模式、政府主动主导型市场化改革模式（表7-1）。

表 7-1　市场化改革模式——基于政府角色定位差异的分类

类型	主要目标	制度特点	突出问题	典型代表
政府被动应对型	消化外部干扰，稳定内部经济	外部环境倒逼，政策自主权极弱	易于脱离甚至扰乱内部长期发展战略	中亚五国
政府被迫推动型	获取外部支持，拯救内部经济	外部强制干预，政策自主权较弱	易于脱离本地发展实际，易于脱离内部长期发展战略	南亚、东亚部分国家和地区
政府主动主导型	外部合作竞争，内部结构调整	政策自主权较强，配合长期战略	难于应对外部的复杂形势，难于掌控政策的时机效果	东亚、东南亚部分国家和地区

资料来源：作者根据相关资料整理。

7.3.1　以中亚为代表的政府被动应对型市场化改革

政府被动应对型市场化改革模式往往发生于经济受外部环境影响较大的国家与地区，以中亚五国为典型代表。在苏联时期，作为加盟共和国，中亚五国在经济体系和经济结构的发展中受制于计划经济体制中的分工安排，产生了严重的内部不平衡与外部依赖问题。这种经济上的先天不足在独立之后充分暴露出来，并且短期内难以改变。1991 年苏联解体，中亚五国相对"被动地"实现了国家独立。1992 年初，俄罗斯宣布放开价格并实行经济关系自由化政策，同属卢布货币体系的中亚五国只得"被动地"应对价格的变化与工业供应体制的变化。一方面，在价格失衡的情况下，中亚五国着手控制基本食品和生活必需品的价格稳定；另一方面，在生产大幅度下降的情况下，中亚五国开始放松和取消对企业生产经营活动的大部分限制，并开始对所有制结构进行改革，使纯粹的国家所有制逐渐被混合所有制所代替。总体来说，中亚五国私有化进程的共同特点是，以小企业为主要对象，而且侧重在商业和服务业领域。应该指出，中亚各国形成的总统制对其社会政治稳定起到不可忽视的作用，但从经济的角度来看，政府方面行政干预较多，不利于市场经济的发展。但正如有学者指出的那样，"在当时的中亚，市场经济观念中的企业经营自由问题已失去其紧迫性，而维持最低生产水平及解决就业问题亟待解决"。总体来说，在这种模式下，外部环境的发展变化倒逼国内市场化改革的推进。政府的首要目标是适应外部环境变化，稳定国内经济状况，而非一味推进自由化。因为在外部引致的严峻经济形势下，如果政府不能及时采取维持经济稳定的措施，自由化推进与外部因素同期叠加，反而可能加剧经济动荡。但不可否认的是，这种情况下的改革措施往往更强调短期目的，易于与长期经济发展目标相悖离。

7.3.2   以印度为代表的政府被迫推动型市场化改革

政府被迫推动市场化改革的根本原因是国家和地区的政治或经济形势极为严峻，需要寻求外部援助或支持，同时外方往往以推动经济改革作为援助或支持的前提条件。印度的市场化改革就是典型案例，其与 IMF 密不可分。由于长期实行高额赤字政策，到 1991 年印度爆发了严重的经济危机。IMF 借机要求印度经济从政府管制走向自由市场，并以更开放的出口导向型发展战略取代原有的进口替代战略。为了挽救国家经济，拉奥政府果断地启动以"私有化、自由化、市场化和全球化"为核心基调的市场化改革。事实上，IMF 与世界银行在 20 世纪 80 年代所提出的"自由主义药方"基于拉丁美洲的发展经验，而与亚洲国家和地区的发展状况与历史文化背景并不符，也难以与其长期发展战略有机结合，因此在市场结构组织混乱的情况下，自由化和私有化的药方往往是加重而非缓解经济困难，典型的例证是俄罗斯激进改革的失败。

与上述国家接受国际组织的援助不同，战后的日本、韩国和中国台湾地区都接受了美国的援助，并由美国主导推进自身市场化改革的初期工作。其中，日本在战前通过国家实现工业资本积累，并在战后基于美国的援助与主导开始对战时形成的统制经济进行改革。此次改革破除了日本的封建残余，使得土地与资本在民间重新配置，活化了市场经济的竞争机制。中国台湾地区与韩国在二战期间主要为日本所殖民。日本在殖民期间对台湾地区主要采取统制手段，着力发展本国所需的工农业产品，并通过产品配给与价格管制对被殖民国家和地区进行掠夺，殖民后期更是强制发布公债以挽救日本经济。由此，中国台湾地区和韩国的经济结构严重畸形，财富也大量流失。同时，中国台湾地区与韩国执行资源配置的组织在殖民过程中也被广泛地建立起来，因而能够有效调配资源。从这一角度来看，中国台湾地区和韩国实质上是在一定程度的统制经济基础上转轨而来的。在二战结束初期，中国台湾地区与韩国也同日本一样，在美国政府提供援助的条件下推动市场化改革。但这些国家和地区均在不久之后就自己掌握改革的实权，迅速推翻了许多原本由美国制定的改革措施，例如，日本打破了对本国企业的垄断限制，集中力量发展国有工业企业；中国台湾地区与韩国均出台多个五年计划以引导经济重建。从这个意义上讲，日本、韩国和中国台湾地区都从被迫推动型改革模式迈入主动主导型市场化改革模式。

7.3.3 以中国、日本、韩国为代表的政府主动主导型市场化改革

政府主动主导市场化改革的前提是国家内部和外部环境相对稳定，政府稳固并对国内经济具有较强的控制能力。亚洲的典型代表是中国、日本与韩国。由于集中、僵化的计划经济体制越来越难以适应国家的实际发展需要，中国政府在 1978 年主动开启了一系列改革。一方面，根据国家实际发展状况循序渐进，广泛利用民间力量推动创新发展；另一方面，与国家长期发展战略有机结合，在产业结构与对外开放上有所侧重。具体来说，中国的改革属于渐进式改革，其所有制改革先于价格改革。在所有制改革中，民营企业尤其是民间乡镇企业的崛起有效激发了市场活力，成为市场竞争的先锋力量；在价格改革中，从允许浮动到生产资料与生活资料实行价格"双轨制"，再到消费品价格全面

放开，实现了相对平稳的过渡。与此同时，从地区结构、产业结构，再到出口贸易结构，中国的制度安排不断调整变化，并与国家长期发展战略紧密结合，从而使得市场化改革与国家长期发展目标协调一致。在该模式下，政府政策的自主性得以保留，政府对市场进行引导，市场再以价格调节供需。再来看日本政府与韩国政府，前文已经述及，这两个国家的政府在二战之后逐步摆脱对美国的依赖，主导了本国的市场化改革。具体来说，日本政府在市场化改革过程中的主要作用体现在产业政策方面，通过资金、价格、物资、税制等多方面的资源倾斜推动本国重要产业发展。韩国政府同样通过大量设立国有企业主导本国重点产业发展，并出台多个五年计划引导本国经济发展。上述国家由政府主动主导推进市场化过程，有策略、分步骤地建设市场经济体制，并同步伴随政府对本国经济结构的调整，最终均实现本国经济的快速增长。

但政府主动主导型市场化改革也存在困难，由于外部政治经济形势处于不断变化当中，内部经济发展的时机与效果又难于控制，如何在复杂的国内外形势中保持政策的自主与经济的稳定，并协同长期发展战略，是处于市场化改革进程中的所有国家共同面临的难题。这既需要对各国市场化改革经验进行总结学习，也需要深入结合本国实际加以分析。

就实践结果来看，政府主动主导型市场化改革更多地实现了经济结构的调整与经济的高速增长，但并非所有政府主动主导型市场化改革都实现了这一结果。需要强调的是，各个国家不同时期政府在市场化转型中的角色定位是在不断调整和变化中的。有许多国家的市场化转型是陆续经历从政府被动应对到政府被迫推动再到政府主动主导这一过程的，如上文提及的日本与韩国。此外，西亚国家的情况比较特殊，丰富的石油资源与国家相对单一的经济结构在客观上加强了政府对经济的主导控制能力，国际政治环境的复杂性则在客观上要求政府对经济的主导控制能力较强。因而西亚国家的市场化改革复杂而缓慢。目前西亚国家在经济体制模式上的总特点是国家干预作用突出。具体表现在：第一，国有经济在国民经济中处于绝对优势地位，对整个社会的生产、交换、分配和消费都具有重大的影响力；第二，国家普遍制定经济发展计划，对发展的重要领域、重要项目及相关总量都有明确规定；第三，政府采取多样化手段干预经济运行，包括行政手段与立法手段等，甚至政府会作为经济主体直接参与经济活动，从而干预本国经济发展。

7.4　亚洲市场化发展模式转型与前景展望

当今世界正在经历百年未有之大变局。这场变局不限于一时一事、一国一域，而是深刻而宏阔的时代之变。时代之变和世纪疫情相互叠加，使得世界进入新的动荡变革期。在这种背景下，亚洲国家和地区的市场化却恰恰步入更为艰难的纵深推进时期，这增加了深化改革的难度，也放大了深化改革的风险。

7.4.1　国际竞争加剧制约政府改革主导权

在全球经济复苏乏力、贸易增长下滑等问题在短期难以转变的境况下，许多国家纷纷走上保护进口、扩大出口的道路。从国际经贸规则分裂、变革、谈判到中美贸易摩擦以及贸易保护主义盛行，国际竞争日趋激烈。同时，以美国为代表的国家采取一系列措施以实现制造业回流，使得新兴经济体在世界经济交往中面临国际竞争形势的转变。一方面，发达国家助推形成更高标准的国际经贸投资规则；另一方面，发达国家通过主动调整对内政策从而变更对新兴经济体的投资贸易总量及结构。这些转变都要求新兴经济体通过内部调整加以应对。在此过程中，新兴经济体政府在推动市场化改革过程的主导权必然受到国际竞争因素的约束，为了应对更高标准的投资经贸规则与更严峻的经贸合作挑战，新兴经济体政府或将调整部分行业与领域的市场化改革方案。

7.4.2　经济增长放缓及转型影响改革路径

近年来，受新冠疫情冲击、俄乌冲突等不确定性因素的影响，亚洲新兴经济体的经济增长速度显著下滑。虽然各个国家和地区的政府普遍采取相对积极的财政政策与相对宽松的货币政策，但依然难以有效提振经营主体信心。在此背景下，亚洲各个国家与地区，一方面要发挥国有企业在稳增长、稳就业方面的重要作用；另一方面，要着力优化营商环境，降低制度性交易成本，减轻市场主体负担。此外，对于亚洲各国和地区的政府而言，除了面临严峻的国际竞争形势外，还肩负着提升经济增长质量、改善经济增长结构的转型任务。因此，亚洲多数国家和地区的政府对经济的引导和干预可能会有所增加。在这样的基础上，政府市场化改革的结构与内容或将发生转型。

7.4.3　改革纵深推进亟待体制机制创新

如前文所述，亚洲国家和地区的市场化改革已经取得明显成效，市场机制在经济运行中的作用日益突出，但是阻碍市场机制运行的体制性障碍与机制性障碍仍然存在。因此，要深化改革，就必须加快体制机制创新。在体制创新方面，首先，要建立与市场机制相适应的管理体制，使市场在资源配置的作用充分发挥出来；其次，要进一步调整所有制结构，释放竞争活力，促进效率提升；再次，必须营造市场经济发展的良好环境，着力规范市场准入、退出机制，简化市场审批流程，提高相关服务质量；最后，要简政放权，转变政府职能。在机制创新方面，必须提高市场应对能力，建立容错纠错机制；必须用对激励措施，充分调动企业及人员的积极性。需要强调的是，由于体制机制创新既涵盖政府部门又涵盖民间部门，因此双方必须密切合作才能推进。个别亚洲国家和地区的改革经验可为其他国家学习借鉴，典型的有日本审议会制度，其在协调政府与企业间信息不对称等问题中发挥了重要作用；再如，中国的特区建设，其在协调政府与民间创新方面也具有显著效果。

7.4.4　深化亚洲经济合作或为改革辟径

由于亚洲经济体普遍处于全球产业链的中下游位置，且在最终需求上对发达经济体依赖严重，这就使亚洲国家和地区在当前贸易保护主义盛行的时代背景下进行市场化改革更为艰难。亚洲区域的经济合作或为这一问题开辟新的解决路径，一方面能够以彼此间的贸易投资减弱对发达经济体的依赖，从而加强政府在市场化改革中的主导权；另一方面能够在开放合作过程中加强改革经验的交流借鉴，并实现进一步的协同改革。近年来由中国提出的"一带一路"倡议已经成为助推亚洲经济合作的重要动力，在基础交通设施建设的基础上，亚洲国家和地区间贸易、投资合作日益紧密，中亚、西亚等地区的国家已经从中受益成为投资热点。亚洲新兴经济体应当把握这一契机，通过亚洲经验共享协同推进市场化改革进程，通过亚洲市场的合作共建破除当前市场化改革中外在的障碍。

第 8 章
亚洲全球化发展模式与理论创新

二战以后，亚洲国家抓住经济全球化的机遇，积极参与国际分工和区域合作，实现自身跨越式发展。亚洲国家根据自身条件和发展阶段选择各自融入经济全球化的路径、方式与节奏，不断从全球产业链、供应链和价值链的中低端迈向中高端，可以说，亚洲国家快速发展的过程就是不断融入全球经济体系的过程。亚洲全球化发展模式为世界各国的全球化提供了宝贵经验，亚洲全球化模式的创新也对发展经济学作出重要贡献。本章将对亚洲全球化的实践经验进行梳理，并从理论层面对亚洲全球化发展模式的创新进行剖析，以期对推动发展经济学理论发展作出一定贡献。

8.1 全球化一般理论

20 世纪 90 年代以前，国际投资、国际贸易的实践催生出很多相关理论，但并没有形成真正意义上的全球化理论。因此，90 年代之前的全球化一般理论应从国际直接投资理论和国际贸易理论两个维度进行阐述。90 年代以后，全球化时代到来，全球化理论日渐丰富，很多社会学科都对全球化进行了研究，但依然没有形成各方都公认的全球化理论。

8.1.1　从国际分工学说到新新贸易理论

20 世纪 70 年代以前，在西方经济学的国际贸易理论中占据重要地位的是国际分工学说。国际分工学说从不同的角度解释国际贸易产生的原因，包括绝对优势、比较优势和要素禀赋等理论。绝对优势理论，由英国古典经济学家亚当·斯密在 1776 年发表的《国富论》中首次提出，其认为各国应当参与国际分工并生产和出口具有绝对成本优势的产品，从而获得自由贸易带来的利益。比较优势理论由大卫·李嘉图在 1817 年出版的《政治经济学及税赋原理》中提出，这一理论建立在劳动生产率差异基础之上，基本思想是比较优势而非绝对优势在国际分工中起到决定性作用，每个国家应该生产并出口相对成本较低的产品并进口相对成本较高的产品，即按照"两优取其重，两劣取其轻"的原则进行分工生产，再通过对外贸易进行交换，从而实现贸易互利。要素禀赋理论又称赫克歇尔—俄林模型，是由赫克歇尔和俄林提出来的。[1]该理论认为不同国家商品的成本差异可以用生产要素的稀缺程度来解释，每个国家应该在要素方面发挥自己所具有的优势，"集中生产并出口密集地使用该国相对丰富要素的产品，进口密集地使用该国相对稀缺要素的产品"[2]，即"靠山吃山，靠水吃水"。

国际分工学说以规模收益不变和完全竞争为前提，然而，在国际贸易的实

---

① 赫克歇尔的《对外贸易对收入分配的影响》最初以瑞典文发表于 1919 年，俄林的《地域和国际贸易》最初也以瑞典文发表于 1933 年，这两篇文章是赫克歇尔—俄林模型的两大基石。
② 参见伯特尔·俄林：《区际贸易与国际贸易》，华夏出版社 2017 年版。

践中存在规模报酬递增以及不完全竞争的市场结构等方面的现实因素，因而国际分工学说受到各方面的挑战。

1977 年，迪克西特和斯蒂格利兹在他们共同发表的《垄断竞争和最优产品多样化》一文中拉开了"新贸易理论"的序幕。他们构建的模型克服了一般均衡框架下无法讨论收益递增的技术难题，从而能够把收益递增和不完全竞争同时存在的条件应用到国际贸易模型中，在这一基础上，很多经济学家运用规模收益递增分析工具探讨国际贸易问题。这一模型之后的应用证明贸易能发生在技术、要素禀赋完全一样的国家，即使所有贸易都属于行业之内的贸易，但由于市场的扩大可以获得规模经济并增加消费品的种类，因而消费者依然能够从中获益。此外，该模型还为中间品贸易在世界市场占据高份额提供了理论支持（马颖，2013：15—35）。

但是，以上的贸易理论都以产业或者部门为研究对象，没有对微观层面的企业进行研究，21 世纪以来兴起了以企业为研究对象的新新贸易理论，利用企业层面的数据解释现实现象。基于该模型的应用解释了"贸易引诱资源向更有效率的企业配置""贸易影响产业结构的路径"等现象，并且为基于内生产品选择机制的产业动态模型提供了基础。

8.1.2　关于国际直接投资的理论

二战以后，国际直接投资呈现迅猛发展的态势。在此背景下，学者们对国际直接投资理论的研究也不断深入，从发达国家对外直接投资的角度进行研究的有垄断优势理论、产品生命周期理论、边际产业扩张理论等。1960 年，美国经济学家海默提出的垄断优势理论开创了外商投资理论研究的先河；随后，相关理论不断丰富和发展，维农的产品生命周期理论、小岛清的边际产业扩张理论、巴克利和卡森的内部化理论、邓宁的国际生产折衷理论等，从不同角度和层次解析了国际直接投资这一经济现象。与此同时，发展中国家不断吸收其他国家的国际直接投资，有关发展中国家吸收国际直接投资的理论也在逐渐丰富，例如，钱纳里和斯特劳特在 1966 年提出的两缺口模型①、邓宁在 1981 年提出的投资发展阶段理论②、威尔斯在 1983 年提出的小规模技术理论③、拉奥在 1983 年提出的技术本地化理论④、坎特威尔和托伦惕诺在 1987 年提出的技术创新产业升级理论⑤、小泽辉智在 1992 年提出的动态比较优势投资理论⑥等。

这些国际直接投资的相关理论为发达国家和发展中国家的国际直接投资提供理论依据。国际直接投资对资本形成、经济增长、技术溢出和产业结构的正向效应也得到学术界的普遍认可。然而，随着发展中经济体的日益壮大，很多发展中国家在国际直接投资的实践中也作出很多新的尝试。因此，在研究层面还需要进一步从实践中汲取经验，不断完善国际直接投资理论。

8.1.3　经济全球化理论

真正意义上的全球化时代从 20 世纪 90 年代左右开始。IMF（1997：45—46）提出："全球化是指跨国商品与服务交易及国际资本流动规模和形式的增加，以及技术的广泛迅速传播使世界各国经济的相互依赖性增加。"学术界的研究主要集中在全球化的动因、内容、存在性等方面，形成了以"怀疑论者"和"激进派"两派为代表的全球化理论。"怀疑论者"主要以西方左翼学者为代表，他们认为当代并没有出现真正意义上的全球化，国际政治体系仍然是以

①　参见钱纳里、斯特劳斯：《外援与经济发展》，《美国经济评论》1966 年 8 月。

②　参见约翰·邓宁于 1981 年出版的著作《国际生产与跨国企业》。

③　参见 Wells, L.T., 1983, *Third World Multinationals*, MIT Press。

④　参见 Lall, S., 1983, *The New Multinationals*, New York, John Wiley。

⑤　参见 Cantwell, J.A., Tolentino, P. E., 1987, "Technological Accumulation and Third World Multinationals", Paper Presented at the Annual Meeting of the European International Business Association, Antwerp。

⑥　参见 Ozawa, T., 1992, "Foreign Direct Investment and Economic Development", Transnational Corporations, http://www.unctad.org。

民族—国家为主体，从未发生本质变化，因此他们坚决反对民族消亡论。"激进派"主要以新自由主义者为代表，他们的观点是，全球化是经济发展的必然结果，当代经济已经由国际经济发展成为全球经济，且自由化与全球化相伴而生，私有化、解除管制、建立灵活的劳动力市场和对世界经济开放是全球化的主要手段。世界市场将成为自由化的市场，没有任何壁垒和民族国家限制（黄光耀，2014）。而中国在实践中紧紧抓住全球化机遇，为中国学者对全球化理论进行深入研究创造了动力和条件。例如，张幼文（2015）提出生产要素的国际流动理论，即当代全球化经济的本质特征和微观基础是生产要素的国际流动，其决定了当代全球化经济的基本运行机制。

8.2　亚洲参与全球化的实践经验

8.2.1　东亚：以多层次格局参与全球化，但尚未建立统一自由贸易区

东亚许多国家和地区自 20 世纪 50 年代以来，推行经济国际化战略，积极开展区域合作，促使东亚经济增长率处于较高水平，产生了"东亚奇迹"。比较有代表性的是日本、亚洲"四小龙"、中国和东盟等经济体。

日本于 20 世纪 50 年代确立"贸易立国"战略，1955 年加入"关税及贸易总协定"，1960 年加入 OECD，实行贸易自由化。在此背景下，日本对外贸易迅猛发展，在 1970 年成为仅次于美国和德国的世界第三大贸易国。70 年代，日本从加工贸易立国转向技术立国的道路，制定大量优惠政策以引进科技并进行自主创新，使自身科技取得极大进步，进而推动经济发展。1993 年，日本人均国民生产总值超过 3 万元，仅次于瑞士，远远超过美国、德国、法国和英国。

亚洲"四小龙"在二战以后先后采取进口替代战略，在工业化取得一定发

展后，利用美国和日本产业结构调整的机会，发挥劳动力资源的优势，将进口替代战略调整为出口导向战略，使得出口贸易大幅增加，从而拉动经济增长。在发展出口导向经济的过程中，亚洲"四小龙"不断进行产业结构升级调整。最初出口的是劳动密集型轻工业产品，20 世纪 70 年代以后提升产业结构，转向发展并出口重工业和化学工业，80 年代以后，积极应对技术革命的挑战，集中力量发展并出口电子产业等技术型产业。90 年代，这四个经济体受到亚洲金融危机的巨大冲击，之后一段时期亚洲"四小龙"的经济逐步恢复，并且便利的营商环境、世界领先的基础设施建设等优势，使其经济竞争力处于亚洲经济体前列，在 2016 年度亚太经济体竞争力排名中，新加坡、中国香港、韩国和中国台湾分列第 1 名、第 2 名、第 3 名、第 4 名（博鳌亚洲论坛，2017：35—36）。

在新中国成立之初，为了建立起比较完备的工业体系以降低对外国工业品的依赖，中国政府采取对外贸易管制和贸易保护政策。自 1978 年改革开放以来，中国一方面发挥劳动资源优势，发展两头在外的加工出口企业；另一方面通过设立经济特区、开放沿海港口城市、设立沿海沿江沿边开放地带，以及改革贸易体制、兴办三资企业等方式积极引进外国的资金、技术、人才、管理经验。进入 21 世纪以来，中国不仅积极吸引外国企业到中国投资办厂，还组织和推动国内有条件的企业到国外投资办厂和跨国经营，利用国外的市场和资源，全面提高对外开放水平。随着中国综合实力的增强，中国在坚持改革开放促进经济发展的同时，兼顾其他国家和世界经济的平衡发展。自 2013 年以来，中国提出"一带一路"倡议，积极发展与"一带一路"共建国家和地区的经济合作伙伴关系，目标是促进经济要素有序自由流动、资源高效配置和市场深度融合，推动"一带一路"共建国家和地区实现经济政策协调，开展更大范围、更高水平、更深层次的区域合作，共同打造开放、包容、均衡、普惠的区域经济合作架构①。"一带一路"倡议夯实了亚洲区域经济一体化的社会基础（孙

---

① 2015 年 3 月 28 日，国家发展改革委、外交部、商务部联合发布《推动共建丝绸之路经济带和 21 世纪海上丝绸之路的愿景与行动》，提出"一带一路"倡议的该目标。

奕等，2018）。

20世纪60年代，由泰国、马来西亚、菲律宾和印度尼西亚组成的东盟四国已经独立，这四个国家的共同点在于都拥有橡胶、油棕、石油等丰富的自然资源，它们在独立之初，工业发展都比较落后。因此，在独立之初，东盟四国实行进口替代战略，采取贸易保护主义政策抑制国外工业品的进口。在这一时期，东盟四国工业得到快速发展，但是这一模式存在弊端，如工业规模小、效率低、成本高、竞争力低等，弊端的显现促使各国由进口替代战略转向出口导向战略。70年代初，东盟四国大力引进外资和技术，推动外向型劳动密集型产业发展，80年代初，东盟四国又大力发展造纸、化肥、炼油、水泥和钢铁等重工业和化学工业。80年代末，东盟四国承接日本和亚洲"四小龙"的产业转移，重点推进家用电器、电子设备和汽车零部件等具有一定技术含量的劳动密集型行业发展。目前，由于东盟劳动力价格低廉，在中国劳动力价格上升的情况下，这些地区逐渐成为中国在制造业方面的有力替代者。

在发展模式方面，东亚地区还通过"雁行模式"实现经济赶超，创造出"东亚奇迹"。在20世纪六七十年代，实施出口导向战略的日本把先进产业从发达国家引进到日本国内，亚洲"四小龙"、东盟和中国又凭借劳动力廉价的优势得以承接日本转移出来的产业，以此追赶发达经济体。日本产业升级为亚洲"四小龙"、东盟和中国的产业升级腾出空间，形成日本—亚洲"四小龙"—东盟和中国这样的"V"形雁阵的产业转移顺序和多层次赶超格局。在20世纪90年代以后，由于日本经济低迷、美国出现新经济以及中国经济腾飞，雁行模式赖以维持的基础不复存在，因而瓦解。

在区域合作方面，以东盟为代表的合作组织在推动地区性合作方面起到重要作用。东盟是东亚地区政治、经济和安全一体化合作组织，是推动东亚地区区域合作的重要力量。东盟于1961年由马来西亚、菲律宾和泰国建立，1967年新加坡和印度尼西亚加入，此后成为一个次区域性政治经济组织。东盟一直致力于扩大内部经济合作，1992年1月正式成立东盟自由贸易区（Asean Free

Trade Area，AFTA），降低成员国之间的关税壁垒和非关税壁垒，以期加强东盟的区域一体化并促进东盟区域内贸易和投资。在 1997 年亚洲金融危机爆发以后，东盟国家在危机打击下，向日本、韩国和中国求助，在多次会议谈判之后，于 2000 年 5 月在泰国清迈的东盟"10＋3"财政部长会议上签署"清迈协定"，扩大了东盟互换协议（ASA）中货币互换的数量与金额，同时建立了中日韩与东盟国家货币的双边互换协议。该协定实际上是一个通过双边谈判达成的东亚地区的区域性合作协议。东亚地区逐步形成以东盟为中心的多种区域合作机制。其中，东盟与中日韩的（10＋3）合作以及东盟分别与中国、日本、韩国的（10＋1）合作机制已经发展成为东亚和东南亚地区合作的主要途径。2015 年 12 月 31 日，旨在建成一个有竞争力、发展平衡并与国际接轨的单一市场和生产基地的东盟共同体正式成立。东盟共同体的建立有助于亚洲区域和跨区域合作，为互联互通建设创造新动力，也有助于东亚乃至整个亚洲地区合力建设更加美好的未来。

在东亚整体区域经济一体化方面，相对于世界经济中其他地区区域经济一体化发展的速度和水平，东亚区域一体化发展比较缓慢，并没有像欧洲和北美一样实现自由贸易区的一体化。这主要是由于东亚地区各个国家在政治上分歧较大、经济上互补性不强，并且缺乏地区经济大国的推动。东亚许多国家更为重视与欧美等非亚洲国家合作、参与全球多边贸易体制，这导致东亚许多国家对欧美发达经济体的依赖程度较高。

综上所述，可以归纳东亚地区参与全球化具有四个方面的特点。一是由政府主导，政府通过强有力的方式对经济进行干预，很多东亚经济体用赶超型市场经济体制融入全球化。二是在国内工业建设具有一定基础以后，都转为采取外向型发展战略：通过对外开放、出口导向、引进外资等方式参与全球化，发挥劳动力和土地低廉的优势，参与发达国家主导的全球化过程。三是在一定时期形成联系紧密、互补性和动态性极强的阶梯发展序列和区域经济运行机制，即"雁行模式"。四是没有建立统一的东亚自由贸易区，至今未形成经济一体化的主导力量，对欧美发达经济体的依赖程度较高。

8.2.2　南亚：以外向型发展战略发挥后发优势，区域合作进程缓慢

在东亚各国实行外向型经济发展战略的启发下，南亚各国在 20 世纪 70 年代末开始调整经济发展战略，加速改革开放步伐并且推行经济自由化。比如，斯里兰卡发展出口导向型工业，积极引进外资；巴基斯坦鼓励外商投资，发展私人企业；印度将进口替代和促进出口相结合，并且向外国投资者开放多个部门，积极参与国际软件产业的分工，在服务领域开放方面取得突出成绩；孟加拉国大力吸引外国投资，创建出口加工区；马尔代夫实行小规模开放型经济政策，将旅游业、船运业和渔业发展为马尔代夫的经济支柱。南亚各国调整发展战略取得成效，经济平均增长率于 80 年代达到 5.2％。90 年代至今，印度经济的迅猛发展拉动整个南亚的经济发展，在 2016 年，南亚已经成为世界上经济增长最快的地区（陈利君、杨荣静，2017）。

在区域合作方面，二战以后，世界政治经济格局发生重大变化，经济全球化浪潮势不可挡，欧盟、东盟等区域性组织有效促进本地区国家之间的经济合作，而南亚各国独立以后关系紧张，与发达国家之间的经济差距越来越大。20世纪 70 年代，南亚各国认识到加强国际或者地区间合作的重要性，南亚需要联合起来，进行优势互补、共同发展，才能在经济全球化浪潮中取得进步。1985 年，在孟加拉国总理齐亚·拉赫曼的倡议下，南亚七国领导人于达卡举行首脑会议，会议通过《南亚区域合作宣言》和《南亚区域合作联盟宪章》，南亚区域合作联盟（简称"南盟"）正式成立。在南盟成立初期，各成员国政局不稳定，国际冲突问题层出不穷，导致各成员国无法投入时间精力发展地区合作。尽管印度和巴西这两个国家在南盟内经济发展较为领先，但两国关系紧张，无法对南盟的发展作出贡献。因此，南盟的经济合作进程缓慢，很多关键问题如关税、非关税壁垒、信息失灵、财政困难、过境问题等都没有解决。一

直到 2004 年 1 月，南盟在伊斯兰堡举行首脑会议，七国首脑签署《伊斯兰堡宣言》和《南亚自由贸易协定框架条约》等重要文件，成为南亚区域合作的里程碑。此后，南亚自由贸易区建设取得一系列进展，尤其是在能源合作领域取得显著成绩。但是，自由贸易区内的主要成员国不愿意彻底放弃贸易保护主义政策，据统计，南亚各国列出不减免关税的所谓"敏感商品"占到区域内贸易商品总数的近 53%，基本包含区域贸易中占主要份额的大宗商品（郎平，2014）。

南亚地区参与全球化具有三个方面的特点。一是大多数南亚国家采取外向型发展战略，通过积极引进外资或接受外国援助、利用劳动力资源优势发展出口导向型经济。二是南亚国家在参与全球化的过程中，充分发挥后发优势，使其经济得到迅速发展。三是区域合作进程缓慢，受制于南亚一些国家之间关系紧张以及国际冲突等因素，加上主要成员国不愿意彻底放弃贸易保护主义政策，南亚区域合作少见成效。

8.2.3　中亚：逐步扩大开放步伐，一体化形式日趋完善

中亚五国原是苏联的五个加盟共和国，随着 1991 年苏联解体，中亚五国走上独立之路。在独立之后，哈萨克斯坦和吉尔吉斯斯坦走的是自由竞争道路，而乌兹别克斯坦、土库曼斯坦走的是政府主导的开放道路，塔吉克斯坦的发展道路则介于自由竞争和政府主导两者之间。

哈萨克斯坦实行贸易自由化，创办合资企业和自由贸易区，还加入独联体、欧亚经济共同体、上海合作组织和西亚经济合作组织等。自 2000 年起，对外贸易额平均以每年 30% 以上的速度增长（佚名，2014：52）。同时，哈萨克斯坦还积极吸收外国资本，给予外国企业国民待遇和优惠的关税待遇。

吉尔吉斯斯坦为外国投资者创造良好的投资环境，保护外国投资者的权利，规定外国投资者拥有与本国投资者同等的法律地位和待遇，允许外国投资

者购买吉尔吉斯斯坦本国公司的股票和证券，外国投资者还可以撤回资本，自由返回利润，就如同使用外币生产产品和购买商品及服务一样。

乌兹别克斯坦实行有计划的对外开放政策。20 世纪 90 年代，乌兹别克斯坦对外贸易的市场开放程度低，国家进口管制严格。为了保护民族工业，乌兹别克斯坦政府制定较高的进口关税，限制乌兹别克斯坦的贸易发展。随着世界经济一体化进程的展开，乌兹别克斯坦逐渐参与世界经济，积极引进外资，实行进口替代和出口导向的战略，并且逐步推进市场经济改革，形成现代化的外贸基础结构。近年来，乌兹别克斯坦不断改善营商环境，加上储量丰富的石油资源、天然气资源、大量的棉花作物以及汽车、食品生产、机械和化工等行业，吸引了许多外国投资者。

土库曼斯坦从 1990 年开始，在 20 多年里经济处于封闭状态。土库曼斯坦拥有丰富的石油、天然气等矿产资源，出口能源使其国民生活有了基本保障。但是，过度依赖能源出口造成经济结构单一，并且由于没有自主的油气出口渠道而依赖苏联原有的油气管线，其出口能源的数量和过境费均受制于俄罗斯，这给土库曼斯坦的经济带来很大的不确定性。与此同时，由于没有足够的资金且其能源开发技术较为落后，土库曼斯坦选择借助外国的投资和先进技术来发展本国石油天然气产业。土库曼斯坦凭借油气资源优势与中国、俄罗斯等众多国家开展广泛合作，实施"能源外交战略"。2010 年以后，土库曼斯坦加快对外开放步伐，对外国投资出台一系列优惠政策，并向外国投资者保证法律的稳定性，这一系列开放政策促进了土库曼斯坦的经济增长，2015 年其人均 GDP 年增长率高达 8.9%。

在塔吉克斯坦独立之初，国家内部的民族争端制约了塔吉克斯坦的经济发展。在国际金融机构的督促下，塔吉克斯坦于 1997 年 6 月开始结构性改革，其中包括改善投资环境、吸引外资。经过一段时间的探索，塔吉克斯坦的国家战略导向逐渐清晰，其政府奉行开放的对外经济政策，积极寻求国际社会的投资和援助，制定一系列政策，努力改善本国投资环境（韩露等，2017：53—

57)。虽然塔吉克斯坦经济结构单一、交通条件落后，但受到国际社会的广泛支持，俄罗斯、中国等国家和世界银行、亚洲开发银行、欧洲复兴开发银行等国际金融机构给予其大量投资和援助，该国现已逐渐融入世界经济体系，发展前景也较为乐观。

在中亚区域经济一体化方面，中亚国家一体化的形式日趋完善。于 1990 年签订的《经济、科技与文化合作协议》，标志着中亚开始走向区域经济一体化。1995 年 4 月，哈萨克斯坦、吉尔吉斯斯坦和乌兹别克斯坦三国正式决定建立中亚联盟，在经济、政治、外交、军事等领域加强合作。1998 年，中亚联盟更名为中亚经济共同体。塔吉克斯坦于 1999 年 7 月加入中亚经济共同体，四国一起加快经济一体化的步伐和自由贸易区的建立速度。2002 年，四国领导人签署协议，决定成立中亚合作组织，替代中亚经济共同体继续开展中亚国家之间的经济合作。2004 年 10 月 18 日，俄罗斯正式加入中亚合作组织并加入欧亚经济共同体。

中亚经济体参与全球化有两个方面的特点。第一，虽然在独立之初，每个国家对外开放的程度不一样，但是随着世界经济一体化进程的推进以及在开放过程中获得红利，中亚国家开放的步伐都有所加快。第二，中亚国家一体化程度比较高，有利于在经济、政治、外交和军事等领域进一步加强合作。

8.2.4　西亚：以出口能源参与世界市场，一体化程度较高

独立之初的西亚国家在工业基础上较为薄弱，为了保护民族工业的发展，大多数西亚国家首先选择内向型进口替代工业化发展战略，用本国生产的产品代替传统的进口产品，用本国资源生产自己所需的工业制成品，用关税或者进口配额等方法限制进口、保护民族工业。同时，限制外国投资，发展国营经济。但是，从 20 世纪 80 年代开始，世界经济全球化进程加快，进口替代战略无法适应新的世界经济形势，国内企业处于被保护的环境。因而缺乏竞争压力

和创新动力，影响国内工业进一步发展。此外，产油国对石油资源过分依赖，造成国内经济单一，经济收入在很大程度上受到国际油价的影响。基于以上种种原因，西亚国家从 20 世纪 80 年代开始进行经济调整和改革。

首先，从进口替代战略转向出口导向战略，用劳动密集型工业制成品的出口取代粗放型初级产品的出口，生产面向世界市场的产品。比如，以色列从 20 世纪 60 年代末就开始重点发展出口导向型工业和高技术工业。1970—1990 年，在以色列出口的工业品中，电动设备和电子工业的比重从 1.7％上升到 15.1％，出口的运输设备工业的比重从 1.4％上升到 5.6％，整个工业部门的出口额占全国出口额的比重在 1989 年已经上升到 47％（杨光，1997：26—28）。土耳其的开放也走在西亚各国前列。土耳其吸收东亚国家出口的良好经验，发展外向型经济。1997 年，土耳其的出口份额占到其 GDP 的 54％。

其次，开放资本市场，大力引进外资，推进自由化，扩大对外开放。在西亚国家中，以色列、土耳其、约旦及海湾阿拉伯国家合作委员会（简称海湾合作委员会）成员国是这一方面的佼佼者，它们一直保持较低关税。以色列从 1975 年开始，签订一系列自由贸易协定，使其出口迅猛增加，从 1987 年的 720 亿美元增长到 1997 年的 2 070 亿美元，1997 年出口的高新技术产品占到三分之一。

最后，减少对石油资源的依赖，发展多样化产品。许多西亚国家拥有丰富的石油资源，2015 年，沙特阿拉伯已探明石油储量为 2 660 亿桶，约占全球总储量的 25％，按照 2015 年报告的平均日产 1 020 万桶的速度，沙特阿拉伯的储量还可以开采 70 年。但是，这些国家过度依赖石油资源造成本国经济结构单一，国际市场油价波动会严重影响这些国家的经济发展。因此，这些国家为了摆脱单一的经济结构，在发展石油产业的同时，也大力发展非石油的加工出口产业。比如，巴林大力发展水利和电力工业，阿曼推进钢材加工业发展，阿联酋着重发展水泥、造纸和食品加工业。

在区域经济一体化方面，海湾合作委员会是中东地区重要的区域性组织之一。1981 年，西亚六个海湾阿拉伯国家（阿联酋、阿曼、巴林、卡塔尔、科威特和沙特阿拉伯）的首脑在阿联酋举行会议，成立海湾合作委员会，该委员会的目的是"加强六个成员国在一切领域的协调、合作和一体化"。但是，由于受到海湾地区和中东地区政治形势的影响，一直到 20 世纪 90 年代以后，海湾合作委员会才在经济合作方面取得实质性进展。1997 年第十八届海湾合作委员会首脑会议决定实施一列政策举措，在政治、安全、军事、经济、社会和法律等六个方面加强海湾国家之间的合作。2009 年第三十届海湾合作委员会首脑峰会宣布海湾货币联盟启动，2010 年在沙特利雅得成立货币委员会，最终建立海湾中央银行，发行海湾统一货币。2014 年在多哈召开的第三十五届海湾合作委员会首脑会议，批准海合会国家在种植和加工领域作为试点统一实施食品法律体系，同时还批准继续促进海湾国家金融市场一体化相关计划。

西亚地区的经济发展有三个方面的特点。第一，绝大多数西亚国家都经历了从进口替代战略发展到出口导向战略、逐步开放资本市场、大力引进外资的开放过程。第二，由于西亚地区石油资源丰富，西亚很多国家通过出口石油等参与世界市场，逐步重视发展多样化产品。第三，西亚的海湾国家之间一体化程度比较高，但是西亚地区整体的一体化程度受政治形势的影响比较大。

8.3　亚洲参与全球化的实践逻辑与亚洲经济崛起

8.3.1　亚洲经济全球化的四个发展阶段

从 18 世纪 60 年代第一次工业革命爆发一直到今天，亚洲参与经济全球化的过程可以大致分为四个阶段（复旦大学亚洲研究中心，2006：123）。

第一个阶段是从第一次工业革命以后世界市场初步形成一直到二战期间，

亚洲与非洲、美洲一起在欧美资本主义国家的殖民或半殖民统治下，为西方国家提供原材料和产品销售市场，为西方国家创造出大量垄断利润。在这一阶段，除了日本以殖民者的身份参与世界市场外，其他亚洲国家或地区都因遭受殖民统治而被动卷入世界市场。

第二个阶段是从二战以后到 20 世纪 70 年代，亚洲各国掀起民族解放运动，亚洲国家纷纷独立，集中力量发展民族工业和国内经济。韩国、中国香港、中国台湾、新加坡等新型工业化经济体在这一阶段主动适应全球化浪潮，借助西方国家产业结构转型的机会，承接劳动密集型产业，利用外商投资和劳动红利优势迅速振兴经济。西亚许多国家在这一时期通过出口石油积累大量财富，经济迅速崛起。此外，于 1945 年成立的阿拉伯国家联盟、1967 年成立的东南亚国家联盟等组织，还对促进区域内的经济合作作出重要贡献。

第三个阶段是 20 世纪 80 年代至 2021 年。这一阶段交通运输技术和信息技术迅猛发展，世界市场紧密联系，生产要素在全球范围内更加自由地流动。中国、印度等许多亚洲国家实行改革开放，它们的经济高速前进，给亚洲经济注入活力，使亚洲成为世界经济体系中的重要力量。亚洲加强区域性经济的联系，比如，亚洲太平洋经济合作组织、"东盟＋3（中国、日本、韩国）"、中国—东盟自由贸易区、上海合作组织、阿拉伯经济统一理事会、海湾合作委员会、阿拉伯共同市场、"一带一路"倡议等，起到减少贸易壁垒、加强成员之间经济合作的重要作用。此外，亚洲国家积极参与全球治理，在有关全球化规则的制定上争取发言权。

第四个阶段是 2022 年 RCEP 生效后至今。在"逆全球化"加剧的背景下，中国、日本、韩国、澳大利亚、新西兰五国以及东盟十国签署的 RCEP 正式生效，标志着全球经济体量和发展潜力最大的自由贸易区成立。这对于促进区域经济一体化、提高亚洲地区投资贸易便利化具有深远影响。

8.3.2　亚洲的国际直接投资增长迅速

1. FDI 流入量

自 20 世纪 90 年代以来，亚洲各地区吸收 FDI 情况如图 8-1 所示。

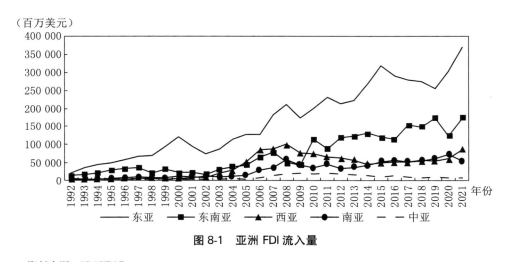

图 8-1　亚洲 FDI 流入量

资料来源：UNCTAD。

东亚①地区吸收外资数量最大，从 1992 年的 195 亿美元增长至 2021 年的
3 704 亿美元。东亚地区占全球 FDI 流入量总额的比重从 1992 年的 11％上升
到 2021 年的 23％左右；无论从规模还是增速来看，东亚地区都在亚洲居于领
先地位。1997 年亚洲金融危机对东亚整体 FDI 并没有造成很大的影响，东亚
FDI 在金融危机之后依然保持稳定增长。在 2008 年全球金融危机之后，东亚
FDI 有明显下降趋势，但是到 2010 年又迅速复苏。2020 年初暴发的新冠肺炎
疫情并未使东亚 FDI 遭受打击，其反而实现逆势增长。图 8-2 显示了东亚地区
主要经济体 FDI 流入量的变化情况。中国吸收的 FDI 规模在东亚地区处于领
先地位，2021 年中国 FDI 流入量达 1 810 亿美元，成为外资进入的主要经济

———————————
① 本小节的"东亚"指的是东亚（狭义）。

（百万美元）

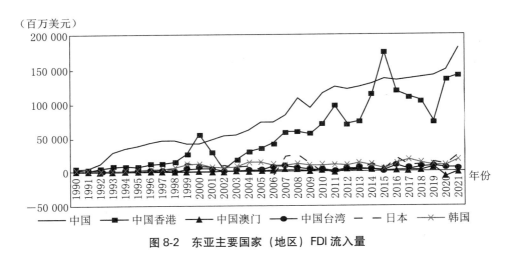

图 8-2　东亚主要国家（地区）FDI 流入量

资料来源：UNCTAD。

体。其次是中国香港，这是由于香港的跨境并购活动和基建活动增加，资金更频繁进出香港，除了大型跨国企业来香港投资外，越来越多内地企业、中小企和创业企业也来香港发展（黄旖琦，2015）。

　　东南亚地区吸收外资的规模从 1992 年的 127 亿美元增长至 2014 年的 1 342 亿美元，2016 年回落到 1 011 亿美元，2017 年后略有上升。2020 年明显回落，2021 年又恢复到正常水平。特别是在经历 1997 年亚洲金融危机后，东南亚的 FDI 流入量受到影响，1998 年明显下降，虽然到 1999 年快速复苏，但 2000—2001 年又严重受挫，直到 2003 年才步入缓慢回升增长阶段。2008 年，东南亚经济体再次遭受金融危机，2009 年其 FDI 流入量大幅下降，但到 2010 年又迅速回升。2015 年，东南亚地区再次成为吸引 FDI 的主要目的地之一，外国投资总额达 1 200 亿美元，占外资对全球发展中经济体投资总额的 16％。东南亚地区最主要的国外投资者是大型跨国公司。这些跨国公司在制造业、金融业、基础设施以及其他服务业等领域不断增加在东盟的投资金额。东盟的跨国公司尤其是中小企业也快速成长，在东盟内部进行跨国投资，因此也提升了东盟吸引外资的总额。

　　西亚地区 FDI 流入量从 2002 年开始一直到 2008 年全球金融危机爆发之

前，都保持良好的增长态势，西亚国家进行经济体制改革、实行开放政策均取得成效。受到 2008 年全球金融危机的影响，西亚 FDI 流入量连年下降，直至 2015 年下降趋势才有所放缓。除了受到金融危机的影响，阿拉伯国家政治和社会的动荡也是导致西亚 FDI 下降的主要原因之一。

南亚和中亚的 FDI 流入量整体呈现上升趋势。特别是进入 21 世纪，这两个地区的 FDI 流入量增长速度加快。2008 年金融危机对南亚 FDI 造成一定冲击，但 2012 年以后有所回升，特别是在 2014 年，南亚地区的 FDI 流入量首次超过西亚地区。

表 8-1 列出了 20 世纪 90 年代初期和最近年度全球 FDI 和亚洲 FDI 流入情况。2017 年，全球 FDI 流入量下降了 23.4％，其中，跨国并购出售额下降了 21.8％，而绿地投资金额下降了 13.6％。可以看出，全球 FDI 流入量下降的主要原因是 2017 年超大型并购及企业重组情况比 2016 年减少（UNCTAD，2017：49—56）；而流入发达经济体的 FDI 下降幅度更大，达到 37.1％，主要原因同样跨国并购的出售额下降，但是流入亚洲发达经济体以色列的 FDI 在近几年大幅上升。以色列近年吸引大量外部资本进入市场，主要是因为以色列的人才、创新以及移动互联网快速发展；此外，很多投资者认为犹太青年创业者嗅觉极其灵敏、试错成本低，对于高频交易、与现金相关的、快速回本营收流转的行业几乎呈现全民狂热的蜂拥态势，因此将目光投向以色列。在亚洲的发展中经济体中，中国、中国香港、新加坡、印度、印度尼西亚的 FDI 流入量名列前茅，2021 年全年 FDI 流入的金额分别为 1 810 亿美元、1 047 亿美元、991 亿美元、447 亿美元、201 亿美元。

以色列、韩国和日本作为亚洲发达经济体，流入这三个国家的 FDI 以跨国并购的形式居多。2017 年，以色列的跨国并购出售额和绿地投资金额分别是 192 亿美元和 31 亿美元，日本的分别是 83 亿美元和 70 亿美元。而对于亚洲发展中经济体而言，通过绿地投资进入的 FDI 居多。如表 8-1 所示，2017 年，通过绿地投资流入亚洲发展中经济体的金额为 2 105 亿美元，而跨国并购出售额为 794 亿美元。尤其是中国、越南、土耳其等国的跨国并购出售额与绿地投资金额差距悬殊。绿地投资可以为这些国家带来更多就业机会和资金，对于海外投资者而言，通过绿地投资创建企业，可以拥有更多自主权，能更大程度地维持公司在技术和管理方面的垄断优势从而在市场竞争中取胜。

表 8-1　亚洲经济体 FDI 流入及其形式

	国际直接投资流入额 (以 10 亿美元计)				跨国并购出售额 (以 10 亿美元计)		绿地投资金额 (目的地) (以 10 亿美元计)	
	1992 年	2016 年	2017 年	2021 年	2017 年	变化率	2017 年	变化率
全球总额	162.9	1 867.5	1 429.8	1 582.3	694.0	−21.8%	720.3	−13.6%
发达经济体	107.8	1 133.2	712.4	745.7	568.9	−29.5%	318.4	25.3%
亚洲发达经济体	3.1	23.3	29.4	71.1	27.5	5.9%	——	——
以色列	0.3	11.9	19.0	29.6	19.2	279.4%	3.1	127.5%
韩国	1.0	12.1	17.1	16.8	6.8	——	5.4	−45.2%
日本	2.8	11.4	10.4	24.7	8.3	−60.1%	7.0	−17.8%
发展中经济体	53.5	670.2	670.7	836.6	112.3	48.8%	366.5	−28.7%
亚洲发展中经济体	33.4	475.3	475.8	619.0	79.4	66.4%	210.5	−39.1%
东亚	16.8	269.8	264.5	328.9	35.0	32.1%	69.7	−15.3%
中国	11.0	133.7	136.3	181.0	8.3	−25.3%	53.4	−14.5%
中国香港	3.9	117.4	104.3	140.7	18.4	118.4%	6.7	6.7%
朝鲜	0.0	0.0	0.1	0.0	——		0.0	
中国澳门	0.0	1.5	2.0	0.3	0.2		0.1	−62.8%
蒙古国	0.0	− 4.2	1.5	2.1	——		0.8	37.1%
中国台湾	0.9	9.2	3.3	5.4	1.4	−81.5%	3.2	16.5%
东南亚	12.7	120.6	133.8	175.3	16.7	123.9%	69.1	−46.2%
文莱	0.0	− 0.1	− 0.0	0.2	0.0		0.1	−73.0%
柬埔寨	0.0	2.5	2.8	3.5	0.3	13.0%	2.3	−55.1%
印度尼西亚	1.8	3.9	23.1	20.1	2.2	−297.1%	9.8	−57.2%
老挝	0.0	1.0	0.8	1.1	——	−100.0%	0.5	−64.1%
马来西亚	5.1	11.3	9.5	11.6	2.0	−49.9%	6.3	−68.6%
缅甸	0.1	3.0	4.3	2.1	0.1	−27.9%	2.6	−75.3%
菲律宾	0.8	6.9	9.5	10.5	1.8	123.5%	4.8	−55.2%
新加坡	2.2	77.5	62.0	99.1	9.9	122.1%	16.1	30.8%
泰国	2.2	2.1	7.6	11.4	0.0	−98.8%	5.3	−37.7%
东帝汶	——	0.0	0.0	0.1	——		0.1	
越南	0.5	12.6	14.1	15.7	0.7	−22.0%	21.3	−42.4%
南亚	0.8	54.2	52.0	52.4	22.9	167.6%	35.4	−59.6%
阿富汗斯坦	0.0	0.1	0.1	0.0	——		0.0	
孟加拉国	0.0	2.3	2.2	2.9	0.0	−99.4%	0.7	−88.6%
不丹	——	− 0.0	0.0	0.0	——		0.0	
印度	0.3	44.5	39.9	44.7	22.8	186.0%	26.0	−57.9%
伊朗	0.0	3.4	5.0	1.4	0.0		2.5	−79.4%

续表

	国际直接投资流入额 （以 10 亿美元计）				跨国并购出售额 （以 10 亿美元计）		绿地投资金额 （目的地） （以 10 亿美元计）	
	1992 年	2016 年	2017 年	2021 年	2017 年	变化率	2017 年	变化率
马尔代夫	0.0	0.5	0.5	0.4	—	−100.0%	0.1	−20.0%
尼泊尔	—	0.1	0.2	0.2	—	−100.0%	0.2	95.5%
巴基斯坦	0.4	2.5	2.8	2.1	0.1	−65.2%	5.1	4.3%
斯里兰卡	0.1	0.9	1.4	0.6	0.0	−100.8%	0.7	−68.4%
西亚	3.1	30.8	25.5	55.5	4.7	−8.9%	36.3	−22.9%
巴林	0.9	0.2	0.5	1.8	—	−100.0%	1.3	−66.5%
伊拉克	0.0	6.3	5.0	2.6	—	—	2.8	−28.2%
约旦	0.0	1.6	1.7	0.6	0.0	—	1.1	−67.2%
科威特	0.0	0.4	0.3	0.2	2.4	−16.2%	0.3	−79.3%
黎巴嫩	0.0	2.6	2.6	0.3	0.1	−116.8%	0.1	−12.0%
阿曼	0.1	1.7	1.9	3.6	0.0	−88.0%	4.5	31.8%
卡塔尔	0.0	0.8	1.0	1.1	—	−100.0%	0.4	−41.2%
沙特阿拉伯	0.3	7.5	1.4	19.3	—	—	7.1	−39.9%
巴勒斯坦国	—	0.3	0.2	0.3	—	—	0.0	—
叙利亚	0.1	—	—	—	—	—	0.0	5 637.5%
土耳其	0.8	12.9	10.9	12.5	1.9	4.5%	9.9	7.3%
阿拉伯联合酋长国	0.1	9.6	10.4	20.7	0.8	—	9.2	−6.2%
也门	0.7	−0.6	−0.3	—	0.0	—	0.0	−100.0%
中亚	0.1	11.2	7.2	7.0	12.6	166.0%	8.6	−79.7%
哈萨克斯坦	0.1	8.1	4.6	3.2	0.0	127.6%	7.1	−82.3%
吉尔吉斯斯坦	—	0.6	0.1	0.2	—	—	0.1	−50.5%
塔吉克斯坦	0.0	0.2	0.1	0.1	—	—	0.0	−100.0%
土库曼斯坦	0.0	2.2	2.3	1.5	—	—	0.0	−100.0%
乌兹别克斯坦	0.0	0.1	0.1	2.0	0.0	—	1.4	−11.3%

资料来源：根据 UNCTAD 数据计算得出。

引进外资依存度指数可以衡量一个经济体对另一个经济体流入的直接投资的依赖程度，其计算方法是用一个经济体从另一个经济体流入的外国直接投资占其外资流入总额的比值。2021 年亚洲部分经济体直接投资相互依存的情况如表 8-2 所示。中国有 88.75% 的 FDI 来源于亚洲内部，其中 75.95% 的外资都来源于中国香港。韩国、印度尼西亚、东盟和 RECP 参与国对引进亚洲外资的依存度也比较高，都超过 40%，而在日本、韩国、印度、新加坡和东盟的 FDI 中，还有相当一部分来源于美国和欧盟。中国从 RCEP 参与国中引入的外资为 11%，日本、韩国、印度等国家对于 RCEP 的外资依赖度高于中国。

表 8-2　2021 年亚洲部分经济体引进外资依存度指数（%）

经济体 X	经济体 Y												
	中国	日本	韩国	中国香港	印度	印度尼西亚	新加坡	东盟	RCEP	亚洲	美国	欧盟	其他
中　国	0	2.26	2.33	75.95	0.004	0.01	5.96	6.10	10.87	88.75	1.42	2.94	6.89
日　本	2.98	0	4.61	45.23	-0.001	0.12	21.67	21.64	39.42	84.78	31.02	-13.28	-2.52
韩　国	2.60	15.33	0	19.55	-0.24	0.11	53.68	53.44	60.37	82.74	4.65	30.25	-17.63
中国香港	51.12	2.35	-0.77	0	0.03	0.11	-10.33	-17.06	35.02	40.98	1.69	9.98	47.35
印　度	0.46	5.20	1.84	0.35	0	0.02	27.13	27.26	36.23	38.16	22.89	28.05	10.90
印度尼西亚	27.23	5.04	5.29	11.97	0.63	0	67.44	63.57	101.98	116.28	-7.86	16.61	-25.02
新加坡	2.58	3.12	1.73	2.15	-0.43	2.84	0	6.36	13.19	17.03	26.74	8.72	47.51
东　盟	7.72	6.63	3.97	4.67	1.11	0.69	8.85	13.13	31.78	40.69	22.32	14.80	22.18
RCEP(15)	3.78	8.04	3.06	37.05	0.43	0.31	11.16	13.16	28.46	69.24	10.78	8.34	11.64
CPTPP(11)	2.71	7.31	3.39	3.54	-0.21	1.31	3.73	6.88	21.81	29.16	28.50	3.35	38.99
亚　洲	10.15	5.80	2.07	22.12	-0.000 2	0.20	9.65	12.97	47.40	54.50	11.79	11.84	21.87
美　国	0.07	12.05	2.52	-0.60	0.31	0.02	0.83	0.88	15.27	15.82	0	44.15	40.03

注：百分比为负值表明当年经济体 Y 流入经济体 X 的直接投资为负值，即从经济体 Y 到经济体 X 的资金净流出。

资料来源：《亚洲经济一体化进程 2023 年度报告》。

2. 对外直接投资情况

图 8-3 反映了 1990—2021 年亚洲各地区对外直接投资量的变动情况。可以看出，东亚地区对外直接投资遥遥领先于其他几个亚洲区域，从 1992 年的 329 亿美元上升到 2021 年的 4 520 亿美元，2019 年达到最高点，为 4 707 亿美元。在东亚国家中，中国的对外直接投资于 2016 年大幅上升 44%，达 1 830 亿美元，这是中国第一次成为全球第二大对外投资国，仅次于美国（为 2 990 亿美元）。自 2009 年以来，东南亚对外直接投资金额一直维持在 500 亿美元左右，2014 年达到高峰，接近 900 亿美元。而西亚和南亚的对外直接投资金额都低于 500 亿美元。整体而言，亚洲各大板块的对外直接投资量还是存在很大差距的。

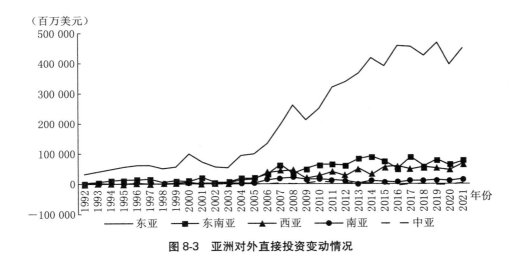

图 8-3　亚洲对外直接投资变动情况

注：由于中亚五国数据存在较多缺失，且其对外直接投资量较小，故未列出。
资料来源：UNCTAD。

表 8-3 反映了亚洲经济体对外直接投资的金额及形式。2021 年，亚洲发达经济体和发展中经济体对外直接投资金额分别为 2 173 亿美元和 2 931 亿美元，亚洲成为对外直接投资唯一增长的地区。日本和中国的对外直接投资处于全球领先地位，在 2021 年分别达到 1 468 亿美元和 1 788 亿美元。

表 8-3　亚洲经济体对外直接投资金额及形式

	对外直接投资金额（以 10 亿美元计）				跨国并购购买额（以 10 亿美元计）		绿地投资金额（作为来源地）（以 10 亿美元计）	
	1992 年	2016 年	2017 年	2021 年	2017 年	2017 年变化率	2017 年	2017 年变化率
全球总额	203.8	1 473.3	1 430.0	1 707.5	694.0	−21.8%	720.3	−13.6%
发达经济体	179.7	1 041.5	1 009.2	1 269.2	464.0	−34.1%	478.4	−4.6%
亚洲发达经济体	17.6	158.3	166.7	217.3	63.7	−44.7%	52.8	3.6%
以色列	0.3	13.1	6.3	9.7	−1.8	−104.3%	3.4	56.9%
韩国	1.4	30.0	31.7	60.8	12.6	175.2%	28.8	−10.7%
日本	17.3	145.2	160.4	146.8	65.4	−10.9%	49.4	1.2%
发展中经济体	22.5	406.7	380.8	293.1	201.3	17.6%	199.4	−38.0%
亚洲发展中经济体	17.2	384.7	350.1	394.1	193.8	18.3%	186.0	−38.4%
东亚	15.6	302.7	250.2	244.3	167.3	39.2%	111.4	−36.7%
中国	4.0	196.1	124.6	178.8	130.9	31.8%	54.1	−50.8%
中国香港	8.3	59.7	82.8	87.4	23.7	113.1%	11.9	−6.9%
中国澳门	—	1.0	0.3	1.5	0.0	−101.8%	0.0	−95.5%
蒙古国	—	0.0	0.0	0.1	—	—	0.1	349.3%
中国台湾	2.0	17.9	11.4	10.1	0.1	−98.2%	16.6	−20.2%
东南亚	2.5	39.0	55.0	75.8	16.4	24.5%	25.2	−61.0%
文莱	0.1	0.3	0.1	—			0.0	−100.0%
柬埔寨	—	0.1	0.3	0.1			0.0	
印度尼西亚	0.7	12.2	2.9	3.6	1.1	519.9%	0.2	−24.3%
老挝	0.0	0.0	0.0	—	0.6	−134.5%	0.0	
马来西亚	0.1	8.0	5.8	4.7	0.0		4.8	−76.3%
菲律宾	0.1	1.0	1.6	2.4	0.3	−16.1%	0.0	−100.0%
新加坡	1.3	27.9	24.7	47.3	12.9	104.6%	1.2	129.4%
泰国	0.1	12.4	19.3	17.3	2.7	−39.9%	14.9	−44.0%
东帝汶	—	0.0	—	—	—		3.4	−77.2%
越南	—	1.4	0.5	0.3	0.0	−46.1%	0.8	−63.9%
南亚	0.0	5.5	11.6	15.9	1.2	−85.8%	11.0	−48.0%
阿富汗斯坦	—	0.0	0.0	0.1	—		0.0	—
孟加拉国	0.0	0.0	0.2	0.1	—		0.2	30.6%
印度	0.0	5.1	11.3	15.5	1.2	−85.7%	9.8	−46.2%
伊朗	0.0	0.1		0.1		−100.0%	0.5	−70.3%
巴基斯坦	0.0	0.1	0.1	0.2		−100.0%	0.1	−75.7%
斯里兰卡	0.0	0.2	0.1	0.0		−59.5%	0.3	−0.4%
西亚	0.9	37.5	33.3	55.9	0.9	−230.7%	38.4	−4.4%
巴林	0.1	0.9	0.2	0.0			0.4	417.1%
伊拉克	—	0.3	0.1	0.1		−100.0%	0.0	—
约旦	0.0	0.0	0.0	0.0	0.1	−61.3%	0.1	−26.2%
科威特	1.2	4.5	8.1	3.6	0.6	−124.2%	3.9	182.9%

	对外直接投资金额 （以 10 亿美元计）				跨国并购购买额 （以 10 亿美元计）		绿地投资金额 （作为来源地） （以 10 亿美元计）	
	1992 年	2016 年	2017 年	2021 年	2017 年	2017 年 变化率	2017 年	2017 年 变化率
黎巴嫩	0.0	0.6	0.6	0.0	1.4	− 1 389.4％	1.1	72.4％
阿曼	—	0.4	0.4	0.5	1.6	− 76.1％	0.2	− 95.0％
卡塔尔	0.0	7.9	1.7	0.2	1.8	112.1％	0.6	− 18.6％
沙特阿拉伯	0.2	8.9	5.6	23.9	—	—	16.3	150.4％
巴勒斯坦国	—	0.0	0.0	− 0.1	—	—	0.0	
土耳其	0.1	2.7	2.6	4.9	0.2	− 78.4％	3.7	4.8％
阿拉伯联合酋长国	0.0	13.0	14.0	22.5	3.5	− 70.2％	12.2	− 49.3％
也门	—	0.0	0.0	—	—	—	0.0	

资料来源：根据 UNCTAD 数据计算得出。

　　在对外直接投资方式上，中国、中国香港以及新加坡的大多数对外直接投资是通过海外并购形式，而韩国大多数对外直接投资是通过绿地投资形式。就亚洲发展中经济体而言，2017 年以跨国并购形式进行的国际直接投资比 2016 年上升了 18.3％，其中，东亚地区上升了 39.2％，东南亚地区上升了 24.5％，而 2017 年亚洲发展中经济体对外的绿地投资整体呈下降态势，降幅达到 38.4％，2017 年全球的绿地投资下滑 13.6％，尤其是服务业的绿地投资下滑严重，而制造业中的化学品和电子产品的绿地投资有所上涨，但是长期来看也处于颓势（钱志清，2018）。

8.3.3　亚洲融入全球价值链体系

1. 亚洲货物服务进出口和贸易依存度概况

　　自 20 世纪 90 年代以来，亚洲国际贸易迅速发展。图 8-4 是 1990—2021 年亚洲货物贸易总值及其在全球货物贸易中的份额。从该图中可以看出，亚洲各

年度的货物出口数额高于货物进口数额，亚洲的货物贸易处于顺差状态，这与
亚洲加工贸易发展比较迅速以及很多亚洲国家鼓励出口的政策相关。此外，亚
洲的货物出口和货物进口占世界的比重都呈现上升趋势，货物出口占比从
1990 年的 22.7％上升到 2021 年的 35％；货物进口占比从 1990 年的 21.2％上
升到 2017 年的 38％。亚洲货物进出占比上升的原因在于，一方面亚洲各国主动
拥抱全球化，借助外资发展本国经济并积极开展国际贸易，使得亚洲各国逐渐成
为全球产业链分工的重要组成部分；另一方面基本的交通运输、信息技术、生产
水平等各方面的发展，使得生产可以在时间和空间上进行分割与组合。

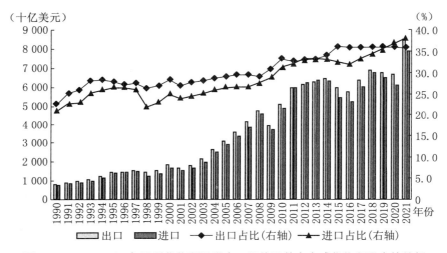

图 8-4   1990—2021 年亚洲货物贸易进出口总值及其在全球货物贸易中的份额

资料来源：WTO 数据库。

从近几年的情况来看，2015 年和 2016 年的亚洲货物进口和出口总值均有
所下降，但是占世界的比重并未出现明显波动，表明亚洲在货物贸易上的地位
比较稳定。2017 年，亚洲货物进出口与 2016 年相比均有所增长，其中货物进
口占世界的比重由 2016 年的 32.1％上升至 2017 年的 33.2％，亚洲在货物进口
上对世界经济作出的贡献越来越大。2021 年，亚洲货物进出口迅速增长，从
新冠疫情中复苏的迹象明显。

表 8-4 展示了不同区域发展中经济体的商品贸易情况。2017 年亚洲发展中

表8-4 不同区域发展中经济体的商品贸易情况

经济体	出口					进口				
	价值（以十亿美元计） 2017年	在世界占比（%）2016年	在世界占比（%）2017年	年变化率（%）2016年	年变化率（%）2017年	价值（以十亿美元计）2017年	在世界占比（%）2016年	在世界占比（%）2017年	年变化率（%）2016年	年变化率（%）2017年
发展中经济体	7 433	42.7	43.2	−5	12	7 138	39.9	40.6	−5	13
亚洲发展中经济体	4 875	28.3	28.3	−5	11	4 600	25.0	26.2	−4	16
拉丁美洲	993	5.7	5.8	−4	12	1 011	5.9	5.8	−9	8
欧洲发展中经济体	189	1.1	1.1	0	11	282	1.5	1.6	−3	17
非洲	417	2.3	2.4	−10	18	534	3.1	3.0	−11	8
中东	961	5.2	5.6	−7	18	712	4.4	4.1	−5	1
世界	17 198	100.0	100.0	−3	11	17 572	100.0	100.0	−3	11
发达经济体	9 247	54.6	53.8	−1	9	10 032	58.0	57.1	−1	9
独联体国家	518	2.7	3.0	−16	24	402	2.1	2.3	−3	21

注：本表数据不含中国香港的货物再出口。
资料来源：WTO, 2018, "World Trade Statistical Review 2018"。

经济体的货物出口数额为 48 750 亿美元，占世界货物出口的 28.3%，比 2016 年增长 11%；货物进口数额为 46 000 亿美元，占世界货物进口的 26.2%，比 2016 年增长 16%。与世界其他发展中经济体相比，亚洲发展中经济体的进出口规模最大。特别是 2017 年亚洲发展中经济体的进口增长率高达 16%，而世界平均水平仅为 11%，亚洲发展中经济体的进口规模扩大显示其对外开放程度加大、消费能力提升。

服务贸易在世界经济体系中的作用日益加强。2005—2021 年，亚洲服务贸易总值及其在全球货物贸易中的份额如图 8-5 所示。与货物贸易相反，亚洲各年度的服务进口数额大于服务出口数额，亚洲服务贸易处于逆差状态，特别是自 2014 年以来，服务贸易的逆差进一步扩大，可能与亚洲在参与全球价值链的过程中服务业相关需求的增长有关（博鳌亚洲论坛，2018：49—59），其中，互联网相关服务、旅游业、交通运输业对亚洲服务业的贡献最大。

在 2008 年全球金融危机后的几年中，亚洲的服务贸易进出口占世界的比重迅速上升，引领全球经济复苏。2015 年以后，亚洲服务贸易进出口总值有所上升，服务贸易进口和出口占世界的比重较为平稳。

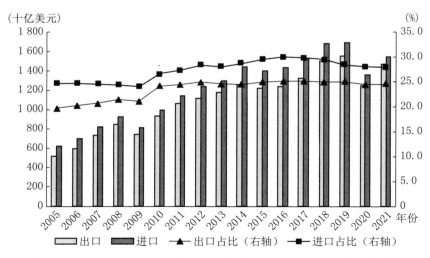

图 8-5　2005—2021 年亚洲服务贸易总值及其在全球服务贸易中的份额

资料来源：WTO。

　　在贸易依存度方面，亚洲部分经济体对亚洲整体的贸易依存度如图 8-6 所示。中国香港和新加坡对亚洲整体的贸易依存度指数超过 30%，这些经济体较为依赖亚洲市场，与亚洲内部其他经济体的贸易联系较为紧密。中国、日本、印度、泰国和印度尼西亚对于亚洲整体的依存度水平低于亚洲平均水平（约 13%）。随着 RCEP 的签订，亚洲主要经济体对亚洲的贸易依存度有望进一步增强。

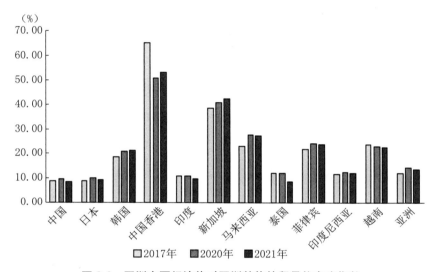

图 8-6　亚洲主要经济体对亚洲整体的贸易依存度指数

资料来源：《亚洲经济一体化进程 2021 年度报告》，世界银行 WITS 数据库。

　　为了衡量一个经济体对亚洲整体的货物贸易依存度，参考博鳌亚洲论坛发布的《亚洲经济前景及一体化进程 2023 年度报告》，该报告使用亚洲出口依赖度指数来分析亚洲经济体货物贸易融合进程。出口依赖度指数是一个综合性指数，由出口份额亚洲占比、贸易开放度和出口种类集中度三个子指标构成。近几年，亚洲经济体对亚洲区域内的出口贸易依存度有较大幅度提升，而美国和欧盟对亚洲经济体的贸易依存度则有所降低，具体情况如图 8-7 所示。亚洲经济体对自身的贸易依存度由 2017 年的 11.7% 上升到 2021 年的 14%，表明亚洲经济体之间的联系更加紧密，可能的原因是区域内贸易相对增加，区域外贸易相对减少（博鳌亚洲论坛，2023：36），未来亚洲还需要进一步加强亚洲区域内的贸易联系，减少贸易壁垒，推进亚洲经济一体化。

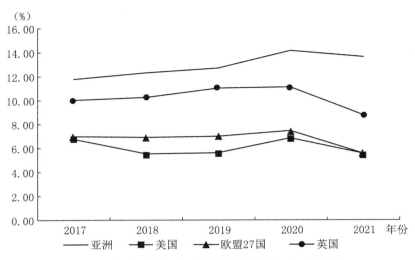

图 8-7　部分经济体对亚洲整体的贸易出口依存度指数

资料来源:《亚洲经济一体化进程 2018 年度报告》,世界银行 WITS 数据库。

如图 8-8 所示,2017 年,在亚洲区域内,RTA 成员之间的货物出口占比为 24%,远远低于欧盟(64%)和北美自由贸易区(50%)。而亚洲非 RTA

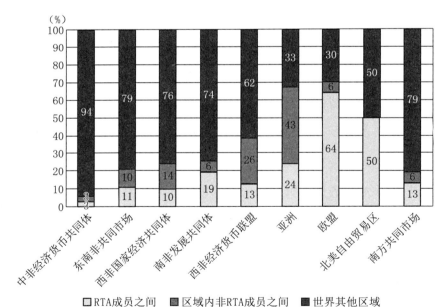

图 8-8　2017 年 RTA 之间货物出口情况对比

注:区域内非 RTA 成员指属于该区域但是不属于 RTA 成员的经济体。
资料来源:WTO,2018,"World Trade Statistical Review 2018"。

成员之间的货物出口占比达到 43％，在图 8-8 的贸易区中是最高的，部分原因在于亚洲经济一体化程度没有欧盟和北美自由贸易区高，亚洲很多国家之间没有建立 FTA。

2. 亚洲主要经济体不同产品进出口情况

亚洲主要经济体在 2016 年的农产品、矿物燃料和制造业产品进出口情况如表 8-5 所示。

就农产品而言，中国是农产品进出口大国，其农业出口数量和进口数量都处于亚洲前列。2016 年，中国农产品出口数量为 755 亿美元，进口数量为 1 548.8 亿美元，在农产品上处于贸易逆差状态，同样在农产品上处于贸易逆差状态的还有中国香港、日本、韩国、菲律宾、新加坡和中国台湾等经济体，特别是日本，其 2016 年农产品出口数量为 105 亿美元，进口数量为 738.9 亿美元，出口和进口悬殊比较大。而印度、印度尼西亚、马来西亚、泰国和越南在

表 8-5　2016 年亚洲主要经济体农产品、矿物燃料和制造业产品进出口情况

	农产品（以 10 亿美元计）		矿物燃料（以 10 亿美元计）		制造业产品（以 10 亿美元计）	
	出口	进口	出口	进口	出口	进口
中　　国	75.50	154.88	50.50	326.22	1 965.69	1 030.05
中国香港	11.24	28.39	5.63	14.80	444.99	473.53
印　　度	33.90	29.03	36.44	108.09	186.35	186.02
印度尼西亚	39.15	19.95	36.18	23.67	67.71	90.06
日　　本	10.50	73.89	24.16	146.16	563.14	375.88
韩　　国	11.20	32.49	37.75	108.38	444.64	263.65
马来西亚	25.54	17.52	33.82	25.70	128.83	122.13
菲律宾	5.18	10.57	3.00	9.99	47.41	65.14
新加坡	11.59	13.21	41.16	55.83	258.47	204.53
中国台湾	6.35	14.22	16.09	44.59	255.71	167.21
泰　　国	36.91	16.36	8.82	31.84	160.60	141.22
越　　南	26.04	21.11	5.00	16.10	145.74	133.60

资料来源：WTO。

农产品上处于贸易顺差状态，贸易顺差分别达到 4.87 亿美元、19.2 亿美元、8.02 亿美元、20.55 亿美元和 4.93 亿美元。

就矿物燃料而言，表 8-5 中所列出的亚洲主要经济体中，印度尼西亚和马来西亚在矿物燃料上处于贸易顺差状态，2016 年，印度尼西亚出口矿物燃料达 361.8 亿美元，进口矿物燃料为 236.7 亿美元，马来西亚出口矿物燃料达 338.2 亿美元，进口矿物燃料达 257 亿美元，矿物燃料的贸易顺差分别达到 125.1 亿美元和 81.2 亿美元。中国、印度、日本、韩国都是矿物燃料的进口大国，2016 年分别进口 3 262.2 亿美元、1 080.9 亿美元、1 461.6 亿美元和 1 083.8 亿美元。

就制造业而言，中国、日本、韩国、马来西亚、新加坡、中国台湾、泰国和越南在 2016 年处于贸易顺差状态。根据 WTO 数据库的分类方法，我们绘制出亚洲主要经济体 2016 年制造业产品进出口情况，如图 8-9 所示。中国在制造业上的顺差主要来自机械运输设备、服装、纺织品和钢铁，在化学品（主要是药物）方面则是处于逆差状态。而日本在制造业上的贸易顺差主要来自钢铁和机械运输设备，日本在服装和纺织品上处于贸易逆差状态。韩国在制造业上的贸易顺差来自钢铁、化学品、机械运输设备和纺织品，仅仅只有服装的进口额大于出口额。

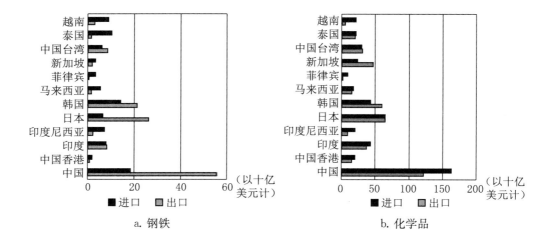

a. 钢铁   b. 化学品

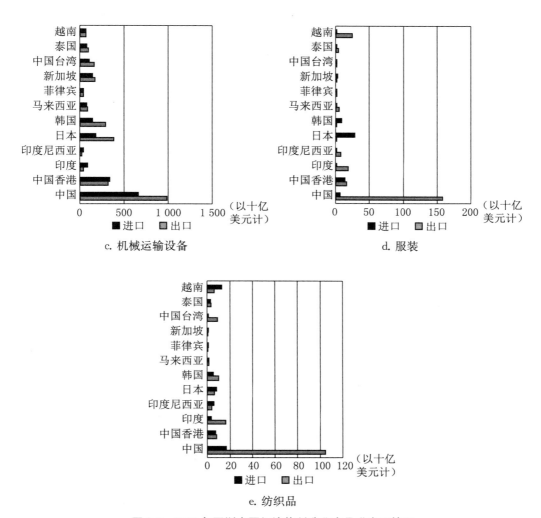

图 8-9　2016 年亚洲主要经济体制造业产品进出口情况

资料来源：WTO。

8.4　亚洲参与全球化模式创新

二战以后，发达国家通过制定全球化的规则、制度，在经济全球化中居于主导地位。为实现利益最大化，发达国家通过产业转移、实行自由贸易等方式，促使亚洲发展中国家参与全球化进程。而亚洲很多经济体在这个过程中，承接发达经济体转移的产业，充分发挥自身劳动力优势和市场优势，在经济全球化中谋求发展空间。亚洲全球化实践在模式上不断创新，对发展经济学作出新的贡献。

8.4.1　在参与经济全球化的过程中没有一蹴而就，而是逐步扩大开放

亚洲经济体参与全球化的过程有明显的阶段性特征，没有追求一蹴而就的开放，几乎都采取逐步扩大对外开放的战略。在工业化初期，为了发展工业和保护民族产业，亚洲经济体基本采用进口替代战略，如东亚的亚洲"四小龙"、中国，东南亚的东盟四国等，随着经济形势的发展，亚洲经济体通过发挥各自的资源禀赋参与全球化。例如，中国发挥廉价劳动力优势，西亚发挥石油资源优势，以此在国内外市场谋求最大利益。此外，虽然经济全球化由发达国家主导，但亚洲发展中经济体也借助全球化壮大了各自的经济实力。比较典型的是亚洲"四小龙"在二战以后先采取进口替代战略，在工业化取得一定发展以后，利用美国和日本产业结构调整的机会，将进口替代战略调整为出口导向战略，不断进行产业结构升级调整。正是由于亚洲发展中经济体没有像拉美国家或俄罗斯那样被以新自由主义为理论依据的"华盛顿共识"过多影响，而是根据各自的情况逐步扩大对外开放，亚洲经济体得以在全球化中保持独立性并取得重要成绩。如今，亚洲经济体积极参与全球经济治理，力求获得更多话语权，为进一步对外开放创造更好的国际环境。

8.4.2　政府在对外开放中发挥积极作用

可以发现，在通过对外开放获得经济增长的亚洲经济体中，政府的作用功不可没。就引进外资而言，大部分亚洲国家的政府都主动吸引外资，不断改善

引进外资的政策环境，其对外资的限制也有所放开。政府在实践中不断认识到投资对经济发展的重要性，根据各自经济特征制定相关政策引导 FDI 的流向。比如，土库曼斯坦借助外国的投资和先进技术发展石油天然气产业、中国通过吸引外资和技术发挥劳动力优势发展加工出口贸易，印度吸引外资进入服务业并大规模发展服务外包。就开展国际贸易而言，大部分亚洲国家的政府审时度势，进行逐步开放。在工业化初期，通过进口替代的模式保护国内不成熟的产业，当发展到一定程度时，政府调整开放战略，积极融入全球价值链，向鼓励出口、吸引外资、发挥廉价劳动力优势、利用人口红利的方向发展，等到经济再一步发展，政府便着手于推动经济转型，发展具有高附加值的经济形式，以此在国内外市场谋求更大利益。

8.4.3　通过产业转移充分发挥后发优势

亚洲通过承接较为发达地区的产业转移，形成了充分发挥后发优势以赶超发达国家的发展特色。所谓后发优势，就是相对于发达国家，这些发展比较慢的亚洲国家可以直接借用发达国家转移过来的生产技术和经验，不存在以前旧技术的阻碍，也没有付出巨大的代价，这样做能够大幅度提高生产率。在 20 世纪六七十年代，日本产业升级为亚洲"四小龙"发展加工贸易腾出空间，亚洲"四小龙"产业升级又为东盟和中国发展加工贸易腾出空间，形成"日本—亚洲'四小龙'—东盟和中国"这种 V 形雁阵式产业转移顺序和多层次赶超格局。而亚洲发展稍慢的国家和地区则吸引先进的技术和资本，利用本地劳动力优势发展劳动密集型产业，以此融入全球产业链中。目前，由于中国生产成本逐渐上升，东盟和中亚的经济体更受以日本为代表的生产制造商的青睐。而中国的"一带一路"倡议则帮助亚洲比较落后的经济体进行基础设施建设，有效推动亚洲区域内交通一体化、市场一体化、产业一体化，对进一步发挥亚洲区域内合作潜力、深化区域合作、拓展合作新空间具有重大意义（权衡，2015）。

8.5　亚洲参与全球化对发展经济学的新贡献

8.5.1　亚洲国家参与全球化证明开放有利于促进投资和贸易发展

亚洲在参与全球经济的过程中获取资金、发展贸易，并不断提升自身在全球价值链上的地位。在资金方面，经济全球化为亚洲发展中国家提供了更多吸引外资的条件和机会，这有助于解决亚洲发展中国家发展面临的资金短缺问题。亚洲国家需要大量的资金用于国内建设，全球化使得大量外资流入亚洲发展中国家。亚洲吸收全球 FDI 流入比重从 2016 年的 22.8% 上升到 2019 年的 33.7%，并在 2020 年超过 50%，其中中国吸收 FDI 占发展中国家的 20%。此外，亚洲发展中国家利用外资发展经济，对外资的限制政策不断放开，这些国家普遍倾向于吸引外资发展本国具有比较优势的产业和高新技术产业。为了营造更好的吸引外资的环境，亚洲发展中国家对外资的限制逐步减少。例如，中国于 2013 年成立上海自贸试验区，在金融服务、航运服务、商贸服务、专业服务、文化服务、社会服务和一般制造业等领域扩大开放，实施暂停、取消或者放宽准入特别管理措施，实行外商投资准入前国民待遇加负面清单管理模式。亚洲的经验表明，开放有利于充分利用外资发展国内经济。

在对外贸易和参与全球价值链方面，经济全球化使亚洲国家的国际贸易迅速发展，在全球价值链中发挥各自的比较优势，为世界经济作出贡献。亚洲很多国家曾经或者当前都凭借自身丰裕的资源要素参与全球分工，采取出口驱动策略，在这样的模式下，亚洲国家的商品贸易进出口总额占世界的比重从 1990 年的 20% 左右，上升到 2021 年的接近 40%，市场竞争力不断增强。亚洲国家在全球价值链中的参与度不断提升，成为全球价值链的重要环节。

8.5.2　亚洲国家参与全球化的重点逐渐从经济增长转为经济质量

亚洲发展中国家属于追赶型经济体，从前工业化国家到完成工业化的国家，经历了不同的发展阶段。在不同的发展阶段，亚洲发展中国家参与全球分工的比较优势也会相应改变。在工业化早期阶段，亚洲国家的资源禀赋对于该国参与国际分工的地位具有重要影响，随着发展水平的不断提高，后天因素的影响不断上升，成为决定国际竞争优势的更重要的因素，如人力资源、技术、产业基础、基础设施、制度、企业竞争力、政府的战略与政策执行力等（隆国强，2016）。因此，在开放初期，亚洲国家普遍以引进外资、扩大出口拉动经济增长为重点，随着亚洲各国经济的发展和经济形势的演变，亚洲国家更加注重改善引资、出口结构、促进产业升级和科技创新等，将对外开放纳入亚洲各国经济转型升级的总体战略之中，实现经济质量提升。

8.5.3　亚洲国家参与区域合作表明开放共赢可以争取更多话语权

亚洲国家在成立或独立之初，都是被动适应发达国家制定的有关全球化的规则和秩序，处于较为弱势的地位。随着经济实力的提升，亚洲国家越来越积极参与全球治理，通过互相合作取得互利共赢。如 RCEP、亚洲太平洋经济合作组织、"东盟 + 3（中国、日本、韩国）"、中国—东盟自由贸易区、上海合作组织、阿拉伯经济统一理事会、海湾合作委员会、阿拉伯共同市场、"一带一路"倡议等，起到减少贸易壁垒、加强成员之间经济合作的重要作用。今后，随着亚洲区域内基础设施互联互通的完善，亚洲区域内将逐步形成交通一体化、市场一体化、产业一体化的新格局，这对进一步发挥亚洲区域内合作潜力、深化区域合作、拓展合作新空间具有重大意义。亚洲国家从被动适应全球化到加强区域合作，通过合力争取世界市场的更多话语权。在面对外部压力和挑战的时候，亚洲经济体可以共同应对。

8.5.4　亚洲国家参与全球化对落后国家发挥后发优势提供借鉴

众所周知，受到历史、战争等内因和外因的影响，亚洲大多数国家在开放之初都比较贫穷落后，而开放给这些国家带来的资本、技术和经验，足以使这些国家经济以超高速增长，在减少贫困、提高教育水平、提高人民生活质量等方面创造出一个又一个奇迹，甚至能够在世界经济低迷的时候，保持一定速度的增长，为世界经济复苏作出贡献。开放的发展中国家的技术很多都经历了"从无到有"的过程，通过开放可以直接享受到发达国家的技术创新，其经济增长率也迅速提升。而美国等发达国家经济增长率之所以放慢，原因可能是现有知识的潜力耗尽而又未能足够快地创造出新的知识，或者创造后受到旧知识的阻拦（伊斯特利，2005：162—169）。而发展中国家不会遇到这两个问题，这就是"后发优势"。对于发展中国家来说，"开放带来进步，封闭必然落后"。值得注意的是，落后的国家有的时候可以直接享受前沿技术，但是过于落后的国家由于缺乏采用新技术所必须的条件，尤其是能源供应、交通运输等基层设施，导致这些国家很难直接进入技术前沿领域。而这就需要一个好的政府或者是别的国家、国际组织的有效援助。

8.5.5　亚洲国家参与全球化丰富了新贸易理论和新新贸易理论

新贸易理论把规模经济引入国际贸易模型。Krugman（1979）证明国际贸易是开拓市场或对规模经济加以利用的一种方法，它使得贸易的效应类似于劳动力增长效应和要素流动效应，即两个地区进行贸易以扩大市场的效应与劳动力增长效应、要素流动导致的要素集聚效应本质上相同，都能够获得规模经济并增加消费品种类，这是理解工业化国家之间何以进行贸易的一个有用思路

（马颖，2013：455—456）。亚洲很多国家在开放的过程中促进了工业化，比如中国利用自身优势和全球化机制，建立了"全世界最完整的现代工业体系"，正是因为开放可以带来规模经济和开拓市场的效用。而贸易保护主义、"逆全球化"的思潮则会阻碍开放带来的积极效用。

8.6 亚洲参与全球化发展模式转型与前景展望

实践证明，过去亚洲经济的发展是在开放条件下取得的，未来亚洲各国也会创造一个更加开放的条件，实现各国经济高质量发展。毋庸置疑，亚洲的全球化会受到内外部环境的影响，如贸易保护主义抬头、大宗商品价格波动、美联储加息周期、印度货币改革等的影响，这些影响会给亚洲的全球化发展带来不确定性，但是从长远趋势来看，亚洲将在全球化过程中，进一步推进贸易自由化和投资便利化，提升基础设施互联互通的质量，加强区域一体化进程，提高应对内外部环境变化的能力，为全球经济发展注入更多动力。

8.6.1 FDI 流量稳定增长，东亚地区依然领跑全亚洲

在国际投资方面，从 FDI 流入量来看，预计未来流入亚洲的 FDI 将会保持稳定增长。尤其是在东亚地区，FDI 流入量有动力持续上升。一方面，流入中国的 FDI 将会持续上升。中国已经在服务业特别是金融方面加大开放力度，未来还将放宽汽车等行业的外资限制，这将吸引更多资金进入这些领域。自 2012 年以来，已经有大规模资金流入中国高科技领域，今后几年这一趋势还会继续。另一方面，东盟国家因其人口红利等因素，还会继续吸引大型跨国公司对东盟地区的制造业、金融业、基础设施以及其他服务业等领域进行投资；

并且东盟的跨国公司在东盟内部进行跨国投资，也会增加东盟区域间的 FDI。当然，很多因素也会影响亚洲 FDI 流入量。比如，西亚地区的油价波动、政策变革和地缘政治等因素会给 FDI 流入量带来较大的不确定性。在美国退出 TPP 以后，亚洲参与国选择推动 CPTPP，这也会对这些国家的 FDI 流入量造成影响（UNCTAD，2018）。就对外投资而言，预计未来亚洲对外直接投资量将会增长。特别是在推进共建"一带一路"的过程中，基础设施建设和制造业建设将会产生更多的对外直接投资。

8.6.2　亚洲贸易模式将发生转变，全球贸易重心向亚洲转移

在国际贸易方面，未来亚洲的贸易将发生如下转变。第一，贸易模式发生转变。随着世界经济运行模式的转变，亚洲经济体对国际产业链上游发达市场的依赖会逐渐降低，同时加强区域内横向市场和国家产业链下游市场间的合作（王军，2017）。比如，当中国劳动力优势减弱时，中国将会从工资成本较低的印度尼西亚、印度等国家大量进口劳动密集型产品，中国与亚洲一些国家的双边贸易会大幅增长，在产业分工布局中，亚洲也将实现更加紧密的合作发展。第二，全球贸易重心逐步向亚洲转移。从前文的分析中可以发现，2021 年，亚洲货物进口占世界的比重由 2016 年的 32％上升至 2020 年的 38％左右，货物出口占世界的比重保持在 35％左右，且亚洲货物进出口还有继续上升的趋势。尽管全球贸易在放缓，但亚洲贸易依然保持稳定，在全球贸易中的比较优势不断加强（博鳌亚洲论坛，2018：13—14）。预计到 2030 年，亚洲发展中国家将成为世界最大贸易体（Buiter and Rahbari，2011）。

8.6.3　亚洲区域一体化进程将继续取得实质性进展

在区域一体化方面，由于贸易保护主义抬头、民粹主义兴起，发达经济体

吸纳亚洲经济体产品的能力下降，甚至对亚洲经济体市场加强攻势（王军，2017），亚洲今后将会逐渐降低对发达经济体的依赖性，更加重视区域合作。于 2021 年正式生效的 RCEP，充分体现各方共同维护多边主义和自由贸易、促进区域经济一体化的信心和决心。随着亚洲经济一体化进程持续推进，亚洲各经济体开始初步享受巨大的一体化红利（王军，2019），亚洲内部的贸易与投资一体化、金融一体化和基础设施互联互通正在进行中，未来，亚洲会在一体化进程中增强信任，努力消除贸易、投资壁垒。亚洲一体化进程将会取得实质性进展。过去很长一段时间内，亚洲的一体化进程都比较缓慢，一个很重要的原因是没有大国的引领。而现在，在追求互利共赢的大国的引领下，亚洲内部将逐渐形成区域全面经济伙伴关系，实现区域共同利益。特别是中国近年来的"一带一路"倡议将会对亚洲区域一体化产生深刻影响。亚洲区域内基础设施互联互通不仅可以大幅降低贸易成本，推动沿线经济体的贸易发展，还能够催生一系列亚洲次区域经济合作。

8.6.4　亚洲全球影响力将进一步提高

在全球影响力方面，亚洲的全球化将进一步改造和重塑世界经济新体系，亚洲在世界经济体系中的地位和作用更为重要。从需求端来看，以中国、印度和东盟为代表的亚洲很多发展中经济体在过去几十年里经历了长期快速增长，其富裕程度显著提高，而且由于其人口基数比较大、中产阶层消费者数量增多，一些亚洲国家已经成为消费大国，对全球各种商品和服务的需求量很大，这将影响全球商品贸易、服务贸易的流向。越来越多的亚洲投资机构和高净值人群会配置海外资产，对全球优质投资标的需求量增多，亚洲资金将对世界经济产生更大影响。从供给端来看，亚洲在全球化过程中的产业结构升级、科技水平提高也会对全球经济产生影响，比如，中国高端制造业发展、先进服务业发展，不仅会降低中国对其他国家的进口依赖，还会打破发达经济体的垄断，为世界市场提供更多高科技产品与投资机遇。中国国家主席习近平在 2018 年亚洲博鳌论坛上宣布中国要加大对外开放，特别是金融、汽车等领域，这不仅会对中国的贸易、投资政策产生影响，还会影响亚洲乃至全球经济。亚洲国家对外开放的步伐还会继续向前迈进，引领世界经济全球化发展。此外，随着亚洲一体化程度的不断提升，亚洲对全球贸易投资增长、经济复苏与繁荣发展的重要性也将同步提升。

参考文献

Ali，I.，Son，H. H.，2007，"Measuring Inclusive Growth"，*Asian Development Review*，24（1）:11—31.

ASEAN Secretariat，2008，*Association of Southeast Asian Nation*，The ASEAN Charter.

ASEAN Secretariat，2015，*ASEAN Strategic Action Plan for SME Development 2016—2025*.

ASEAN Secretariat，2016，*ASEAN Investment Report 2016*.

ASEAN Secretariat，2016，*Master Plan on ASEAN Connectivity 2025*.

Asian Development Bank，2010，*Aspects of Urban Water and Sanitation in the Context of Rapid Urbanization in Developing Asia*.

Auty，R.，1993，*Sustaining Development in Mineral Economies: The Resource Curse Thesis*，Routledge:6—115.

Batsaikha，U.，Dabrowski，M.，2017，"Central Asia-twenty-five Years After the Breakup of the USSR"，*Russian Journal of Economics*，(3).

Birdsall，N.，Ross，D. and Sabot，R.，1995，"Inequality and Growth Reconsidered: Lessons from East Asia"，*The World Bank Economic Review*，9（3）：477—508.

Buiter，W.，Rahbari，E.，2011，"Trade Transformed: The Emerging New Corridors of Trade Power"，*Cities Global Perspectives and Solutions Series*，(39)：1—80.

Cass，D.，1965，"Optimum Growth in an Aggregative Model of Capital Accumulation"，*The Review of Economic Studies*，32（3）：233—240.

Chatterjee，S.，Eyigungor，B.，2012，"Maturity, Indebtedness, and Default Risk"，*American Economic Review*，102（6）：2674—2699.

Chenery，H. B.，Robinson，S. S.，1975，*Patterns of Development，1950—1970*，Oxford

University Press.

Das, D.K., 2006, "The Chinese and Indian Economies: Comparing the Comparables", *Journal of Chinese Economic and Business Studies*, 4 (1).

Desai, M., 2003, *India and China: An Essay in Comparative Political Economy*, Paper Presented at the IMF Conference on India and China, Delhi.

Deutsche Bank, 2005, "China and India Chart Book", *Deutsche Bank Research*.

Diamond, P., 1965, "National Debt in a Neoclassical Growth Model", *American Economic Review*, 55 (5).

Dilip, M., Debraj, R., 2010, "Persistent Inequality", *Review of Economic Studies*, (2): 369—393.

Fernandez, R., 1997, "Returns to Regionalism: an Evaluation of Nontraditional Gains from Regional Trade Agreements", *The World Bank Policy Research Working Paper 1816*, 19—21.

Friedman, E., Gilley, B., 2005, *Asia's Giants: Comparing China and India*, Palgrave Macmillan, New York and Basingstoke.

Ghemawat, P., Altman, S. A., 2014, "DHL Global Connectedness Index 2014", Deutsche Post DHL.

Google, 2022, Temasek and Bain & Company, e-Conomy SEA, 19, 25.

Harrod, R.F., 1939, "An Essay in Dynamic Theory", *The Economic Journal*, 49 (193): 14—33.

Heckscher, E., 1919, "The Effect of Foreign Trade on the Distribution of Income", *Ekonomisk Tidskrijf*, 497—512.

Jayasuriya, K., 1994, "Political Economy of Democratization in East Asia", *Asian Perspective*, (2): 146.

Kohsaka, A., 2004, "A Fundamental Scope for Regional Financial Cooperation in East Asia", *Journal of Asian Economics*, Elsevier, 15 (5).

Koopmans, T., 1963, "On the Concept of Optimal Economic Growth", Cowles Foundation for Research in Economics, Yale University.

Krugman, P. R., 1979, "Increasing Returns, Monopolistic Competition, and International Trade", *Journal of International Economics*, 9 (4): 469—479.

Leweis, W. A., 1945, "Economic Development with Unlimited Supplies of Labor", *The Manchester School of Economic and Social Studies*, 22 (may): 139—191.

Martin, W., 2005, *Asia's Giants Take Different Routes*, Financial Times.

Meade, J.E., 1955, *The Theory of Customs Unions*, North Holland.

Moreno-Ternero, J.D., Roemer, J.E., 2006, "Impartiality, Priority, and Solidarity in the Theory of Justice", *The Econometric Society*, 74 (5): 1419.

Pei-kang Chang, 1949, *Agriculture and Industrialization: The Adjustments that Take*

Place as an Agriculture Country is Industrialized，Harvard University Press.

Pollard，S.，1990，*Typology of Industrialization Processes in the Nineteenth Century*，Academic Publishers.

Rahman，R.D.，Andreu，2006，*China and India：Towards Global Economic Supremacy?*，Academic Foundation NEW DELHI.

Ramsey，F.P.，Mathematical，A.，1928，"Theory of Saving"，*The Economic Journal*，38（152）：543—559.

Robert，et al.，1988，"On the Mechanics of Economic Development"，*Monetary Economics*，22（7）：3—42.

Romer，P.M.，1986，"Increasing Returns and Long-Run Growth"，*Journal of Political Economy*，94（5）：1002—1037.

Rosenstein-Rodan，P.，1943，"Problems of Industrialization of Eastern and Southeastern Europe"，*Economic Journal*，53：202—211.

Rostow，W.W.，1971，*Politics and the Stages of Growth*，Cambridge University Press.

Rostow，W.W.，1971，"Politics and the Stages of Growth"，Cambridge University Press.

Sorenson，V.L.，Kindleberger，C.P.，1963，"Foreign Trade and the National Economy"，*Journal of Farm Economics*，45（4）.

Srinivasan，K.，1997，"An Empirical Analysis of the Political Economy of Tariffs"，*Economics and Politics*，*Wiley Blackwell*，9（1）.

Tinbergen，J.，1952，*On the Theory of Economic Policy*，Books（Jan Tinbergen）.

UNCTAD，2021，*World Investment Report 2021*，5，18—19，53—54.

UN-Habitat，2023，*World Cities Report 2022：The Value of Sustainable Urbanization*.

Viner，J.，1950，*Studies in the Theory of International Trade*，New York，Carnegie Endowment for International Peace.

WTO，2022，*World Trade Statistical Review 2022*.

Wu Yanrui，Zhou Zhangyue，2006，"Changing Bilateral Trade between China and India"，*Journal of Asian Economics*，17（3）.

《以新发展理念引领经济高质量发展——关于新时代中国特色社会主义经济建设》，《光明日报》2019年8月2日。

IMF：《世界经济展望》，中国金融出版社1997年版。

UNCTAD：《2001年世界投资报告（概述）》，2001年。

UNCTAD：《2017年世界投资报告》，2017年。

UNCTAD：《2018年世界投资报告》，2018年。

安虎森、栾秋琳：《"一带一路"战略下东亚分工新格局的演变及实施方略》，《南京社会科学》2017年第2期。

敖丽红、赵儒煜：《关于中日韩自贸区建设的理论与实证分析》，《东北亚论坛》2013年第

4 期。

保罗·诺克斯、琳达·迈克卡西：《城市化》，科学出版社 2015 年版。

博鳌亚洲论坛：《亚洲经济前景及一体化进程 2023 年度报告》，对外经济贸易大学出版社 2023 年版。

博鳌亚洲论坛：《亚洲经济一体化进程 2018 年度报告》，对外经济贸易大学出版社 2018 年版。

博鳌亚洲论坛：《亚洲竞争力 2017 年度报告》，对外经济贸易大学出版社 2017 年版。

蔡春林：《中俄、中印、中巴经贸合作——基于竞争性与互补性分析》《国际经济合作》2008 年第 3 期。

曹广伟：《新世纪以来中国参与国际经济体系变革进程的平台运用研究——以二十国集团、"10＋3"、上海自贸区为例》，华中师范大学博士学位论文，2014 年。

曹云华、朱幼恩：《论东盟的区域经济一体化战略》，《暨南学报（人文科学与社会科学版）》2005 年第 1 期。

曹云华：《东南亚国家可持续发展研究》，中国经济出版社 2000 年版。

曹云华：《东南亚国家联盟：结构、运作与对外关系》，中国经济出版社 2011 年版。

陈继东、晏世经：《印度的国际竞争力》，《当代亚太》1998 年第 12 期。

陈佳贵等：《中国地区工业化进程的综合评价和特征分析》，《经济研究》2006 年第 6 期。

陈建军：《亚洲经济发展导论》，上海人民出版社 2006 年版。

陈建奇、张原：《警惕世界经济面临的十大不确定性风险》，《学习时报》2018 年 8 月 21 日。

陈利君、杨荣静：《2016 年南亚地区经济发展形势与展望》，《东南亚南亚研究》2017 年第 1 期。

陈廷根：《东亚经济一体化：国外的视角》，《东南亚研究》2006 年第 3 期。

陈晓艳、朱晶：《中印农产品出口竞争关系分析》，《世界经济研究》2006 年第 4 期。

陈燕：《2021 年西部陆海新通道海铁联运班列累计开行 6 117 列　同比增长 33％》，人民网，2022 年 2 月 7 日。

陈一鸣、全海涛：《试划分我国工业化发展阶段》，《经济问题探索》2007 年第 11 期。

程洪：《对后发优势理论的反思——发展中国家现代化透视》，《江汉大学学报（人文科学版）》2003 年第 2 期。

崔戈：《美国对东亚经济一体化进程的影响》，《国际论坛》2010 年第 2 期。

戴维·史密斯：《龙象之争：中国、印度与世界新秩序》，当代中国出版社 2007 年版。

戴约等：《东亚模式的启示——亚洲"四小龙"政治经济发展研究》，中国广播电视出版社 1992 年版。

邓显超、徐德荣：《论中国亚洲地区主义战略的构建及影响因素》，《东南亚研究》2005 年第 2 期。

丁子等：《"罗勇工业园改变了我们的生活"》，《人民日报》2017 年 5 月 9 日。

丁子等：《一带一路为发展中国家创造机会》，《人民日报》2017 年 5 月 15 日。

东海：《浅析东亚区域一体化的复兴、原因及不确定因素》，《亚太经济》2002 年第 4 期。

杜雪君、黄忠华：《台湾工业化与城市化发展经验及启示》，《台湾研究》2009 年第 5 期。

杜志雄等：《包容性增长理论的脉络、要义与政策内涵》，《中国农村经济》2010 年第 11 期。

方大春：《包容性增长的内涵与转变》，《中共中央党校学报》2011 年第 1 期。

费景汉、古斯塔夫·拉尼斯：《劳力剩余经济的发展》，华夏出版社 1989 年版。

复旦大学亚洲研究中心：《经济全球化与亚洲的选择》，复旦大学出版社 2006 年版。

高学敏：《新加坡物价控制法简介及与我国价格立法比较》，《价格月刊》2006 年第 10 期。

格罗·詹纳：《资本主义的未来——一种经济制度的胜利还是失败？》，宋伟、黄倩译，社会科学文献出版社 2004 年版。

顾春明：《理性的轨迹》，沈阳出版社 1996 年版。

顾学明：《深耕"一带一路"拓展全球开放型经济发展新境界》，《人民日报》2016 年 3 月 31 日。

关秀丽：《后危机时代东亚区域合作的新趋势及中国的选择》，《中国经贸导刊》2010 年第 5 期。

郭洪仙：《提振我国农民消费能力需要新思维——从包容性增长的视角探究增加农民财产性收入的途径》，《经济问题探索》2011 年第 3 期。

郭剑雄：《农业人力资本转移条件下的二元经济发展——刘易斯—费景汉—拉尼斯模型的扩展研究》，《陕西师范大学学报（哲学社会科学版）》2009 年第 1 期。

郭克莎：《中国工业化的进程、问题与出路》，《中国社会科学》2000 年第 3 期。

郭晓琼：《俄罗斯再工业化问题探索》，《俄罗斯东欧中亚研究》2016 年第 1 期。

韩露等：《塔吉克斯坦投资环境及中塔投资合作》，《国际经济合作》2017 年第 12 期。

韩永辉、邹建华：《"一带一路"背景下的中国与西亚国家贸易合作现状和前景展望》，《国际贸易》2014 年第 8 期。

何爱、徐宗玲：《战后菲律宾土地改革、政策变迁与农业发展》，《汕头大学学报（人文社会科学版）》2011 年第 3 期。

何慧刚：《东亚区域货币合作的模式和路径选择》，《经济与管理研究》2007 年第 7 期。

何一民：《试论战后日本的经济改革及其影响》，《世界经济研究》1990 年第 2 期。

何自力：《科学认识和正确处理政府与市场关系》，《求是》2017 年第 3 期。

贺涛等：《台湾经济发展轨迹》，中国经济出版社 2009 年版。

赫希曼：《经济发展战略》，曹征海、潘照东译，经济科学出版社 1991 年版。

黄光耀：《论全球化理论的演进》，《山东工商学院学报》2014 年第 3 期。

黄艳梅：《泛北合作未来发展方向：打造中国—东盟互联互通枢纽区》，中新社，2018 年 5 月 24 日。

黄旖琦：《香港去年 FDI 金额全球排第二》，中国新闻网，2015 年 6 月 25 日。

霍建国：《"一带一路"战略构想意义深远》，《人民论坛》2014 年第 15 期。

吉尔伯特·艾蒂安：《世纪竞争——中国和印度》，许铁兵、刘军译，新华出版社 2000 年版。

加里·贝克尔：《人力资本》，机械工业出版社 2016 年版。

吉野文雄：《东亚的经济一体化与东盟》，《南洋资料译丛》2004 年第 4 期。

简文湘等：《两国双园绽开并蒂花》，《广西日报》2017 年 8 月 15 日。

江瑞平：《论中国经济增长与东亚经济合作的良性互动》，《外交评论》2006 年第 12 期。

姜木兰：《"东盟日"展望中国—东盟关系》，《广西日报》2018 年 8 月 10 日。

金泓汎、全毅：《世界发展中心转移与亚太发展中心的形成》，《亚太经济》2011 年第 1 期。

金明善、车维汉：《赶超经理理论》，人民出版社 2001 年版。

克鲁格曼：《萧条经济学东山再起》，朱雅文译，《国外社会科学文摘》1999 年第 4 期。

拉贾特·纳格等：《2050 年的中亚》，中国大百科全书出版社 2018 年版。

蓝斌男、王鸿齐：《APEC 经济技术合作是最新进展情况与政策建议》，《国际经贸探索》2007 年第 3 期。

郎平：《区域经济一体化如何突破安全困境——以南亚区域合作联盟为例》，《国际安全研究》2014 年第 6 期。

冷淑莲：《论包容性增长及其政策选择》，《价格月刊》2011 年第 2 期。

李莞梅：《印尼恐袭折射东南亚反恐之困》，《解放军报》2018 年 5 月 22 日。

李倩：《东亚模式的经验与启示：政治制度、经济体制与社会认同》，《湖南行政学院学报》2016 年第 3 期。

李向阳等：《亚洲，吸引全球目光》，《人民日报》2010 年 12 月 30 日。

李晓、冯永琦：《中日两国在东亚区域内贸易中地位的变化及其影响》，《当代亚太》2009 年第 6 期。

李怡、罗勇：《韩国工业化历程及其启示》，《亚太经济》2007 年第 1 期。

李毅：《经济转型与后起国家的工业创新研究：基于日本工业化轨迹的分析》，《世界近现代史研究》2017 年第 10 期。

李长久：《东南亚金融危机和东亚经济模式》，《亚非纵横》1998 年第 1 期。

李自国：《当代乌兹别克斯坦与 21 世纪丝绸之路》，大公网，2020 年 9 月 24 日。

梁奕：《外交部：中国—东盟关系正迈向提质升级成熟期》，中新社，2017 年 7 月 27 日。

梁志明：《金融危机与东南亚发展的基本经验教训》，载陈乔之主编，《面向 21 世纪的东南亚：改革与发展》，暨南大学出版社 2000 年版。

廖少廉：《中国—东盟经济关系：进展与问题》，《东南亚纵横》2008 年第 11 期。

林温环：《中国工业结构的霍夫曼系数及国际比较》，《中国外资》2010 年第 1 期。

林毅夫、刘培林：《中国的经济发展战略与地区收入差距》，《经济研究》2003 年第 3 期。

林毅夫、苏剑：《论我国经济增长方式的转换》，《管理世界》2007 年第 11 期。

林毅夫：《李约瑟之谜、韦伯疑问和中国的奇迹——自宋以来的长期经济发展》，《北京大学学报（哲学社会科学版）》2007 年第 4 期。

林毅夫：《贫困、增长与平等：中国的经验和挑战》，《中国国情国力》2004 年第 8 期。

林永传：《东盟秘书长：东盟—中国关系在共同抗击新冠疫情历程中得到升华》，中新社，2021 年 3 月 9 日。

林永传：《印尼的经济"雄心"》，中新社，2017 年 4 月 8 日。

刘冰玉、滕建州：《中日韩自贸区的可行性与经济周期规律》，《外国问题研究》2012 年第 4 期。

刘晨阳：《2010 年后的 APEC 进程：格局之变与中国的策略选择》，《亚太经济》2011 年第 3 期。

刘宏松：《东亚经济一体化的约束条件与当前模式选择》，《亚太经济》2006 年第 5 期。

刘松：《"包容性增长"之辨》，《科学管理研究》2010 年第 6 期。

刘维靖：《哈萨克斯坦总统："一带一路"将为世界人民带来实在利益》，《国际在线》2017 年 5 月 16 日。

隆国强：《新兴大国的竞争力升级战略》，《管理世界》2016 年第 1 期。

鲁思·本尼迪克特：《菊与刀——日本文化诸模式》，商务印书馆 2017 年版。

陆建人：《美国加入 TPP 的动因分析》，《国际贸易问题》2011 年第 1 期。

陆岷峰、张惠：《关于"包容性增长"的内涵辨析及实现要点研究》，《桂海论丛》2010 年第 1 期。

罗诗钿：《论"包容性增长"理念中的效率与公平——社会伦理理念嬗变的视角》，《理论导刊》2011 年第 1 期。

马丁·佩因特：《越南经济结构改革的政治背景：以国有企业"改革"为例》，《南洋资料译丛》2004 年版。

马宏伟：《世界经济全球化中的东亚——崛起与危机的制度分析》，《经济评论》1999 年第 3 期。

马涛、盛斌：《亚太互联经济格局重构的国际政治经济分析——基于全球价值链的视角》，《当代亚太》2018 年第 4 期。

马涛：《G20：以包容的全球价值链撬动贸易发展》，《东方早报》2016 年 5 月 18 日。

马颖：《发展经济学前沿理论研究》，人民出版社 2013 年版。

马勇幼：《阿里巴巴携手泰国银行发展电子商务》，《光明日报》2016 年 6 月 17 日。

马跃：《香港新兴工业化道路的探索》，中国科协青年学术年会，2004 年。

梅新育：《十九大与中国在世界经济体系中地位变迁》，《今日中国》2017 年 10 月 24 日。

梅新育：《中国巩固"世界经济稳定器"地位》，《人民日报海外版》2017 年 4 月 18 日。

缪尔达尔：《亚洲的戏剧：南亚国家贫困问题研究》，商务印书馆 2015 年版。

莫翔：《东亚经济发展模式的分析和反思》，《云南财经大学学报》2008 年第 2 期。

讷克斯、谨斋：《不发达国家的资本形成问题》，商务印书馆 1966 年版。

尼古拉斯·斯皮克曼：《和平地理学：边缘地带的战略》，俞海杰译，上海人民出版社 2016

年版。

潘强：《东盟国际大通道效应促广西上半年外贸进出口增长 10.3％》，新华网，2015 年 8 月 3 日。

齐玮：《印度对外贸易现状与中印经贸关系分析》，《北方经贸》2009 年第 7 期。

钱纳里、斯特劳特：《工业化与经济增长的比较研究》，上海三联书店 1989 年版。

钱纳里等：《工业化和经济增长的比较研究》，上海三联书店 1995 年版。

钱志清：《全球外资趋势及投资与新产业政策——联合国〈2018 年世界投资报告〉综述》，《国际经济合作》2018 第 7 期。

钱宗旗：《中亚国家区域合作探索的现状和发展趋势》，《俄罗斯研究》2008 年第 4 期。

邱耕田、张荣洁：《论包容性发展》，《学习与探索》2011 年第 1 期。

权衡：《"一带一路"开辟全球化新纪元》，《经济日报》2017 年 5 月 13 日。

权衡：《"由点及面"铸就大国开放之路》，《人民日报海外版》2018 年 9 月 18 日。

权衡：《7％增长目标：更丰富的发展内涵》，《文汇报》2015 年 3 月 17 日。

权衡：《对外开放四十年实践创新与新时代开放型经济新发展》，《世界经济研究》2018 年第 9 期。

权衡：《经济新常态与发展大逻辑：思想由来及经济学创新》，《华东师范大学学报（哲学社会科学版）》2017 年第 5 期。

权衡：《世界经济的结构性困境与发展新周期及中国的新贡献》，《世界经济研究》2016 年第 12 期。

权衡：《迎接亚洲经济的新世纪》，《国际展望》2015 年第 5 期。

全毅：《论东亚发展模式的内涵与基本特征》，《亚太经济》2008 年第 5 期。

塞巴斯蒂安·埃克卡特：《"越南制造"为何能创造奇迹》，《文汇报》2018 年 7 月 16 日。

桑百川、王伟：《逆全球化背景下东亚经济合作的机遇》，《东北亚论坛》2018 年第 3 期。

沈丁立：《中美关系、中日关系以及东北亚国际关系》，《当代亚太》2009 年第 2 期。

沈红芳：《东亚经济发展模式比较研究》，厦门大学出版社 2002 年版。

沈开艳等：《印度经济改革发展二十年——理论、实证与比较》，上海人民出版社 2011 年版。

沈铭辉：《中国与亚洲新兴四国：贸易失衡与制度构造》，《国际经济合作》2013 年第 1 期。

盛垒、权衡：《"三大变革"引领世界经济新周期之变》，《国际经济评论》2018 年第 4 期。

施炳展、李坤望：《中国靠什么实现了三十年的经济赶超？——基于 118 个国家跨国样本的数据包络分析》，《当代经济科学》2009 年第 2 期。

世界银行：《2004 年世界发展报告：让服务惠及穷人》，中国财政经济出版社 2004 年版。

世界银行：《2006 年世界发展报告：公平与发展》，清华大学出版社 2006 年版。

世界银行：《2008 年世界发展报告：以农业促发展》，清华大学出版社 2008 年版。

世界银行：《东亚奇迹——经济增长与公共政策》，中国财政经济出版社 1995 年版。

世界银行：《世界发展报告》，中国财经出版社 2015 年版。

宋磊：《追赶型工业战略的比较政治经济学》，北京大学出版社 2016 年版。

苏东水：《产业经济学》，高等教育出版社 2000 年版。

速水佑次郎：《发展经济学——从贫困到富裕》，社会科学文献出版社 2003 年版。

孙广勇等：《数字创新，泰国经济转型升级新引擎》，《人民日报》2018 年 7 月 10 日。

孙华平、刘风芹、沈婷婷：《集群式产业转移与区域包容性发展》，《经济体制改革》2013 年第 1 期。

孙鲁军、张旺：《韩国——政府主导型的市场经济》，武汉出版社 1994 年版。

孙奕等：《共同构筑发展繁荣的美好未来——写在"一带一路"国际合作高峰论坛举办一周年之际》，新华丝路，2018 年 5 月 14 日。

谭晶荣：《中印两国农畜产品贸易的比较研究》，《国际贸易问题》2004 年第 11 期。

唐在富：《新型城镇化与土地变革》，广东经济出版社 2014 年版。

田新文、胡宗山：《国际关系理论与中国外交战略》，《武汉大学学报（哲学社会科学版）》2007 年第 5 期。

田原：《"印尼工业 4.0"究竟怎么搞?》，《（印度尼西亚）国际日报》2018 年 7 月 18 日。

田原：《印尼发展数字经济意愿强潜力大》，《经济日报》2017 年 8 月 23 日。

田原：《印尼数字经济发展提速》，《经济日报》2018 年 8 月 3 日。

托达罗：《第三世界的经济发展》，中国人民大学出版社 1988 年版。

外交学院课题组：《"雁行模式"：东亚模式的形成与发展》，《当代世界与社会主义》2011 年第 2 期。

万广华等：《中国和印度的贸易扩张：威胁还是机遇?》，《经济研究》2008 年第 4 期。

王军：《经济一体化有效提升了亚洲整体竞争力》，《上海证券报》2019 年 3 月 27 日。

王军：《亚洲经济合作成了全球乱局中一片亮色》，《上海证券报》2017 年 3 月 22 日。

王莉莉：《"马来西亚从中国发展中获益"》，《中国对外贸易》2019 年第 6 期。

王勤：《当代东南亚经济的发展进程与格局变化》，《厦门大学学报（哲学社会科学版）》2013 年第 1 期。

王勤：《论经济全球化与东南亚经济发展》，《厦门大学学报（哲学社会科学版）》2007 年第 2 期。

王勤：《论新加坡现代化发展五十年》，《厦门大学学报（哲学社会科学版）》2015 年第 4 期。

王守贞：《东盟非关税壁垒：现实及其影响》，《东南亚纵横》2016 年第 5 期。

王文：《中哈物流基地累计进出库货运量达 1 296 万吨　中欧班列覆盖中亚五国》，《连云港日报》2018 年 10 月 17 日。

王小刚、鲁荣东：《库兹涅茨产业结构理论的缺陷与工业化发展阶段的判断》，《经济体制改革》2012 年第 3 期。

王信：《金融危机后中国在亚洲经济一体化中的作用》，《中国金融》2010 年第 12 期。

王亚光、王希：《"包容性增长"或成中国未来发展战略》，新华每日电讯，2010 年 10 月

13 日。

王永利：《从竞争性与互补性看中印两国服装纺织品贸易的发展前景》，《世界经济研究》2004 年第 8 期。

王永钦：《发展的政治经济学：一个东亚模式的理论框架》，《学术月刊》2015 年第 4 期。

威廉·伊斯特利、姜世明：《在增长的迷雾中求索》，中信出版社 2005 年版。

魏磊、张汉林：《美国主导跨太平洋伙伴关系协议谈判的意图及中国对策》，《国际贸易》2010 年第 9 期。

魏元薹：《后雁行时代的亚洲经济格局》，《山东社会科学》2012 年第 3 期。

文富德：《印度经济：发展、改革与前景》，巴蜀书社 2003 年版。

沃尔特·罗斯托：《经济增长的阶段：非共产党宣言》，中国社会科学出版社 2001 年版。

吴世韶：《从"次区域经济合作"到"次区域合作"：概念辨析》，《社会主义研究》2011 年第 1 期。

吴长伟等：《中国—东盟经贸合作硕果累累》，《人民日报海外版》2022 年 11 月 17 日。

武安：《经济全球化条件下的东北亚区域经济合作研究》，吉林大学博士学位论文，2006 年。

武光军、顾国平：《新加坡反腐的历史进程及廉政建设机制研究》，中国法制出版社 2016 年版。

西奥多·舒尔茨：《报酬递增的源泉》，北京大学出版社 2001 年版。

小岛清：《对外贸易论》，南开大学出版社 1994 年版。

熊琦：《东盟国家在全球生产网络中的分工与地位——基于 TiVA 数据与全球价值链指数的实证分析》，《亚太经济》2016 年第 5 期。

徐玎、权衡：《经济新常态：大国经济赶超型增长的新经验与新理论》，《学术月刊》2015 年第 9 期。

徐春祥：《"浅层次"贸易一体化：东亚区域经济合作新模式》，《亚太经济》2009 年第 1 期。

徐春祥：《推进中日韩自贸区建设是中国在亚洲唯一区域战略选择》，《东北亚论坛》2014 年第 3 期。

徐菲：《经济全球化背景下中印经贸合作的前景分析》，《南亚研究季刊》2005 年第 2 期。

徐海涛：《2020 年西部陆海新通道铁海联运班列开行 4 596 列》，《广西日报》2021 年 1 月 3 日。

徐坡岭：《对中亚国家经济的几点思考》，《欧亚经济》2016 年第 4 期。

亚历山大·格申克龙：《经济落后的历史透视》，张凤林译，商务印书馆 2009 年版。

闫成海：《从贸易结构看待中印经济间的竞争关系》，《世界经济》2003 年第 1 期。

杨光：《中东的小龙》，社会科学文献出版社 1997 年版。

杨海泉：《疫情加速数字经济发展》，《经济日报》2020 年 4 月 8 日。

杨玲等：《南向通道班列开行一周年》，《南宁日报》2018 年 9 月 30 日。

杨明华、陈健锋：《东亚经济一体化：理论基础与现实指向》，《商业研究》2010 年第 9 期。

佚名：《哈萨克斯坦：投资环境相对开放》，《中国对外贸易》2014 年第 5 期。

于海洋：《自贸区与政治一体化——中日韩自贸区的战略设计及实施》，《东北亚论坛》2011 年第 6 期。

俞宪忠：《优好制度设计的基本原则：激励与惩罚相兼容》，《社会科学战线》2011 年第 12 期。

袁晓莉：《中国在中日韩自贸区谈判中的策略选择——基于贸易竞争性与互补性视角》，《亚太经济》2013 年第 6 期。

约翰·伊特韦尔、皮特·纽曼、默里·米尔盖特等：《新帕尔格雷夫经济学大辞典》，经济科学出版社 1996 年版。

张继业：《中哈两国携手同心　共建"一带一路"结硕果》，新华网，2023 年 5 月 18 日。

张茂荣：《以对外开放促进亚洲和世界经济发展》，央视网，2018 年 4 月 8 日。

张敏秋：《印关系研究（1947—2003）》，北京大学出版社 2004 年版。

张培刚：《发展经济学教程》，经济科学出版社 2007 年版。

张培刚：《工业化的理论》，《社会科学战线》2008 年第 7 期。

张培刚：《农业与工业化》，华中科技大学出版社 2009 年版。

张鹏飞：《"一带一路"沿线亚洲国家基础设施先行研究》，上海社会科学院博士论文，2018 年。

张仁寿：《东亚：创造经济奇迹的成功经验及其借鉴意义》，《浙江学刊》1997 年第 3 期。

张铁鹰：《中印经贸关系的现状分析及对策》，《北方经贸》2004 年第 7 期。

张业遂：《建设"一带一路"打造中国对外开放的"升级版"》，《中国发展观察》2014 年第 4 期。

张幼文：《生产要素的国际流动与全球化经济的运行机制——世界经济学的分析起点与理论主线》，《世界经济研究》2015 年第 12 期。

张幼文：《中国融入经济全球化的战略举措》，《解放日报》2001 年 11 月 25 日。

张蕴岭：《东亚合作需要新思路》，《中国经济周刊》2010 年第 1 期。

张志文：《东盟重申支持多边贸易体系》，《人民日报》2018 年 4 月 30 日。

章念生等：《国领导人满怀希冀丝路朋友圈人气爆棚》，《人民日报》2017 年 5 月 15 日。

赵宏伟、叶琳：《东亚区域一体化进程中的中日关系》，《世界经济与政治》2010 年第 9 期。

赵觉珵：《新加坡寻求数字经济新变革》，《环球时报》2018 年 6 月 30 日。

赵虑吉：《比较政治学：后发展国家视角》，中山大学出版社 2002 年版。

赵晔：《包容性增长：渊源、概念及实践》，《学理论》2010 年第 1 期。

中国现代国际关系研究院课题组：《中国与亚洲：共同复兴之路》，《现代国际关系》2011 年第 9 期。

仲继银、胡春：《东南亚成功的外向型经济》，武汉出版社 1994 年版。

周东洋等：《中国电商缘何看好印尼市场》，《中国贸易报》2018 年 8 月 14 日。

周红梅等：《2022 年西部陆海新通道班列开行突破 8 800 列》，《广西日报》2023 年 1 月 1 日。

周文、孙懿：《包容性增长与中国农村改革的现实逻辑》，《经济学动态》2011 年第 6 期。

朱前：《中国与印度工业制品比较优势及贸易互补性分析》，《国际商务研究》2005 年第 6 期。

竺彩华：《全球化的反思与东亚经济一体化的未来》，《国际观察》2017 年第 3 期。

祝树金、陈艳、谢锐：《"龙象之争"与"龙象共舞"——基于出口技术结构的中印贸易关系分析》，《统计研究》2009 年第 4 期。

后　记

过去 10 多年来，"亚洲世纪"成为国际政治领域和学术界常常提到的一个重要概念。进入 21 世纪以来，亚洲国家成为世界经济的重要引擎，对世界经济的复苏和增长起到关键作用。特别是 2008 年以后西方经济逐渐衰退，世界经济复苏乏力，而亚洲经济则被视为全球经济灰暗场景中的一个亮点。美国著名全球战略家帕拉格·康纳在其 2019 年出版的《亚洲世纪》中指出，"亚洲世纪"已经来临，世界即将"亚洲化"。当然，对于"亚洲世纪"一说也有一些不同的看法和声音。著名经济学家克鲁格曼就曾鲜明地指出，不存在所谓的"东亚奇迹"。美国著名的保守派智库即美国企业公共政策研究所（American Enterprise Institute for Public Policy Research）资深研究员奥斯林在其著作《亚洲世纪的终结》中声称，亚洲正在面临战争、经济停滞和社会危机的威胁，繁荣稳定的神话已经破灭，现在可能是"亚洲世纪"的终结。

尽管对于亚洲经济奇迹和"亚洲世纪"还存有一定争议，但过去半个多世纪以来，亚洲经济的迅速崛起和亚洲国家地位的显著提升却是一个无法否认的事实。从经济规模来看，2000 年亚洲经济总量还不到全球经济总量的 1/3，目前已占到约 38%，预计到 2040 年这一占比有望超过 50%。亚洲人口早已超过全球半数，并拥有全球一半的中产阶层。联合国数据显示，在全球最大的 30

座城市中，21 座城市位于亚洲。全球制造业产出的 50％以上来自亚洲，2019 年亚洲制造业 GDP 超过 7.1 万亿美元，其中中国（4.1 万亿美元，占比为 58.3％）、日本（1 万亿美元，占比为 14.7％）和韩国（5 000 亿美元，占比为 6.3％），为全球最重要的制造业基地以及中间品贸易市场。

麦肯锡全球研究院（MGI）曾发布一项有关亚洲未来的报告，简要概述了亚洲发展的四个趋势。一是越来越多亚洲公司跻身世界最大企业之列。二是亚洲国家生产的商品更多在本地区销售，而不是向西方出口。这也意味着亚洲国家可以生产越来越复杂的产品，它们对外国中间品和最终产品的依赖程度在降低。三是整个亚洲的贸易联系和经济合作正在加深。如今，超出 50％的亚洲贸易为区域内贸易，这一比例要比北美地区高出不少。换言之，亚洲的企业正建立起日益自给自足的区域供应链，服务亚洲市场。四是亚洲创新科技蓬勃发展，亚洲拥有全球互联网用户的一半，仅中国和印度就占 1/3。截至 2019 年，在全球 331 家独角兽企业中，亚洲拥有 119 家，超过 1/3，而且其成长速度远高于西方。这些趋势表明，亚洲的崛起既不是周期性的，也不是暂时性的，而是结构性的，世界经济的重心正在发生转变，"亚洲世纪"的到来并不完全像"海市蜃楼"那般虚妄。

长期以来，亚洲是全球经济最富活力的地区，也是经济全球化最大的获益者，其出口导向型发展模式被认为是发展中国家实现经济起飞的成功之路。但事实上，亚洲各经济体的发展模式存在较大差异，许多国家在长期实践和探索过程中，根据各自的比较优势和禀赋条件形成了多样化的、适合各国实际和特点的发展模式，包括东亚、南亚、中亚、西亚、东南亚等区域的国家，它们在发展模式和路径上都有自身的鲜明特色和亮点。这些多样的发展模式不仅有力地推动和促进了亚洲各国的经济社会发展，同时也用鲜活的事实充分证明经济发展不是只有某一种或几种模式和路径，而是非常多元、丰富且富有包容力的。

本书对亚洲各区域的经济发展进展及其发展模式进行了系统梳理和总结论

述，分析了各区域发展模式面临的机遇和挑战，并结合"一带一路"建设展望了各区域的经济发展前景。在此基础上，本书进一步深入分析了亚洲在工业化、城市化、市场化、全球化（"四化"）方面的发展模式与创新实践，阐述了亚洲国家"四化"模式创新实践的发展经济学含义。

本书由上海社会科学院创新工程团队"亚洲区域经济合作发展与模式创新研究"合作完成，是集体智慧的展现。团队首席专家、上海社科院权衡研究员为全书的框架设计、写作思路等提供了重要指导和宝贵建议。全书各章节写作分工如下：绪论和第 1 章，盛垒研究员；第 2 章，张天桂博士；第 3 章，智艳副研究员；第 4 章，姜云飞博士；第 5 章，张鹏飞博士；第 6 章，周佳雯副教授（上海立信会计金融学院）；第 7 章，惠佩瑶博士（中共绍兴市委党校）；第 8 章，顾雪芹博士（上海商学院）。全书由盛垒研究员完成统稿和校对。

本书在撰写过程中得到多位同事和专家学者的关心、支持和帮助，出版社的编辑们也为本书的校对和完善付出了诸多辛劳，在此一并表示由衷感谢。由于我们水平所限，书中难免有纰漏和不足之处，请读者批评指正，以便我们在今后的研究中进一步完善。

盛　垒

2023 年 8 月

图书在版编目(CIP)数据

亚洲经济发展与模式分析 / 盛垒等著. — 上海 ：
格致出版社 ：上海人民出版社，2024.3
ISBN 978 - 7 - 5432 - 3547 - 2

Ⅰ. ①亚… Ⅱ. ①盛… Ⅲ. ①经济发展-研究-亚洲
Ⅳ. ①F130.4

中国国家版本馆 CIP 数据核字(2024)第 037903 号

责任编辑 李 月
装帧设计 人马艺术设计·储平

亚洲经济发展与模式分析
盛垒 等著

出 版 格致出版社
上海人&出版社
(201101 上海市闵行区号景路 159 弄 C 座)
发 行 上海人民出版社发行中心
印 刷 上海新华印刷有限公司
开 本 787×1092 1/16
印 张 21
插 页 2
字 数 293,000
版 次 2024 年 3 月第 1 版
印 次 2024 年 3 月第 1 次印刷
ISBN 978 - 7 - 5432 - 3547 - 2/F·1560
定 价 89.00 元